세계는 지금

WORLD 2020 REPORT

세계는 지금

문호철 지음

종문화사

머리말

           2020년 새해 들어 중국 우한(武漢)에서 사스와 유사한 폐렴증상이 퍼지고 있다는 소식이 들렸다. 종문화사 대표가 세계 돌아가는 모습을 주제별로 간단명료하게 정리해주는 국제 시사관련 책을 쓰자고 작년에 제안해 거의 마무리한 즈음이었다.

  하루하루 지나면서 중국에서 시작된 우한폐렴(코로나19)은 한국은 물론 전 세계를 강타하며 팬데믹(Pandemic, 전염병 세계적 유행)이 시작됐다. 인류가 경험해 보지 못한 원인불명의 괴질이었다. 우한시(市)는 공포의 도시가 되었다. 시 진핑 정권이 위협을 느낄 정도였다. '세계의 공장' 중국은 올스톱 됐고, 이 동과 교역까지 제한되면서 심대한 경제적 타격도 받았다. 중국과 인접한 러시아와 몽골이 신속히 국경을 차단한 반면 한국은 문을 닫지 않았다. 그 리고 결국 3달 만에 한국은 감염 세계 2위 국가로 껑충 올라섰다. 한국민 들은 패닉에 빠졌고 중국으로부터의 입국을 막지 않은 문재인 정부에 대한 원망과 분노가 거세게 타올랐다. 괴질의 진앙지 중국이 오히려 한국인 입 국을 제한하고 한국정부 대응이 느리다며 비아냥거렸다.

  '팬데믹'으로 인류 생명과 건강이 위협받고 일상생활은 물론 경제까지 심각한 타격을 받는 상황에 마음이 아려왔다. 그러나 이 같은 전염병이 우리 인류 삶에 어떤 변화를 가져올지 또한 주목하고 있어야 할 것이다. 중세를 휩쓸고 유럽 인구의 3분의 1을 사라지게 했던 흑사병(페스트)이 중세 봉건제도의 붕괴와 농노해방과 임금상승을 가져왔다. 부족해진 성직자의 수준 저하는 종교개혁의 원인이 되기도 했다. 모든 세상의 일이 명과 암이라는 양면이 있듯이 이 전염병의 고통이 가져오는 긍정적 결과도 있기를 기대하고 있다.

2018년 시작된 미·중 무역분쟁에 이어 중국이 우한폐렴으로 어려움을 겪는 모습을 보면서 호사다마(好事多魔)를 떠올렸다. 양적 팽창을 통해 중국은 세계 2위 경제대국 위치를 획득했다. 일대일로(一帶一路, One belt, One road)라는 글로벌 프로젝트를 발족하면서 미국과 대등한 관계를 추구하기에 이르렀던 중국이었다. 미·중 무역분쟁은 단순한 무역분쟁이 아니다. 중국과 미국의 전방위 대충돌이다. 중국 '일대일로'와 미국 '인도-태평양 전략'의 헤게모니 싸움이다.

세계 2위 GDP 국가로 올라선 중국에 대한 미국의 거대한 반격이다.

양 경제대국이 '투키디데스 함정'에 휘말려 무역을 넘어 영토분쟁, 군사경쟁, 세계 패권경쟁이 진행 중이다. 미·중이라는 양대 축의 구심력과 원심력이 현 세계를 격동하고 있다. 완숙한 자유민주 체제 국가와 자본주의가 가미된 일당독재 계획경제국가의 충돌이 어떤 결과로 이어질지 주목받고 있다. 양국의 무역전쟁을 두고 일부에서는 미국이 승리하더라도 '피로스의 승리'가 될 것이라고 전망하고 있다.

베트남 전쟁 말기 초강대국 미·소 냉전 와중에 이이제이(以夷制夷) 차원에서 중국 '竹의 장막'을 걷어낸 나라는 미국이었다. 덩샤오핑의 개혁개방이 이어지면서 중국 경제성장은 눈부셨고 미국이 주도한 중국 WTO(세계무역기구) 가입은(2001) 호랑이 등에 날개를 달아줬다. 그랬던 미국이 칼을 뽑아들었다. 현 세계의 가장 큰 이슈는 미국과 중국의 관계이다 보니 아무래도 중국 관련 내용이 많이 포함될 수밖에 없었다.

전임 오바마 행정부까지 미국과 중국의 충돌은 두드러지지 않았다. 2017년 미국 45대 대통령으로 취임한 트럼프의 등장이 변곡점이었다. 직설적 화법의 부동산재벌 출신 트럼프는 선거운동 때부터 대통령 선거가 있는 올해까지도 끊임없이 화제를 몰고 다니고 있다. 중국에 대한 무역폭탄을 터뜨리고 한국을 비롯한 동맹국과 방위비 분담갈등을 야기하고 있다. 이전 미국 대통령과는 너무나 다른 캐릭터에 세계는 어리둥절했지만 '미국을 다시 위대하게'라고 외치는 트럼프에게 미국 중산층과 백인노동자들은 환호를 보내고 있다. 새로운 타입의 미국 대통령이다. 이 책에서 트럼프에 주목하는 이유이다.

세계 안녕에 가장 큰 위협은 여전히 핵무기이다. 특히 북한의 핵무기 완성과 위협은 미국의 동북아 전략을 수정하게 했고 중국까지 곤혹스런 입장에 빠지게 했다. 일본의 불안은 말할 것도 없고 북한에 우호적인 대한민국 문재인 정부의 외교안보정책은 갈피를 못 잡고 있다. 핵전략으로서의 '상호확증파괴'는 트럼프 정부 들어 트럼프판 '스타워즈', 미국의 INF 파기 등 '일방적 확증파괴' 기조로 가고 있다. 이란의 핵무기 개발시도는 유럽과 미국의 갈등을 야기했고 미국은 이란의 실세인 솔레이마니 사령관까지 제거했다.

이밖에도 미국 중동 전략까지 바꾸게 한 셰일혁명, 여전히 깊은 갈등관계에 있는 한국과 일본문제, EU(유럽연합) 출범 47년 만에 전격 실행된 영국의 EU 탈퇴, 여전히 진행 중인 시리아와 소말리아에서의 내전, 21세기 최대의 홍콩민주화시위, 정보통신 혁명과 인류 삶의 급격한 변화를 가져온

손바닥 크기의 스마트폰, 그리고 4차 산업혁명의 구체적 사례 등을 정리해 보았다.

바닥부터 하나하나 쌓아올린 작은 지식의 벽돌, 이 세상 한 귀퉁이의 작은 기초라도 되면 좋겠다는 마음으로 완성을 했다.

책 쓰기를 제안해주신 임용호 종문화사 대표께 다시 한 번 원망⑦과 감사의 인사를 충심으로 드린다. 책을 쓴다는 핑계로 한동안 찾아뵐 수 없었던 시골의 어머니와 주말마다 책을 쓴다며 구립도서관과 회사 사무실을 전전했던 남편을 이해해준 아내 이수정에게 감사의 마음을 드린다. 더불어 응원해준 아들 이삭과 딸 지혜에게도 고맙다는 말을 전한다.

2020년 3월

문 호 철

코로나19 팬데믹

우한(武漢)폐렴의 급습 … 전 세계를 공포로

2020년 새해벽두부터 전 세계는 중국 우한(武漢)발 괴질로 발칵 뒤집혔다.

'우한폐렴'으로 불리는 신종 코로나바이러스 폐렴, 코로나19였다. 새해 들어 채 4달이 되지 않아 중국 내 우한폐렴 환자는 81,000명을 돌파했고 사망자는 3,277명을 기록했다.(2020.3.24.현재) 치사율 4%에 달했다. 3월 들어 중국 내 확진자는 감소세에 접어들었다. 반면 이탈리아, 이란, 미국 확진자는 급증하기 시작했다. 3월 24일 기준 전 세계 확진자 수는 약 379,000명,

세계 코로나19 발생국가/지역: 출처 WHO(세계보건기구) (2020.3.24.현재)

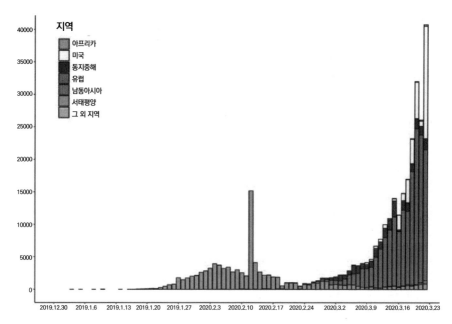

전 세계 코로나19 누적 확진자 수 (출처: WHO 2020.3.24.)

사망자는 16,500여 명으로 집계됐다. 중국을 포함해 환자 발생 국가는 모두 166개국으로 5대양 6대주를 망라하고 있다.

아시아는 27개국, 유럽 48개국, 아프리카 39개국, 아메리카 32개국, 중동 16개국, 오세아니아 4개국이고 이 밖에 일본 정박 중인 크루즈와 식민지 등을 포함한 발생지역은 27곳이다.

특히 이탈리아 환자 증가세는 두드러졌다. 확진자 약 64,000명으로 진원지 중국 81,000명을 바짝 뒤쫓았다.(2020.3.24.) 미국, 스페인, 독일, 이란이 뒤를 이었다. 유럽대륙이 최대 감염지역으로 떠올랐다. 우한코로나가 국경을 넘어 걷잡을 수 없이 확산하면서 전 세계는 팬데믹 공포에 빠져들었다. 최대 5,000만 명의 목숨을 앗아가면서 인류 최대의 재앙으로 불리는 1918년 스페인독감의 악몽을 떠올렸다.

순번	지역	국가명	확진자 수
1	아시아	중국	81,171
2	유럽	이탈리아	63,927
3	아메리카	미국	43,214
4	유럽	스페인	33,089
5	유럽	독일	29,056
6	중동	이란	23,049
7	유럽	프랑스	19,856
8	아시아	대한민국	9,037
9	유럽	스위스	8,060
10	유럽	영국	6,650
11	유럽	네덜란드	4,204
12	유럽	오스트리아	3,631
13	유럽	벨기에	3,401
14	유럽	노르웨이	2,132
15	유럽	스웨덴	1,906
16	유럽	포르투갈	1,600
17	오세아니아	호주	1,396
18	유럽	덴마크	1,395
19	아메리카	캐나다	1,384
20	아시아	말레이시아	1,306
21	유럽	터키	1,236
22	유럽	체코	1,165
23	아시아	일본	1,128
24	중동	이스라엘	1,071
25	유럽	아일랜드	906
26	아메리카	브라질	904
27	유럽	룩셈부르크	798
28	아시아	파키스탄	784
29	아시아	태국	721

국가별 확진자 순위 (2020.3.24.)

국가 간 이동은 사실상 중단됐고 후폭풍은 상상을 초월했다. 세계 증시는 대폭락을 거듭했고 중국을 비롯한 각국의 다수 공장은 셧다운했다. 2020도쿄올림픽까지 연기됐다. 올림픽이 전쟁 등으로 취소된 적은 있었지만 연기된 것은 사상 처음이다. 일상적 스포츠경기 역시 관중 없이 치러지거나 취소됐고 공연도 줄줄이 중단됐다. 5월 열릴 예정이던 칸국제영화제는 결국 연기돼 6월 말에서 7월 초 개막을 검토하고 있다.

사회적 거리두기라는 기치아래 이동이 제한됐고 격리와 함께 재택근무가 일상화됐다. 프란치스코 교황은 '우르비 에트 오르비'(Urbi et Orbi, 로마와 전 세계에게)라는 제목의 이례적인 특별 축복을 바티칸에서 행했다.

2019년 12월 우한,
"사스 의심 괴질이 돌고 있다"

앞서 2019년 12월 중국 후베이(湖北)성 성도(省都) 우한에서 사스로 의심되는 병이 돌고 있다는 소문이 돌았다. 우한 중심병원 의사 리원양은 동료의사들이 참여하는 소셜미디어에 '사스의 심병이 돌고 있다'며 우한폐렴 발생을 최초로 경고했다. 인구 1,100만 명의 우한은 중국 중부에서 인구가 가장 많은 정치, 경제, 금융, 문화, 교통의 중심지이다.

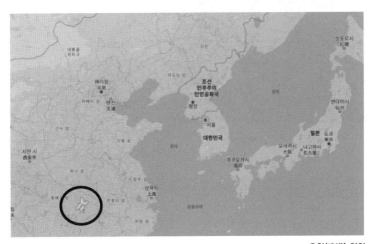

우한(武漢) 위치

우한시 위생건강위원회는 현지 한 수산시장에서 원인불명의 폐렴환자가 속출했다고 밝혔다. 환자 27명이 발견돼 격리치료 받았고 7명은 중태였다. 환자 대부분이 수산시장 상인이었다. 박쥐가 폐렴 유발인자라는 분석이 나오기 시작했다. 수산시장 한 쪽에서는 뱀, 고슴도치, 코알라 등 각종 야생동물을 도살해 판매하고 있었다. 중국 법규는 허가를 받으면 상업 목적으로 야생동물을 포획해 사육하는 것을 허용해왔다. 중국인들의 희귀 야생동물 섭식은 신분과시용이다. 야생동물 섭식행위는 근절될 수 없었다.

중국 인민일보는 괴질 전염에 대한 진화에 나섰다. 폐렴 원인이 분명하지 않아 소문처럼 사스라고 단정할 수 없다는 것이었다.

박쥐요리〈출처 : twitter@Hongkong333333〉

설사 사스라 하더라도 성숙한 예방체계가 있어 불안해 할 필요 없다고 강조했다. 이 무렵 중국 소셜미디어 웨이보에는 우한의 원인불명 폐렴 발견 소식이 1억8천 조회수를 기록하면서 검색 1위에 올랐다. 의약관련주 주가는 급등했다. 폭풍 전야 같은 불길함과 불안감이 중국인들 사이에 퍼져나갔다. 과거 사스의 악몽을 다시 떠올렸다.

지난 2002~2003년 중국 남부에서 시작된 사스로 37개국에서 774명이 사망했다. 당시 중국과 홍콩에서만 약 650명이 목숨을 잃었다.

발원지로 지목됐던 화난 수산시장은 영업을 중지했다. 전문가들은 사스 병원체처럼 폐렴 유발인자는 야생동물 안에 많다고 설명했다.

우한 화난 수산시장

세계보건기구(WHO)가 긴급 조사에 나섰다. 홍콩은 입경 검역을 강화하고 홍콩 내 모든 병원에 경계 강화를 지시했다. 싱가포르는 중국 우한 지역을 다녀온 여행객을 대상으로 공항 체온검사를 실시했다. 대만도 초비상이 걸렸다. 세 나라 모두 폐렴 의심환자가 발생했다. 괴질 소문이 걷잡을 수 없이 퍼져나가자 우한 경찰은 가짜 뉴스를 온라인에 유포했다며 리원양 등 8명을 처벌했다. 리원양의 경고가 결국 현실이 되면서 '우한의 영웅'이 됐지만 그도 1달이 지나 투병 중 사망했다.

2020년 1월 3일 원인불명의 폐렴환자가 44명으로 늘어나고 11명이 중태라고 우한 보건당국은 밝혔다. 하루만에 17명이 늘어난 것이다. 이틀 뒤에는 당초보다 2배를 넘는 59명으로 환자가 늘어났다. 중국 민족대이동 기간인 최대 명절 춘제(중국 설)을 앞두고 당국은 초비상상태였다. 미국 질병통제예방센터는 가장 낮은 단계의 여행경보 '주의'를 내렸다.

1월 9일 세계보건구 WHO는 폐렴바이러스는 '신종 코로나 바이러스'(SARS-CoV-2, 국제바이러스분류위원회 명명)로 확인됐다고 발표했다.

호흡기와 장질환을 일으키는 이 병원체는 인간 외에 박쥐, 낙타, 고슴도치 등을 감염시킬 수 있는 것으로 알려졌다. 의료계에 따르면 우한폐렴 바이러스는 비말(침방울) 등으로 사람 간 전파가 가능하다. 변이가 매우 다양해 사람은 6종, 동물은 20종 넘는 바이러스가 전파된다.

2003년 사스(중증호흡기증후군)와 2012년 메르스(중동호흡기증후군)가 변이 바이러스 종류이다. 사스는 박쥐에 있던 바이러스가 변종이 생기면서 사향고양이로 옮겨졌고, 이 사향고양이를 요리한 요리사로부터 비롯했다는 것이 정설이다. 메르스는 명확한 감염경로가 밝혀지지 않았지만 박쥐에서 낙타를 거쳐 사람에게 전염된 것으로 알려졌다. 감염 전문가들은 이번 병원체는 전파력이 낮을 것이라고 예측했었다. 그러나 우한폐렴 바이러스는 메르스,

기차 타는 중국 승객 (2020.1.10)

사스, 신종플루 등의 전염병보다 전염력, 치명률 면에서 역대 최고인 것으로 드러났다.

중국에서 드디어 첫 사망환자가 발생했다.(2020.1.9.) 만성 간질환에 시달리던 60대 암환자 남성이었다. 중국과 호주 시드니대학 의료진으로 구성된 국제 전문가 그룹은 우한폐렴 바이러스가 사스와 매우 유사해 80% 유사도를 보였다고 밝혔다. WHO는 우한 화난수산시장이 우한폐렴의 진원지라고 공식 발표했다. 보건 업무 종사자들 사이에 감염이 없고, 사람 간 감염이 이뤄졌다는 뚜렷한 증거는 없다고 설명하는 안이한 태도를 보였다.

중국 이외의 나라에서는 처음으로 태국에서 환자가 발생했다.(2020.1.13.) 중국 우한에서 방콕으로 들어온 61세 중국인 여성이었다. 일본에서도 우한 체류경력이 있는 30대 남성이 확진 판정을 받았다. 15일 중국 두 번째 폐렴 사망환자가 발생했다. 우한에서는 17일 하루만에 17명이 우한폐렴 확진판정을 받아 누적환자가 62명으로 증가했다. 중국 최대 명절 춘제 대이동이 시작됐다.

춘제 전후 40일간의 특별수송기간에는 연인원 30억 명이 이동한다. 이

World Report – 세계는 지금 –

때는 중국인 해외 관광도 급증하기 때문에 우한폐렴이 국제적으로 퍼질 수 있다는 우려가 컸다. 베이징에서 2명, 광둥 선전에서 1명이 추가 발생했다. 중국 전역으로 확산하기 시작하며 중국 당국은 바짝 긴장했다.

우한에서 18,19일 2일 만에 무려 136명이 추가 확진 받았고 세 번째 사망자가 나왔다. 이후 폐렴환자는 급속한 증가세를 보였다. 태국, 일본에 이어 한국에서도 우한에서 입국한 30대 중국 여성이 우한폐렴 확진을 받았다. 국경이 뚫리기 시작하면서 중국 주변 국가는 물론 전 세계는 사태를 예의주시했다.

시진핑 중국주석이 직접 나서서 질병확산을 통제하라는 긴급지시를 내렸다. 중국 보건당국은 '우한폐렴'이 사람과 사람 사이에 전염된다고 확인했다. 의료진까지 감염된 것으로 드러났다. WHO와 중국 당국은 그러나 그때까지도 별다른 여행 제한 조치를 취하지 않았다. 북한은 중국인 관광객 입국금지 조치를 취했다. 중국에서 시애틀로 입국한 여행객이 미국 최초의 확진판정을 받았다. 일본 내 온천관광지 가나가와 현 코네마치의 한 과자판매점은 중국고객 출입을 금지한다는 안내문을 붙였다.

중국과학원 관계자들은 "우한폐렴 바이러스의 자연숙주는 박쥐일 가능성이 있다"고 밝혔다. 연구팀은 "박쥐와 인간 사이를 매개하는 미지의 중간숙주가 있을 가능성이 크다"고 설명했다.

우한봉쇄, 빗장 걸어 잠궜다.

1월 23일 우한시는 한시적 도시 봉쇄령을 내렸다. 항공편은 물론 시내 대중교통과 지하철, 페리, 도시 간 노선을 모두 전면중단했다. 마카오 2명, 홍콩 2명, 대만 1명 확진자가 추가 발

국가별 우한지역 자국민 철수 상황

■ 송환완료·송환계획 　■ 사태가 안정될 때까지 기다림 　■ 송환계획 없음

러시아
후베이성과 우한 인접지역
자국민 귀국 방안
중국 측과 조율 중

미국
29일 전세기로
201명 송환.
LA동쪽 공군기지
물류창고에 격리

일본
29~31일간 우한에서
본국으로 총 565명 철수.
다음주 4차 전세기 파견 방침

프랑스·스페인·영국
프랑스 자국민 일부 철수.
스페인과 영국도
30~31 철수

한국
31일 대한항공 전세기로
1차 368명 철수. 2월1일께
2차로 남은 인원 350명 귀환 예상.
아산과 진천 2곳에 격리 조치

모로코
대부분이 유학생인
100여명 송환

캐나다 160명 철수 계획
독일 2월1일 90명 철수 계획
스페인 30~31일 철수
필리핀 3000여명 철수 추진
말레이시아 78명 철수 준비
방글라데시 341명 철수 계획
카자흐스탄 98명 철수 준비

인도·태국
인도, 300명 철수
항공편 준비
태국, 중국 당국
허가 대기중

싱가포르
30일 전세기 편으로
자국민 92명 귀환
인도네시아
90여명 철수 준비

스리랑카
유학생 200명 귀국.
나머지 484명도 철수 계획

파키스탄
계획 없음

호주·뉴질랜드
자국민 포함 태평양섬
국민 송환. 호주는 인도양
크리스마스섬에 귀국자
격리 조치

우한 화난 수산시장

생했다. 중국 내 확진 환자수는 기하급수로 늘어났다.

아시아권인 싱가포르, 베트남, 말레이시아, 호주, 네팔에 이어 사우디까지 환자가 발생했다. 유럽도 안전지대가 아니었다. 25일 프랑스에서 남성, 여성 2명이 확인됐다. 남미를 제외한 전 세계가 뚫렸다.

우한시는 의료격리를 위해 1,000개 병상을 갖춘 25,000㎡의 응급병원을 긴급히 건설하기 시작했다. 27일부터 중국은 국내외 단체관광을 중단하기로 했고 자금성과 만리장성 일부구간을 폐쇄했다. 미국, 영국, 일본, 한국 등 각국은 전세기를 투입해 자국민을 철수시켰다.

WHO는 27일 '우한코로나'의 글로벌 수준 위험수위를 '보통'에서 '높음'으로 상향했다. WHO 뒤늦은 대처를 비난하는 목소리가 높아졌다. 사흘 뒤 WHO는 국제적인 공중보건 비상사태(PHEIC)를 선포했다.(2020.1.30.)

2009년 신종플루(H1N1), 2014년 소아마비와 서아프리카 에볼라, 2016년 지카 바이러스, 2019년 콩고민주공화국 에볼라 등에 이어 역대 6번째.

1월 말 중국 내 공식 확진자는 9,700명으로 2003년 사스사태보다 더 심각한 상태로 빠져들었다. 2003년 사스는 전 세계 환자가 8,098명, 사망자가 774명이었다.

홍콩과 마카오, 태국, 한국 등 중국 이외 국가에서의 환자도 점증했다. 중국 위생당국이 통계 기준을 변경한 2월 12일에는 하루 새 확진자와 사망자 수가 각각 15,000여 명, 사망자가 250여 명 폭증했다. 전 날만하더라도 신규 확진자는 2,000명대를 유지했고 사망자도 100명 전후였다. 확진자 수는 10배 가까이, 사망자 수는 2배 이상 늘어나게 된 것이다. 우한폐렴이 언제 어디까지 확산될지 아무도 예측할 수 없었다.

시진핑, 정치적 입지 흔들

시진핑 주석의 정치적 입지가 흔들릴 수 있다는 전망까지 나왔다.

중국 시민들이 우한폐렴 확산을 당국이 축소, 은폐하고 있다는 의심을 하기 때문이었다. 우한폐렴을 최초로 경고한 뒤 가짜뉴스 유포혐의로 처벌받았던 우한 중심병원 의사 리원양이 1달 뒤 감염 사망한 것을 계기로 일반인들은 격앙했다. 코로나19와 관련된 현장 실태를 영상으로 고발하는 인물들도 등장했다. 변호사 출신의 시민기자 천추스와 의류업자 팡빈 등이었다. 팡빈은 우한의 한 병원 밖에 주차된 베이지색 승합차의 살짝 열린 문틈으로 시신을 담은 포대를 포착한 영상을 방송한 뒤 컴퓨터를 압수, 심문 당했다고 주장했다. 영상에서 팡빈은 '권력욕', '독재'를 비난하면서 '모든 시민이 저항한다'며 '인민에 권력을 돌려주라'고 외쳤다. 이들은 어느 순간 실종됐다.

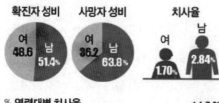

중국 코로나19 확진환자 통계 내용

중국 질병예방통제센터 코로나19 확진환자
44,672명 대상 분석

확진자 성비
여 48.6
남 51.4%

사망자 성비
여 36.2
남 63.8%

치사율
여 1.70%
남 2.84%

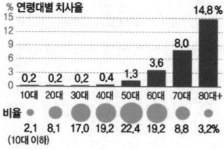

% 연령대별 치사율

10대	20대	30대	40대	50대	60대	70대	80대+
0.2	0.2	0.2	0.4	1.3	3.6	8.0	14.8%

비율
2.1 8.1 17.0 19.2 22.4 19.2 8.8 3.2%
(10대 이하)

중국 코로나19 통계 〈출처:중국 CDC〉

민심이 심상치 않게 돌아가자 시진핑 주석은 처음으로 베이징 한 병원을 방문해 환자들의 입원진료 상황을 살펴보고 의료진을 격려했다. 우한에 군의료진 2,600명도 추가 투입했다. 이 무렵 중국 화난이공대 연구진은 '코로나19의 진원지가 우한 화난수산시장이 아닌 우한시 질병통제센터(WCDC)'라는 주장을 제기했다.[001] 수산시장에서 약 280m 떨어진 WCDC는 우한에서 의료진들이 최초로 바이러스에 집단 감염된 병원 인근에 자리해 있다. 연구진은 WCDC가 연구를 위해 후베이성과 저장성에서 박쥐 605마리를 포함해 여러 동물을 데려와 실험실에 보관했다고 주장했다. 한 연구원이 박쥐로부터 공격받았으며 박쥐 피가 살에 닿았고 박쥐 오줌에 노출된 뒤 28일간 자가격리에 들어갔다고 연구진은 설명했다. 일부에서는 중국 군부 산하에 있는 군사의학원 생물공정원과의 연관성을 주장하는 소문도 돌았다.

001 중국 화난이공대 소속 연구자 보타오 샤오, 레이 샤오는 정보 공유 사이트인 '리서치게이트'에 올린 보고서에서 해당 바이러스는 우한시 질병통제센터(WCDC)에서 유출됐을 가능성이 있다고 주장했다, 영국 일간 미러보도.(2020.2.16.)

<우한코로나 발생 일지>

▲ 2019.12.31 : 우한, 원인 불명 폐렴 환자 27명 발생.

▲ 2020.1.9 : 우한 당국, 우한폐렴 신형 코로나바이러스 원인 발표.

▲ 2020.1.9 : 첫 사망자 발생. 만성 간질환, 암 투병 61세 중국 남성.

▲ 2020.1.11 : 신형 코로나바이러스 원인 우한폐렴 확진자 41명 공식 발표.

▲ 2020.1.14 : 첫 해외 신종코로나 환자 태국 발생. 우한서 방콕으로 입국한 61세 중국 여성.

▲ 2020.1.15 : WHO "사람 간 전염 배제 못 해."

▲ 2020.1.16 : 일본 첫 환자. 우한 방문한 적 있는 일본 거주 30대 중국 남성.

▲ 2020.1.20 : 한국 첫 환자 확진. 우한서 인천 입국한 35세 중국 여성.

▲ 2020.1.20 : 중국 우한 외 지역 환자 발생. 베이징 2명, 광둥 선전 1명.

▲ 2020.1.21 : 미국 첫 환자 발생. 우한 다녀온 30대 남성.

▲ 2020.1.23 : WHO, "국제적 공중보건 비상사태 선포 아직 이르다."

▲ 2020.1.24 : 한국 2번째 환자 확진. 우한 입국한 55세 한국인 남성.

▲ 2020.1.24 : 프랑스, 유럽 대륙 첫 확진자 발생. 중국인 관광객 2명과 중국계 프랑스인.

▲ 2020.1.25 : 캐나다 첫 확진자 발생. 우한 방문 50대 남성.

▲ 2020.1.26 : 한국 3번째 확진자 발생. 우한서 입국한 54세 남성.

▲ 2020.1.27 : 한국 4번째 확진자 발생. 우한 방문한 55세 남성 확진.

▲ 2020.1.28 : 한국 정부, 우한에 전세기 급파 발표.

▲ 2020.1.28 : 독일 첫 확진 환자 발생.

▲ 2020.1.29 : 핀란드, 우한 입국 중국인 여행자 확진 발표.

▲ 2020.1.29 : WHO, 전 세계 확진자 6,065명 사망 132명 발표. 중국 이외 지역에서는 15개국 68명 확진.

▲ 2020.1.30 : 중국, 신종코로나 누적 사망 170명 확진 70,830명 발표.

▲ 2020.1.30 : 한국 5·6번째 확진자 발생. 6번째 확진자는 2차 감염.

▲ 2020.1.30 : WHO, 3차 긴급위원회 소집 후 국제적 공중보건 비상사태 선포.

▲ 2020.2.11 : WHO, 신종코로나바이러스 명칭 'COVID-19'(코로나19)로 결정.

▲ 2020.2.11 : WHO 사무총장 "신종 코로나 첫 백신, 18개월 내 준비될 것."

▲ 2020.2.24 : WHO "코로나19, 아직 세계적 대유행 아냐."

▲ 2020.2.26 : 한국 확진자 1,000명 돌파. 사망 12명.

▲ 2020.2.26 : 브라질 코로나19 발생. 2달 만에 전 세계 6대주·46개국으로 확산.

▲ 2020.2.28 : WHO, 코로나19 세계적 위험 수준 '매우 높음'으로 최고단계 격상.

▲ 2020.3.10 : WHO "코로나19 팬데믹 위협 매우 현실화."

▲ 2020.3.11 : WHO 집계 전 세계 121개국서 확진자 124,909명, 사망자 4,585명.

▲ 2020.3.11 : WHO, 코로나19에 팬데믹 선언.

2월 하순, 중국은 발병이후 사망자 수가 처음으로 2,000명을 넘어섰다. 확진자 수도 77,000명을 기록했지만 신규 확진자는 1,000명대로 줄었다고 밝혔다.

중국 국가위생건강위원회는 에어로졸(공기 중에 떠 있는 고체 또는 액체 미립자)을 통해 전파될 가능성을 처음으로 인정했다. 즉, 에어로졸 형태로 화장실의 하수도를 거쳐 전파할 수 있다는 전문가들의 경고와 우려를 공식 인정한 것이다.

중국정부가 우한을 봉쇄한지 1달째인 2월 23일 우한 확진환자는 봉쇄직전의 425명보다 100배 이상 늘어난 45,660명으로 집계됐다. 사망자는 17명에서 1,774명으로 증가했다.

시진핑 주석은 "코로나19 전파속도가 신중국 건국이후 가장 빠르고 감염 범위가 가장 넓으며 방역 난도는 가장 높은 중대한 돌발 공중위생사건"이라고 지적했다. 3월24일 현재 중국은 환자 81,000여 명, 사망자는 3,200여 명이라고 밝혔다.

중국 무증상환자
통계누락

홍콩 사우스차이나모닝포스트(SCMP)는 중국정부 공식 통계에서 빠진 우한코로나 무증상환자가 43,000여 명이 달한다고 중국정부 기밀문서를 인용해 보도했다.(3.23) 신문은 2월 말까지 발열, 기침 등 우한코로나 증상을 보이지 않은 무증상환자가 중국 내에 43,000명에 이른다고 주장했다. 이 숫자는 중국 내 확진자 81,000여 명의 절반에 달하는 인원이다.

세계보건기구(WHO)와 한국은 증상이 없더라도 검사결과 양성반응이 나타나면 확진자로 보지만 중국은 무증상환자를 공식 확진자에 포함하지 않는다.

후베이에 투입된 의료진 42,000명 중 12,000명이 3월 20일 철수했지만 이후 추가 철수는 잠정보류된 것으로 알려졌다. 발원지 후베이성에서 완치 판정 받고 퇴원한 뒤 다시 양성 반응이 나오는 사례도 많은 것으로 전해졌다. 실제 우한 내에는 재발 환자를 전담하는 병원이 2곳 운영되고 있다.

이탈리아에서도 무증상환자가 44%에 이르는 것으로 추정되지만, 이 가운데 대다수는 검사조차 받지 않은 것으로 알려졌다. 미국과 영국, 이탈리아는 무증상자는 아예 검사를 실시하지 않는다. 중국은 발생 초기에는 환자와 사망자 수를 축소 은폐해왔다는 의혹을 받았다. 실제 미국과 중국 연구자가 2월 9일 펴낸 의학 논문[002]은 중국 내 감염증 환자수를 84,000~140,000명까지 추정했다.

홍콩 언론[003]들은 중국 당국이 환자수를 축소해 발표하고 있다며 실제 중국 내 환자수는 1,459명으로 추정된다고 보도했다.(2020.1.22.) 중국 관영 글로벌타임스조차 '인간 간 감염'이 가장 중요한데 당국이 허위, 축소보고하고 있다고 질타했다.

이탈리아 세계 2위
우한코로나 감염국으로

이탈리아는 2월 4째주 들어 감염 환자와 사망자가 크게 늘어나기 시작했다. 3월 24일 현재 이탈리아 확진자는 63,000여 명으로 유럽 내 최대 감염국가로 기록됐다. 사망자는 6,000여 명으로 중국 3,200명의 약 2배였다. 의료진 4,800여 명이 확진판정을 받았고 의사 사망자는 19명에 이르렀다. 치사율은 9.5%로 세계에서 가장 높았다. 이탈리아 65세 이상 고령인구 비중이 23%로 일본에 이어 2번째로 높은 나라라는 점을 높은 치사율 원인으로 들고 있다. 실제 이탈리아의 감염 사망자 90%는 70세 이상이다.

전국 이동제한령과 휴교령에 이어 국가 기간 전략산업을 제외한 비필수 업종 사업장 운영을 전면 중단했다. 특히 북부 롬바르디아 지역은 이탈리

---

002 저우융다오(周永道) 난카이대학 통계데이터과학학원 교수, 둥장후 미국 네브래스카대학 의학센터 생물통계학과 교수 논문연구자들은 우한의 일부 집단에 대한 표본조사로 우한 내 전체 감염자 수를 추산하고 이를 통해 후베이성 다른 지역과 전국의 감염자도 추정했다.
003 홍콩 사우스차이나모닝포스트, 명보 1월22일 보도. 홍콩대 전염병역학통제센터, "우한폐렴이 지난 17일까지 이미 중국 내 20여 개 도시로 확산했으며, 우한을 포함해 중국 내 감염자가 이미 1,343명에 이를 것으로 추정한다."

아 전체 사망자의 63%를 차지했다. 이탈리아 확산속도가 놀라울 정도로 빠른 것에 대해 몇 가지 이유를 꼽고 있다.

첫째, 중국 신실크로드 전략 '일대일로'를 통한 이탈리아와 중국의 경제교류 증가였다.

이탈리아는 주요 7개국(G7) 최초로 중국 '일대일로'에 참여한 나라이다. 중국과 이탈리아 상호방문이 급증하는 상황이었다.

둘째, 이탈리아의 합법적 이민 중국인은 2019년 기준 320,000명이다.

대부분 이탈리아 북부 밀라노와 프라토에 거주하면서 의류와 가죽제품 생산에 종사하고 있다. 프라토에는 아르마니, 구찌, 프라다 제품공장이 있고 대부분 중국인이 경영하고 있다. 중국인 공장에서 일하는 불법 중국인들도 100,000명 가까운 것으로 추정된다. 이들 중국인은 대부분 원저우 출신으로 우한과 불과 800km 떨어진 곳이다. 이탈리아 첫 번째 확진자도 밀라노로 이탈리아에 입국한 중국인 관광객 2명이었다.

셋째, 세계 5대 관광대국인 이탈리아에 중국인 관광객이 급증하고 있다.

2019년 한 해에만 중국인 관광객 600만 명이 방문했고 올해는 이탈리아-중국 간 '문화관광 교류촉진의 해'로 삼았다.

넷째, 이탈리아 의료제도의 맹점이다.

여타 유럽국가와 비슷하게 이탈리아 역시 보편적 의료복지를 제공하고 있다. 하지만 이탈리아 의료비에서 개인 부담비율은 23%로 EU 평균인 15%보다 상당히 높다. 의료서비스 접근성이 떨어진다는 말이다. 이탈리아 의료비에 투입되는 재정은 다른 유럽국가에 비해 낮다. 의료진에게 넉넉한 급여를 제공하지 못하다보니 의료인력은 대폭 감축됐고 병원과 의료기관도 문 닫은 곳이 많았다. 다른 EU 국가로 빠져나가는 경우가 비일비재했다. 의사와 간호사가 턱없이 부족한 상태에서 우한코로나 직격탄을 맞은 것이다.

일대일로 참여국 이란,
중동 최대 감염국

이란은 24,000명의 확진자를 기록해 세계 6위를 달리고 있다.(2020.3.24.) 발병 1달 만에 20,000명을 넘어서면서 중동 최대 감염국가로 기록됐다. 이란 치사율은 7.8%로 매우 높았다. 공교롭게도 이란 역시 이탈리아처럼 '일대일로' 참여국이자 동맹으로 중국과 경제 군사교류가 활발하다. 미국의 일방적인 핵파기와 경제제재 결과 이란이 찾은 돌파구는 중국몽을 꿈꾸는 중국이었다. 이란의 첫 전파자도 중국에 다녀온 사업가였다. 미국 경제제재로 최악의 경제위기 상황에 처한 이란은 전염병까지 기승을 혼란에 빠졌다. 약과 마스크가 부족하고 의료진이 사용할 방호복이 턱없이 부족한 상태이다.

부통령과 보건부 차관이 감염됐고 최고지도자 하메네이와 사돈 관계였던 여성이 우한코로나로 사망하기도 했다. 국회의원 20여 명, 하메네이 최고지도자 자문역, 국정조정위원회 성직자 등도 대거 감염됐다. 알코올이 코로나바이러스를 예방한다는 잘못된 소문이 퍼지면서 에탄올을 마신 사람 40여 명이 사망했다.

시아파 국가인 이란 국민들의 성지순례 방식도 확산에 기여하고 있다는 말이 나오고 있다. 이란에서 최초의 환자와 사망자가 발생한 시아파 성지 곰은 시아파 종교자 이맘의 영묘가 있는 곳이다. 이란 국민들은 안에 있는 시설물에 입맞춤하는데 이로 인해 급속히 전염되고 있다는 분석이다. 일부

국민들은 코로나 예방과 확산을 막기 위해 취소한 금요대예배 중단에 항의하기 위해 시설물을 혀로 핥는 행동까지 보이기도 했다. 바이러스가 급속히 확산될 무렵 실시된 국회의원 선거도 감염에 일조했다. 이란 국민은 투표장에서 토론을 벌이면서 오랫동안 머무르는 선거문화를 갖고 있기 때문이다. 미국과 이란의 신경전은 이 와중에도 치열했다.

트럼프 대통령이 우한코로나와 관련해 이란을 도울 일이 있으면 돕겠다고 밝혔다. 로하니 이란 대통령은 미국 제안은 거짓이라며 제안을 일축했다. 이란 최고지도자 하메네이는 미국이 이란을 겨냥해 바이러스를 만들었다는 의혹이 있다고 주장했다. 미국이 제공하는 약이 이란에 바이러스를 더 퍼뜨릴 수 있다고 목소리 높였다. 미국은 '바이러스에 대한 하메네이의 거짓말이 생명을 위태롭게 한다'고 비난했다.

이란은 설상가상으로 홍수와 이집트에서 건너온 메뚜기떼로도 막대한 피해를 입었다. 남부에서 시작된 집중호우는 우한코로나 환자가 집중적으로 발생한 곳으로 환자치료와 검사도 지장을 받았다.

동아프리카에서 날아온 메뚜기떼 4,000억 마리도 농작물을 초토화시켰

아프리카에서 발생해 이란을 거쳐 중국으로 접근중인 메뚜기떼

다. 이스라엘과 가장 적대적 관계에 있는 이란을 덮친 전염병과 메뚜기떼,
자연재해에 대해 기독교 일각에서는 성경이 언급한 재앙 '메뚜기떼와 역병'
을 떠올리게 된다고 말하고 있다.

미국 고삐 풀린 확산 …
환자 발생 2달 만에 3위 감염국

미국은 1월21일 첫 환자가 나온 지 2
달 만에 감염자가 50,000명 가까이 폭증했다. 사망자는 600명이 넘었다.
미국 존스홉킨스대학이 집계한 환자수는 53,000명을 넘었고 뉴욕주에서
만 25,000여 명으로 집계됐다.(2020.3.24.) 최대 감염지역 뉴욕주 전체는 '중대
재난지역'으로 선포됐다. 미국 뉴욕증권거래소(NYSE)는 228년 만에 처음으
로 객장 운영을 중단하고 재택근무를 통한 전자거래 체제로 전환했다.

세계보건기구(WHO)는 미국 확산세가 가파르다면서 새로운 진원지가 될

재택근무로 전환해 트레이더들이 없이 텅빈 뉴욕증권거래소

수 있다고 우려했다. 트럼프 대통령은 지나친 대처는 국가기능을 마비시킬 수 있다며 우려했다. 우한코로나 확산우려로 폐쇄(lockdown)결정하면 국가를 파괴할 수 있다며 부활절(4월12일) 전까지 경제활동이 정상화되길 희망한다고 말했다. 질병자체보다 대규모 경기침체나 불황이 오히려 더 많은 사람을 죽일 수 있다는 입장이다. 세계 경제가 공황으로 빠져들 것이라는 전망 속에 미국 발걸음은 빨라졌다. 미 연방준비제도(중앙은행)는 무제한의 양적완화(QE:Quantitative Easing)004를 만장일치로 결정하고 '무제한 달러 발행'에 돌입했다. 연준은 '팬데믹으로 미국과 세계는 엄청난 어려움에 직면했고 미국 경제는 극심한 혼란에 처해있다며' 정책 배경을 설명했다. 시행 첫 주 국채 3,750억 달러(약 600조 원), 주택저당증권 2,500억 달러(약 306조원) 매입했다. 미 연준의 조치에도 미국 증시는 등락을 거듭하면서 여전히 불안정한 모습을 보였다.

글로벌 충격이 가시화되면서 미국은 한국은행(BOK)을 비롯해 9개국 중앙은행과 통화스와프005 계약을 체결했다. 달러화 유동성을 풍부하게 공급하겠다는 의미로 통화스와프를 맺은 국가는 미국이 보증하는 '달러화 마이너스 통장'을 갖게 되는 격이다. 달러화 수요가 급증해 여타 국가 환율이 급등하는 등 외환시장이 혼란에 빠지는 것은 미국으로서도 바라지 않는 상황이기 때문에 취한 조치다. 연준은 '글로벌 달러화 시장의 긴장을 완화하고, 국내외 가계·기업의 신용공급에 미칠 영향을 줄이기 위한 것'이라고 밝혔

004 양적완화(QE:Quantitative Easing): 금리 인하를 통한 경기부양 효과가 한계에 봉착했을 때 중앙은행이 국채매입 등을 통해 유동성을 시중에 직접 푸는 정책. 정책 금리가 0에 가까운 초저금리상태에서는 금리정책이 의미가 없기 때문에 국채매입 등을 통해 직접적인 방법으로 시중 통화량을 늘리는 정책이다. 미국이 양적완화를 시행하면 달러통화량이 증가하고 달러 가치는 하락하게 돼 미국 상품 수출경쟁력이 커지는 반면, 원자재 가격 상승으로 물가는 오르게 된다.
005 통화스와프: 필요할 때 자국 통화를 상대 중앙은행에 맡기고 상대 통화를 빌려 쓸 수 있도록 하는 계약. 연준은 2008년 금융위기 때 한국 등 14개국과 통화 스와프 협정을 맺었다. 미국은 2010년 협정을 대부분 종료하고 현재는 캐나다, 영국, 유럽연합(EU), 스위스, 일본 등 5개 중앙은행과의 협정만 유지하고 있었다.

다. 한국은 미국과 600억 달러 규모의 통화 스와프 계약을 맺게 되면서 일단 한숨을 돌렸다.

미국 중국 우한코로나 근원
둘러싸고 치열한 설전

우한코로나 근원을 둘러싸고 미국과 중국은 치열한 설전을 벌이기도 했다. 포문은 중국이 열었다. 2019년 우한에서 열린 세계군인체육대회에 참가한 미군이 코로나바이러스를 옮겼을 수도 있다고 주장했다. 중국이 지목한 선수는 80km 사이클 경주에 참석했던 맛제 베나시였다.

에볼라 바이러스 같은 물질을 다루는 미국 메릴랜드주 포트 데트릭의 전염병 연구실이 3월 초 관리체계 문제로 폐쇄한 뒤 다른 곳으로 이전한 사실도 거론하며 의혹을 제기했다.

중국은 코로나19 발병을 가장 먼저 보고했을 뿐, 발원지로 확인된 것은 아니라는 입장이다. 트럼프 대통령은 터무니없는 주장이라고 일축했다. 코로나19를 '중국 바이러스'라고까지 불렀다. 마이크 폼페이오 미 국무장관은 '우한 바이러스'라고 지칭하면서 중국이 코로나19 발원지라는 것을 강조했다.

중국은 미국이 근거 없이 중국을 비방하고 있다고 맹비난하면서 "미군이 코로나19를 우한에 가져왔을 수 있다"고 주장했다. 중국 감염병 최고 권위자 중난산(鐘南山) 중국공정원 원사 등 중국 전문가들은 코로나19 발원지가 우한이라는 주장이 근거가 없다고 강조했다. 급기야 중국 관영 글로벌 타임스는 "미국에서 검사가 제대로 이뤄진다면 적어도 현재 확진자 35,000명의 2배가 넘는 10만 명의 확진자가 나와 4월 초, 중순이 되면 중국 확진자 수를 능가할 것"이라고 보도했다.

폼페이오 국무장관은 재반격했다. 중국정부가 정보 공유를 지연해 수천 명을 위험에 몰아넣었다며, 은폐와 허위정보유포를 거론했다. 미국 기업을 중국에서 국내로 철수할 수 있다는 간접적 압력도 가했다. 중국 내 미국 기업 119개 곳을 조사한 결과 3월 말 현재 5분의 1만 사업이 정상화됐다고 미국상공회의소는 밝혔다.

이런 가운데 이탈리아 북부 롬바르디아 발원설이 제기됐다. 이탈리아 밀라노의 〈마리오 네그리〉 약학연구소장은 미국 NPR과의 인터뷰에서 "이탈리아 의사들은 작년 12월, 심지어 11월에도 노인 중심으로 매우 심각하고 알 수 없는 폐렴이 발병했다고 말하고 있다"고 주장했다. 이 주장에 따르면 이탈리아 노인들에게 원인불명의 폐렴이 발생한 시기는 중국 우한시 첫 발병 보고보다 1달 정도 앞섰다. 지금까지 이탈리아는 2020년 1월 말 중국인과 이탈리아인의 접촉을 통해 발병했다고 밝혀왔다.

중국과 국경 맞댄 러시아,
몽골, 중국인 입국 차단

중국과 국경을 맞대고 있는 러시아와 몽골은 초기부터 신속히 대응했다. 러시아는 1월부터 극동 국경과 러시아—몽골 국경을 폐쇄해 중국인의 입국을 차단했고 중국인에 대한 노동비자 발급을 한시적으로 보류했다. 러시아와 중국을 연결하는 대부분의 항공편 운항은 물론, 중국·북한을 오가는 여객 열차 운행도 일시 중단했다. 그러나 3월 하순 들어 러시아 역시 하루 추가 확진자가 처음으로 3자릿수를 기록하는 등 증가세가 가팔라지고 있다.

하루 동안 20개 지역에서 163명의 추가 확진자가 나와 전체 발병자가 658명으로 증가했다고 러시아 당국은 밝혔다. 수도 모스크바에서 가장 많은 120명이 확인됐으며, 추가 확진자는 최근 2주 동안 유럽 등 다발 국가를 방문해 감염된 것으로 전해졌다.

몽골은 1월 10일부터 중국과의 모든 상품교역을 중단하기 시작했고 2월 초부터는 중국인 입국을 전면금지하고 여객기 운항을 중단시켰다. 중국과 5,000km 국경을 맞대고 있는 몽골에는 2월 말까지 환자가 발생하지 않았다. 3월 들어 10명의 환자가 발생했지만 사망자는 1명도 없었다. 몽골은 긴장의 끈을 놓지 않고 4월 말까지 외국인 입국을 전면금지했다. 몽골의 경우 워낙 인구밀도가 낮은데다 다른 나라와의 경제교류가 적다는 것도 발병이 거의 없는 이유이다.

인도, 3주 동안 금족령(禁足令) …
외출하면 처벌

인구 14억 대국 인도는 인구에 비해 확진자 비율이 극히 낮아 환자는 약 560명에 불과했다. 그러나 3월 들어 확진자가 늘어나면서 인도는 3주 동안 집을 나가서는 안 되고 어기면 1년 이하 징역에 처한다는 초강경조치를 내렸다. 3월 24일부터 모든 주(州)와 구역, 도로, 모든 마을을 봉쇄하고 관공서를 비롯해 공장, 학교문을 닫고 공개 집회와 종교행사를 금했다.

모디 인도 총리는 '21일을 잘 대응하지 못하면 21년 뒤로 후퇴할 수 있다'며 강력한 대응을 예고했다.

위생상태가 열악한데다 수도 뉴델리와 경제 중심지 뭄바이 인구밀도가

봉쇄된 뉴델리 기차역

극히 높아 인도 확진자 발생숫자가 적은 게 오히려 비정상이라는 지적이 있었다. 당시까지 검사받은 사람은 불과 15,000명에 불과했기 때문에 감염자 숫자가 작다는 CNN 보도가 이를 뒷받침했다. 갑자기 내려진 조치에 인도의 마트와 약국은 생필품을 사러 나온 인파로 장사진을 이뤘다. 노이다의 삼성전자 스마트폰 공장과 첸나이의 삼성 가전제품 공장 가동이 중단됐고 현대차와 LG전자 등도 금족령에 따른 차질이 불가피했다.

세계 정상급 지도자,
유명인도 예외 없었다.

앙겔라 메르켈 독일 총리는 그에게 예방 주사를 놓았던 의사가 확진판정을 받음에 따라 자가격리에 들어갔다. 영국 왕실 후계자 찰스 왕세자는 스코틀랜드 애버딘셔의 국민보건서비스

산하기관 검사결과 양성판정을 받아 자가격리됐다. 왕세자 측은 경미한 증상을 제외하면 건강에 이상은 없다면서, 여러 공무를 수행했기 때문에 정확히 어떤 과정을 통해 감염됐는지는 분명치 않다고 밝혔다. 1994년에서 6년 동안 핀란드 대통령을 지냈던 올해 82세의 마르티 아티사리도 양성판정을 받았다. 배우 톰 행크스 부부는 호주에서 영화 촬영하던 도중 확진판정 받았으며 세계적 테너 플라시도 도밍고(79)도 신종 확진 판정을 받았다.

우한폐렴 핵폭탄 맞은 한국 …
다행히 감소세

전세기로 귀국해 14일간 격리됐던 우한 교민들이 2월 중순 퇴소했다. 이후 환자들이 완쾌되거나 증상이 호전됐고 추가 확진자는 발생하지 않았다. 국내 확산상황이 진정되는 듯했다.

이 무렵 문재인 대통령은 코로나19가 '머지않아 종식될 것'이라 말했다. 그러나 중앙방역대책본부는 한국 내 우한폐렴이 '새로운 국면'에 접어들고 있다며 우려를 밝혔다.(2020.2.18.) 역학적 연관성이 확인되지 않는 여행력 없

진천 우한 교민 격리시설 찾은 문재인 대통령(2020.2.9.)

는 환자가 3명 발생하면서 우한발로 시작된 유행이 2, 3차 감염자를 통해 진행되는 국면이라고 설명했다. 당국 발표 하루 만에 확진자가 22명이나 급증하면서 보건 당국 우려가

현실화됐다.(2.19) 특히 대구, 경북지역에서 20명이나 확진판정을 받았다.

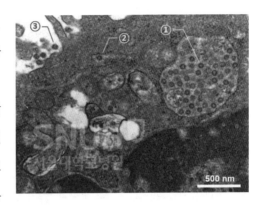

국내 첫 확진자 발생 1달 만인 20일 하루 만에 확진판정 받은 환자는 55명으로 급증했다. 앞서 1달간 나온 총 확진자 수는 51명이었다. 이날 국내 첫 사망자까지 발생했다. 환자 51명이 무더기로 발생한 대구, 경북지역은 발칵 뒤집혔다. 종교단체 신천지 대구교회 신도 가운데서 43명이 발생하면서 예배를 통한 집단 발병가능성이 제기됐다. 신천지 신도들은 경기 과천, 전북 전주, 제주 등을 돌아다닌 것으로 파악됐다. 확진자와 함께 예배 본 신자 중 연락이 되지 않고 행방이 확인되지 않는 경우가 많았다. 감염 확산이 어디까지 이어질지 종잡을 수 없었고 방역당국은 초비상 국면에 빠졌다. 의심 환자도 속출하면서 대구 시내 음압 병상 88%가 꽉 찼다.

20대 사병이 확진판정을 받아 첫 군인 확진자가 나왔다. 주말을 거치면서 확진자는 3배 폭증해 누적 확진자는 602명으로 수직상승했다. 누적 사망자도 7명으로 늘어났다, 진앙지 중국에 이어 세계 2위 감염국으로 올라섰다. 심지어 부모와 함께 대구에 다녀온 16개월 여아까지 확진판정을 받았다. 대구, 경북지역 간호사 5명에 이어 같은 지역 대학병원의 20대 의대 전공의, 경남 창원의 의사 1명도 확진판정을 받았다.

한국정부는 2월 23일 결국 위기 경보를 4단계 중 최고 단계인 '심각'으로 격상했다. 263명이 사망한 2009년 신종 플루 사태이후 11년 만이었다. 이틀 전만 해도 '아직 지역 사회 확산 초기 단계'라며 미온적 태도를 보였다. 경보를 격상한 이날 문재인 대통령은 '신천지 신도들에 대해 특단의 조치를 취하고 있다'고 공개적으로 말했다. 신천지 측은 이에 대해 "신도들은 당국 방역조치를 믿고 일상생활을 해온 대한민국 국민이자 피해자"라는 입장을 밝혔다. 기독교와 불교 종교행사가 멈춘데 이어 236년 역사상 처음으로 천주교 성당 미사도 중단됐다.

사태가 일파만파로 커지면서 '중국 입국을 금지하라'는 목소리가 거세졌다. 대한의사협회는 중국으로부터의 입국을 금지하라고 이미 수차례 권고한 상태였다. 유력 일간지 중앙일보는 이례적으로 1면 톱에 사설을 올렸다. '중국서 오는 외국인 입국, 전면 금지하라'는 제목이었다.

사설은 '문재인 정부가 중국정부 눈치를 보며 우물쭈물하다 골든타임을 놓쳤다'고 강도 높게 비판했다. 청와대 국민청원 게시판에 '중국인 입국금지 요청' 청원자가 76만 명을 넘어섰다. 특히 개강을 앞두고 입국 예정인 중국 유학생 수가 19,000명으로 추산되면서 국민들은 극도로 불안해했다. 정부와 집권 여당은 중국인 입국금지조치에 여전히 부정적이었다. 이때 중국 관영 매체 환구시보 편집인은 소셜미디어에 적반하장격 주장을 펼쳤다.

중앙일보 1면 (2020. 2.3)

후시진 편집인은 "중국인들의 눈에 한국 전염병사태는 매우 심각하다"며 "한국 행동이 느리다"고 지적했다.

한국정부가 중국으로부터의 입국금지를 주저하는 동안 중국에 입국한 한국인들이 격리되는 일이 벌어졌다. 우한폐렴의 진원지 중국이 한국 격리에 나서기 시작한 것이다. 다행히 중순이후 한국 일일 신규 확진자 수는 감소세에 접어들면서 2자릿수를 유지했다. 한국 보건당국과 수준 높은 의료진을 중심으로 신속한 검사와 방역이 이뤄진 결과였다. 그러나 3월 하순 들어 입국제한이나 금지조치 등을 취하지 않은 상태에서 아시아, 유럽, 미주로부터 유입된 입국자 중심으로 신규 확진자 수가 다시 3자릿수로 늘어났다. '모기장을 열어둔 채 방역을 한다'는 비판을 받았다. 중국조차 비자와 거류허가를 가진 외국인의 중국 입국을 중단한다고 전격 밝힌 상태였다.

해외 언론들은 한국 방역체계와 결과에 대해 총체적으로는 긍정적인 평가를 내렸다. 신속한 대규모 검사와 환자 경로추적을 통한 역학조사 그리고 시민들의 적극적인 협조태도를 주요 요인으로 꼽았다. 3월 말 기준 한국의 누적확진자 수는 92,00여 명, 사망자는 130여 명으로 집계됐다.

코로나19 한국 감염 일지

▲ 2019.12.31 : 우한서 원인 불명 폐렴 환자 27명 발생.

▲ 2020.1.20 : 한국서 첫 환자 확진. 우한서 인천으로 입국한 35세 중국 여성.

▲ 2020.1.24 : 2번째 환자. 우한서 입국한 55세 한국인 남성.

▲ 2020.1.26 : 3번째 환자. 우한서 입국한 54세 남성.

▲ 2020.1.27 : 4번째 환자. 우한 방문한 55세 남성 확진.

▲ 2020.1.28 : 한국 정부, 우한에 전세기 급파 발표.

▲ 2020.1.29 : WHO, 전 세계 확진자 6,065명·사망 132명 발표. 중국 이외 지

역에서는 15개국 68명 확진.

▲ 2020.1.30 : 5, 6번째 확진자 발생. 6번째 확진자는 2차 감염.

WHO, 국제적 공중보건 비상사태 선포.

▲ 2020.2.26 : 확진자 1,000명 돌파. 사망 12명(2달 만에 전 세계 6대주·46개

국으로 확산).

▲ 2020.3.5 : 신규 확진 감소세.

▲ 2020.3.11 : WHO 집계 전 세계 121개국서 확진자 124,909명, 사망자

4,585명

WHO, 코로나19에 팬데믹 선언.

'코리아 포비아'(恐韓症)
전 세계로 확산

초기 한국정부가 입국금지 등에 미온적 태도를 보이는 동안 세계적으로는 이른바 '코리아 포비아'가 퍼져나갔다. 이스라엘에 공항에 착륙한 한국인 177명이 입국을 거부당해 귀국해야만 했다. 이후 한국인 입국을 막거나, 한국 방문 자제를 경고하고 나서는 경우가 급증했다. 구글 등 글로벌 기업은 한국을 비롯한 아시아지역으로의 출장을 금지했고 외국 항공사들은 한국행 항공편을 줄이거나 취소했다. 한국에서 열릴 예정이던 각종 국제행사도 연기되는 등 차질을 빚었다. CNN, BBC, 월스트리트저널 등 해외언론들은 톱뉴스로 한국의 코로나19 관련 소식을 전했다. 홍콩 사우스차이나모닝포스트는 "22일 한국 당국은 나흘 새 6배 급증한 감염자 수를 보고했다"고 보도했다. 홍

3월 26일(목) 0시 기준 전국 확진환자 누적 현황

검역
131 (▲30)

확진환자
9,241 (▲104)

격리해제
4,144 (▲414)

사망자
131 (▲5)

서울 ▲13
360

인천 43 ▲1

경기
▲14 401

강원 31
▲1

세종 44

충북 ▲1
39

충남 ▲1
124

경북
1,274

대전 30 ▲6

전북
10

대구
6,482

광주 19

울산 37

경남
90

부산 112

전남
8

제주 6

경기 4.3%
서울 3.9%
타 지역 7.8%
경북 13.8%
대구 70.1%

콩은 한국여행객 입경을 금지하는 조치를 취하기에 이르렀다. 대만은 한국에서 대만으로 들어오는 모든 여행객을 2주 동안 의무적으로 격리하기로 했다.

국내 일일 신규 및 누적 확진자 현황

― 누적 확진자수 ▨신규 확진자수 ―신규 확진자

- 2.20일 이전엔 해당일별 확진자수,
- 2.21일 부터는 전일 오전 9시부터 해당일 오전 9시까지의 신규, 누적 환자 수 증가분
- 3.2일은 전일 오전 9시부터 해당일 0시 까지의 환자 수 증가분
- 3.3일 부터는 전일 0시부터 해당일 0시까지의 환자수 증가분을 반영한 통계

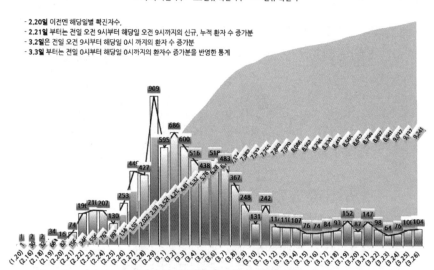

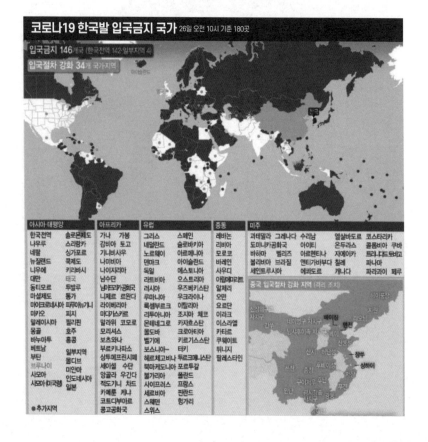

코로나19 한국발 입국금지 국가 26일 오전 10시 기준 180곳

입국금지 **146**개국 (한국전역 142·일부지역 4)
입국절차 강화 **34**개 국가·지역

아시아·태평양		아프리카		유럽		중동	미주		
한국전역	솔로몬제도	가나	가봉	그리스	스페인	레바논	과테말라	그레나다	수리남	엘살바도르	코스타리카
나우루	스리랑카	감비아	토고	네덜란드	슬로바키아	리비아	도미니카공화국	아이티	온두라스	콜롬비아	쿠바
네팔	싱가포르	기니비사우		노르웨이	아르메니아	모로코	바하마	벨리즈	아르헨티나	자메이카	트리니다드토바고
뉴질랜드	쿡제도	나미비아		덴마크	아이슬란드	바레인	볼리비아	브라질	앤티가바부다	칠레	파나마
니우에	키리바시	나이지리아		독일	에스토니아	사우디	세인트루시아		에콰도르	캐나다	파라과이	페루
대만	태국	남수단		라트비아	오스트리아	아랍에미리트					
동티모르	투발루	남아프리카공화국		러시아	우즈베키스탄	알제리					
마셜제도	통가	니제르	르완다	루마니아	우크라이나	오만					
마이크로네시아	파푸아뉴기니	라이베리아		룩셈부르크	이탈리아	요르단					
마요	피지	마다가스카르		리투아니아	조지아 체코	이라크					
말레이시아	필리핀	말라위 코모로		몬테네그로	카자흐스탄	이스라엘					
몽골	호주	모리셔스		몰도바	크로아티아	카타르					
바누아투	홍콩	보츠와나		벨기에	키르기스스탄	쿠웨이트					
베트남	일부지역	부르키나파소		보스니아	터키	튀니지					
부탄	몰디브	상투메프린시페		헤르체고비나	투르크메니스탄	팔레스타인					
브루나이	미얀마	세이셸 수단		북마케도니아	포르투갈						
사모아	인도네시아	앙골라 우간다		불가리아	폴란드						
사모아·미국령	일본	적도기니 차드		사이프러스	프랑스						
		카메룬 케냐		세르비아	핀란드						
		코트디부아르		스웨덴	헝가리						
●추가지역		콩고공화국		스위스							

중국 입국절차 강화 지역 (격리 조치)

세계공장 올스톱 …
글로벌 경제 곤두박질

코로나19가 확산되면서 전 세계 경제는 심대한 타격을 입었다. 3월 19일 기준 세계 증시 시가총액이 지난 1달간 3경2천조 원 가까이 줄어들었다. 한국 국내총생산(GDP)의 17배에 달하는 규모다.

블룸버그가 86개국 증시 시총을 집계한 결과, 증시 시총은 62조2천572억달러(약 7경7천416조8천억 원)로 지난달 19일(87조8천708억 달러)보다 25조6천136억 달러(29.2%) 감소했다.

지난해 29년만의 최저치인 6.1%를 기록한 중국 올해 경제성장률은 1%대로 떨어질 수 있다는 전망이 나오고 있다. 일본 노무라는 전망치를 기존보다 낮춘 1.3%로 잡았다.

미국 BOA 메릴린치는 우한코로나 타격이 가장 큰 1분기 중국 경제가 6% 역성장 해 올해 전체로는 1.5% 성장에 그칠 것으로 예측했다. 중국국제금융공사(CICC)조차 당초 1월에 잡았던 6.1%를 대폭 낮춰 2.6%에 그칠 것으로 전망했다. 1분기 전자와 자동차 부품 등 주요 공장이 밀집한 우한은 완전히 폐쇄됐고 전국적으로 6,000만 명이 격리상태에 놓이며 중국 제조업은 사실상 올스톱 상태에 빠졌다. 춘제직후 개장한 중국증권거래소는 3,700여 개 전체 상장 종목 중 절대다수인 3,199개가 가격 제한폭인 10%까지 떨어진 채 거래가 정지됐다.

세계 최대 자동차 시장 중국의 차 판매는 급감해 전년도 같은 기간대비 92% 급감했다.[006] 중국 승용차 판매 역사상 최대 하락폭이었다.

---

006 블룸버그 "중국 승용차 연석회의(CPCA)에 따르면 2월1일부터 16일까지 하루 평균 승용차 판매는 2,249대였다. 지난해 같은 기간(29,090대)에 비교해 92% 줄어든 것으로 중국 역사상 최대 하락폭이다"

한국 올해 GDP성장률은 −0.6%로 역성장 할 것이라고 국제 신용평가 회사 스탠더드앤드푸어스(S&P)는 전망했다. S&P는 3월초 한국성장률 전망 치를 1.6%에서 1.1%로 하향 조정했는데 1달도 지나지 않아 다시 대폭 낮 춘 것이다. 한국은 중국 내 부품기업 생산중단에 따른 부품 재고 부족으로 현대차를 포함한 자동차업계가 휴업에 들어가면서 제조업 생산에 타격을 입었다.

국가 간 교류가 제한되거나 금지되면서 항공운송사업은 가장 직접적인 타격을 받았다. 국제항공운송협회(IATA)는 올해 항공사 매출손실을 2,520억 달러로 예상했다. IATA는 270만 명에 달하는 항공업계 종사자 중 이미 수 만 명이 일시 해고 상태에 있다고 덧붙였다.

노르웨이, 덴마크, 스웨덴 등은 현금 투입을 약속했고 프랑스와 독일정 부도 항공사와 논의를 진행 중이다. 3월 25일 글로벌 경기 침체가 이미 시 작됐다는 전문가들의 지적 속에 각국은 각종 경기부양책을 총동원하며 자 국 경제 방어에 나섰다.

미 연방준비제도(Fed·연준)가 '무제한 양적완화'(QE)를 비롯한 각종 유동성 지원책을 쏟아낸데 이어 미 의회는 최대 2조2천억 달러(약 2천700조 원) 규모의 경기부양 패키지 법안을 통과시켰다.

체코는 자영업자를 위한 비상 대응 패키지를 승인했으며 루마니아는 은 행이 분할상환금 유예조치를 추진 중이다.

주요 7개국(G7) 재무장관과 중앙은행 총재들도 긴급회의를 갖고 경제성 장과 심리 회복에 필요한 모든 조치를 취하기로 했다. 특히 유럽 최대 감염 국이 된 이탈리아가 유럽 경제 붕괴의 신호탄이 될 수 있다는 불길한 전망 이 나오고 있다.

지난 2008년 글로벌 금융위기 당시 유로존의 가장 약한 연결고리는

PIGS(포르투갈, 이탈리아, 그리스, 스페인을 합쳐서 부르는 용어)였다.

경제 구조가 특히 취약했던 그리스의 경제위기가 유로존 위기로 직결됐던 경험이 있다. 이탈리아는 그리스 경제규모의 8배나 된다. 우한코로나로 인해 이탈리아 사회 전체가 올스톱되면서 이번에는 이탈리아가 유럽 경제위기의 촉발점이 될 것이라는 분석이 유력하다. 특히 관광산업이 핵심인 경제구조에서 우한코로나 사태가 장기화될 경우 역성장은 피하기 어려울 것이다. 영국이 브렉시트로 EU에서 빠져나간 상황에 세계 경제 규모 8위의 이탈리아가 흔들리면 유로존의 붕괴로 연결될 수 있다는 전망이 나왔다. 이탈리아는 2008년 이후 성장이 정체됐을 뿐 아니라 재무건전성도 개선되지 않았다. 국내 총생산 대비 정부 부채 비율은 무려 135%에 달해 유럽 주요국 중 최고 수준이다. 은행 자산 4분의 1이 정부 국채이기 때문에 정부 재정이 파탄나면 유동성위기에 몰리게 된다. 코로나바이러스 감염에서 순위를 다투고 있는 스페인, 프랑스, 독일까지 코로나 직격탄을 맞게 되면 세계는 유럽발 경제 대공황 상태로 빠질 수 있다.

실크로드와 흑사병(페스트)
VS 신(新)실크로드 일대일로와
우한코로나

흑사병으로 불리는 페스트는 14세기 유럽에서 창궐해 유럽 인구 1/3을 감소시킨 최악의 질병이었다. 최대 2억 명의 사망자가 발생했다는 공포의 전염병이었다. 흑사병 발원체는 당시 남송이 위치했던 중국 남부 운남 지방의 페스트균 들쥐였고 이것이 몽골로 전파됐다. 페스트균은 몽골인을 감염시켰고, 몽골군 원정길을 따라 대륙을 이동했다. 1347년 킵차크칸국의 몽골 기마병은 흑해 북쪽에 위치한 제노바 무역기지 카파를 포위 공격했다. 몽골군은 중앙아시아 초원 지대에서 흑사병으로 죽어 검게 썩은 시신을 적의 성안으로 쏘아 날렸다. 제노바 시민들은 이 시신을 한적한 장소에 갖다 버렸다. 시신 속 쥐벼룩은 쥐에 옮겨갔고 감염된 쥐는 동네 곳곳과 식량창고를 헤집고 다녔다. '쥐들의 행렬'은 '죽음의 행렬'이었고 사람들은 속수무책이었다. 전통적 무역도시였던 제노바를 시작으로 교역로를 따라 서아시아, 이집트, 유럽으로 퍼져나갔다.

　중세 절대권력 교회 권위는 재앙 앞에 무너지기 시작했다. 기도하러 교회에 모여든 시민들 사이로 흑사병은 걷잡을 수 없이 퍼져나갔다. 교황과 추기경 신부는 무력했다. 교회의 절대성이 의심받기 시작하면서 중세 붕괴는 시작됐다. 보카치오의『데카메론』은 플로렌스의 흑사병을 첫 번째 얘기로 다루고 있다. 중세교회 최후의 수단은 '희생양'을 만드는 것이었고 수많은 무고한 자들이 마녀로 불태워졌다. 특히 흑사병 재앙의 원인을 '예수 그리스도를 못 박은 민족' 유대인으로 부각하며 학살을 거듭했다. 중세 봉건사회의 붕괴도 가속화했다. 인명손실과 함께 노동력을 제공해온 수많은 농노들이 봉건 영주의 성에서 도망쳤다. 성안에 남은 농노와 하층민들은 굶주림 속에 과격한 폭동을 일으켰고 사회전복이 이어졌다. 노동력은 절대 부족했고 농노들의 몸값은 급격히 올랐다. 농사지을 손이 부족한 봉건 영주의 토지가격은 가파르게 떨어졌다. 부의 이동과 재편에 따른 계급의 재배치가 이뤄지면서 중세체제는 붕괴했다.

　중국이 중국몽과 대국굴기 기치아래 역점사업으로 추진 중인 일대일로(一帶一路)는 신(新)실크로드로 불린다. 600여 년 전 몽골이 가로질렀던 실크로드의 현대판이다. 당시 페스트균을 가져온 몽골로 가장 큰 피해를 입었던 곳이 이탈리아 제노바였고 이번 우한코로나 타격에서도 이탈리아는 중국에 이어 두 번째 국가가 되었다. 역사의 아이러니이자 전염병 흑역사의 반복을 떠올리게 한다. 일대일로 길목 중동에 위치한 이란도 발병 속도, 양에서 세계 상위권이다.

미국 · 중국 전방위 대충돌
– 투키디데스의 함정

미·중 무역전쟁 - 패권전쟁

2018년 3월 트럼프 대통령은 5백억 달러 규모의 중국제품에 높은 관세를 부과하는 행정명령에 서명했다. 미국과 중국의 1단계 무역협상 서명까지 18개월을 끌고 간 미·중 무역전쟁 발발이었다. 그후 10일, 중국은 미국산 돼지고기 등 8개 품목에 25%, 120개 품목에 15%의 관세부과로 맞대응했다. 다음날 미국은 중국산 통신장비 등 25% 관세 부과대상 5백억 달러 규모의 품목을 발표했다. 4개월 뒤 중국은 미국 반도체 기업 마이크론 제품의 중국 내 판매를 금지했다.

미국은 다시 340억 달러 규모의 상품에 관세 25%를 부과했다. 중국도 미국 농산품과 수산물, 자동차 등 340억 달러 규모 상품에 관세 25%를 매겼다. 미국과 중국은 서로 상대 제품 160억 달러 규모에 25% 관세를, 1달 뒤인 9월 24일에는 미국은 2,000억 달러 규모 중국제품에 10% 관세를 추가로 부과했다. 중국은 미국산 육류 등 제품 600억 달러 규모에 최고 10% 관세로 대응했다. 미·중 무역분쟁으로 인한 피해를 우려한 국제사회의 목소리가 터져 나오기 시작했다.[007] 12월 아르헨티나 G20정상회의에서 양국 정상은 일단 추가관세를 보류했다. 3달 안에 지적재산권보호와 기술 강제

---

007 IMF(International Monetary Fund, 국제통화기금)는 19년 4월, 양국 간 보복관세 격화가 2020년까지 세계 경제 성장률을 0.5% 떨어뜨릴 수 있다고 전망. 미 주요언론과 전문가도 "장기적으로 미·중 모두 경제성장과 고용에서 피해가 불가피하고 글로벌 통합도가 높은 특정 국가들이 가장 먼저 타격 입을 것"이라고 예상했다.

이전 등에 대한 협상을 진행하기로 했다. 그러나 2019년 5월 양국 무역협상은 결렬됐다.

결국 미국은 기존 2,000억 달러의 중국제품에 대한 관세율을 10%에서 25%로 올렸다. 3,250억 달러에 달하는 나머지 중국제품에 대해서도 관세 25%를 물리겠다고 경고했다. 중국도 6월부터 600억 달러 상당의 미국상품에 최대 25%의 관세로 맞대응했다. 장군멍군식의 양측 갈등은 점점 깊어졌다.

미국은 이즈음 중국 '환율조작국 지정' 카드도 꺼내들었다. 환율조작국은 불공정 무역을 시정해야 한다. 미국정부 조달시장과 공적 개발원조사업에도 참여할 수 없다. 미국이 3,000억 달러 규모 중국산 수입품 관세인상을 12월로 연기하면서 양측의 접점이 찾아지는 듯했다. 그러나 미국은 1,120억 달러 규모 중국산 수입품에 관세 15%를 부과했고 중국도 750억 달러에 최대 10% 관세를 매겼다. 하지만 중국 대응은 규모면에서 미국을

따라갈 수 없었다. 무역 구도상 중국제품 최대 바이어인 미국에 대한 중국의 반격은 한계가 있을 수밖에 없다.

2020년 1월 중국은 결국 미국산 농산물 320억 달러 등 향후 2년 동안 2,000억 달러 제품과 서비스를 구매하기로 한 1단계 미·중 무역합의안에 서명했다. 그후 미국은 중국에 대한 환율조작국 지정을 해제했다. 미국은 중국제품 1,600억 달러에 대한 관세 부과계획을 철회하고 기존 1,200억 달러에 부과해온 관세 15%를 7.5%로 줄인다고 밝혔다. 무역분쟁 18개월 만에 일단 양측은 휴전국면에 돌입했다.

미중 무역분쟁 주요 일지 *현지시간 기준

2018년

3. 22 트럼프 미국 대통령, 중국산 수입품(500억 달러)에 관세부과, 중국의 대미 투자제한 등의 내용을 담은 행정명령 서명.

4.2 중국, 미국산 돈육 등 8개 품목에 25%, 120개 품목에 15% 관세 부과

4.3 미국, 통신장비 등 25% 관세부과 대상 500억 달러 규모 품목 발표

4.4 중국, 미국산 대두, 자동차 등 106개 품목에 25% 관세 부과 방침 발표

5.28 미국, 중국산 첨단기술 품목 25% 고율 관세부과 강행 방침 발표

7.6 미국, 340억 달러 규모의 중국산 수입품에 25% 관세 부과 발효

중국, 같은 규모의 미국산 수입품 45개 품목에 25% 관세 부과

8.23 미국, 중국산 수입품 160억 달러 규모에 25% 관세

중국, 미국과 같은 규모로 25% 관세

9.24 미국, 2000억달러 규모 중국산 수입품에 10% 관세부과

중국, 600억달러 규모 미국산 수입품에 관세 부과

2019년

5.10 미국, 2000억 달러 규모 5700여개 중국산 수입품에 25% 관세 부과

6.1 중국, 600억 달러 규모의 미국산 제품에 5~25% 관세 부과

6.29 일본 G20 회의에서 미중, 무역전쟁 휴전 선언 및 공식 협상 재개 합의

8.5 달러대비 위안화 환율 급등. 미국, 중국을 환율조작국으로 지정

9.1 미국 3000억 달러 규모의 중국산 제품에 15% 관세 부과

중국, 750억 달러 규모 미국산 제품에 5~10% 관세 부과

10.10~11 워싱턴 DC에서 미중 고위급 무역협상

10.11 미중 무역협상 1단계 합의 발표

12.12 트럼프 미 대통령, 미중 1단계 합의안 승인

미 · 중 합의로 국제 경제에 드리워진 불투명성은 다소 완화될 것으로 전망된다. 그러나 중국의 합의 이행 여부에 따라 분쟁이 재연될 소지가 많다는 전망이 나왔다. 민감한 현안들이 1단계 합의에 구체적으로 포함되지 않았다는 점도 합의의 의미를 갉아먹었다. 아직 중국의 지적재산권 침해와 미국 기업기술의 강제적인 이전 등에 대한 구체적인 로드맵이 제시되지 않았다. 중국 통신장비업체 화웨이를 블랙리스트에서 제외하는 문제와 중국 국영기업에 대한 국가보조금 문제도 합의에 포함되지 않았다. 이런 점에서 1단계 미 · 중 무역합의는 트럼프 대통령이 2020 대선을 앞두고 가시적 성과를 보여주기 위한 어설픈 미봉책이라는 지적이 나왔다.

트럼프의 MAGA(Make America Great Again)와
시진핑의 중국몽(中國夢)

트럼프 대통령은 취임하자마자 중국을 향해 칼을 빼들었다. 트럼프는 후보 당시부터 중국의 불공정 무역행위와 미국 지적재산권에 대한 중국의 침해를 비난해왔다. 트럼프 행정부가 중국에 요구하는 무역협상의 본질은 8가지로 정리할 수 있다.

- 미-중 불공정 무역 시정
- 기술 이전 강제 금지
- 국영기업 돈세탁 및 간첩행위
- 환율조작
- 지식재산권 약탈
- 이를 보장할 법률 개정

- 중국공산당의 국가자본주의 타파

- 중국 경제의 구조적 개혁

　미·중 무역전쟁은 미국 전통적 제조업 지대인 '러스트 벨트'[008]와 농민층 지지를 끌어내기 위한 방편이기도 했다. 미국은 물량과 경제압박으로 중국을 계속 밀어붙였다. 물론 미국 피해도 없지 않았다. 미·중 무역분쟁 와중인 2019년 8월 미국 제조업구매관리자지수(PMI)[009]는 49.1로 3년 만에 처음으로 50 아래로 하락했다.

　중국 상황은 더욱 심각했다. 중국 2019년 7월 생산자 물가상승률은 전년대비 0.3% 하락했다.(2019) 장기전으로 갈수록 물건을 팔아야 하는 중국은 불리할 수밖에 없다. 2019년 중국 경제성장률이 당초 목표범위 내인 6.1%를 기록했지만 이는 29년만의 최저치였다. 중국 제조업가동률은 70% 선을 겨우 유지하고 있고 기업부도가 이어지고 있다. 홍콩 시위사태와 대만 총통 선거에서의 친중파 참패, 신장위구르족 인권탄압문제 등은 '일국양제'를 위협하고 있다. '중국몽'(中國夢) 기치아래 시진핑이 야심차게 시작한 육해로 실크로드 '일대일로' 사업 역시 많은 잡음이 불거지고 있다. 시진핑은 난국을

008　러스트벨트(rust belt)란 미국 북부와 중서부 지역의 대표적 공업지대를 일컫는다. 제조업이 쇠퇴하면서 철강·석탄·방직 등 사양산업 지대로 추락한 현실을 나타내는 상징적 표현이다. 말 그대로 녹슨(rust)지대이다. 러스트벨트에는 자동차 산업 중심지인 디트로이트를 비롯해 철강산업의 피츠버그, 필라델피아·볼티모어·멤피스 등이 이에 속한다. 1870년대부터 100년 간 제조업 호황기를 구가했으나, 높은 인건비와 노조의 강세로 1970년대 이후 제조업체들이 남부로 이전하면서 불황을 맞았다. 2016년 미국 대선에서 세계화와 자유무역주의로 피해를 입은 러스트벨트 노동자들이 보호무역주의와 반(反)이민 정책을 주장한 트럼프를 적극 지지하면서 트럼프의 대통령 당선에 기여했다.

009　PMI(Purchasing Managers' Index)는 기업이 구매 관리자를 대상으로 생산, 주문, 가격, 고용 현황 등을 조사하여 숫자로 나타낸다. 0~100 사이의 수치를 나타내며, 통상 PMI가 50이상이면 경기의 확장을 나타내며, PMI가 50미만일 경우에는 경기가 위축됨을 뜻한다. PMI는 경제 지표 중 가장 민감하게 사용되는 지표 중 하나다. 예를 들어 컴퓨터 회사의 구매담당자들은 꾸준한 컴퓨터 생산을 위해서 부품을 얼마나 사놓아야 할 지 결정하고 선택해야 한다. 공급은 많은데 수요가 없으면 재고만큼 손해가 나기 때문이다.

타개할 돌파구가 절실했다. 그 첫 단추가 미·중 1단계 무역합의였다.

비록 1단계 미·중 무역합의는 이뤄졌지만 이후 전개양상에 따라 양국은 언제라도 상대를 향해 포문을 열 수 있다. 미·중 분쟁의 본질은 관세·무역을 넘어 중국이 진행하고 있는 '중국 제조 2025'를 겨냥한 기술패권 전쟁이다. '중국 제조 2025'는 핵심 부품과 자재 국산화율을 2025년까지 70%로 달성하면서 10대 핵심 산업을 세계 최고 수준으로 끌어올리겠다는 중국의 야심이다. 이는 미국과의 '운명적인 대결'로 귀결할 수밖에 없다.

그러나 양적, 질적 화력은 미국이 압도적이다. 미국은 글로벌 가치사슬에서 핵심 기술을 공급하며 두뇌 역할을 하고 있다. 현재 무역규모 연간 4조5천억 달러로 세계 1위권으로 등극한 중국의 무역흑자 가운데 대미(對美)무역이 차지하는 비중이 90%를 훌쩍 넘어설 정도로 중국의 대미 시장의존도는 높다. 중국이 미국의 의도대로 끌려갈 수밖에 없는 근본 원인이다.

WTO와 중국

미국과 중국 경제규모는 각각 세계 1, 2위로 세계 경제의 42%를 차지한다. 중국 경제 급성장의 공신은 미국이었다. 2001년 클린턴 대통령은 중국을 세계무역기구, 즉 WTO[010]에 가입시켰다. 중국이 자유무역시장에 합류하면 미국 경제에도 도움 되고 중국 민주주의도 발전할 것이라는 기대에서였다. 중국은 당시까지 높은 관세 등의 무역장벽과 고정환율제[011] 같은 폐쇄적 금융시스템을 고수해왔다. 그러나 자유무역시장에서 중국은 날개를 달았다. 무역에서의 최혜국 대우와 외국자본 유입 등으로 확고부동한 '세계의 공장'으로 탈바꿈했다. 계획경제의 잔재가 남아있는 대외경제 메커니즘 변화가 불가피했다. 행정 간섭과 각종 법규의 미정비상태를 벗어나 보다 개방적인 대외정책을 수립해야 했다.

중국 외자유치 규모는 1990년대 후반 매년 400억 달러 규모였고 WTO 가입 이후 2005년 724억 달러, 2018년 대중국 외국인직접투자(FDI)는

---

010 WTO(World Trade Organization, 국제무역기구)는 무역 자유화를 통한 전 세계적인 경제 발전을 목적으로 하는 국제기구로, 1995년 1월 1일 정식으로 출범하였다. 세계무역분쟁 조정·관세 인하 요구, 반덤핑 규제 등 준사법적 권한과 구속력을 행사하며, 서비스, 지적재산권 등 새로운 교역 과제도 포괄하여 세계교역을 증진시키는 역할도 하고 있다. 특히 다자주의를 지향하여 미국의 슈퍼 301조와 같은 일방적 조치나 지역주의 등을 배제한다.

011 고정환율제(fixed change rate)는 정부가 특정 통화의 환율을 일정한 수준에서 고정하고 이 환율을 유지하기 위해 중앙은행이 외환시장에 개입하도록 한 제도다. 환율이 안정적으로 유지되어 경제활동이 안정적으로 이루어지는 것을 보장하기 때문에 대외적인 거래가 촉진되지만 환율변동에 따른 국제수지 조정이 불가능해져 대외에서 충격이 발생하면 물가가 불안정해지는 국내 경제를 불안정하게 하기도 한다. 19세기 말~20세기 초에 시행된 가장 오래된 고정환율제도는 금본위제로, 동일한 제도하에서 모든 국가가 자국의 통화가치를 금에 고정하여 금태환성을 보장함으로써 모든 통화의 환율을 안정적으로 유지하는 것이 가능했다.

1,350억 달러로 급증했다. 하지만 미국의 대중 무역적자[012]는 눈덩이처럼 불어났다. 중국의 전체 무역흑자에서 대미 무역흑자 비중은 2018년 상반기 95.8%에 달했다. 액수는 1,338억 달러로 전년 동기대비 13.8%나 증가했다. 중국 전체 무역흑자가 같은 기간 1,850억 달러에서 1,397억 달러로 24.5% 감소했음에도 불구하고 대미 흑자는 오히려 더 늘어났다. 미국 내 일자리는 2백만 개 이상 사라졌다.

환율조작국의 오명

중국은 2001년 12월, 세계무역기구(WTO) 가입 당시 환율제도의 점진적 개편을 약속했다. 그래서 2005년 고정환율제에서 환율변동제로 바꿨지만 2008년 글로벌 금융위기를 핑계로 다시 고정환율제로 넘어갔다. 2010년 다시 환율변동제를 시행했지만 5년 뒤 환율기준치 산출방식을 변경했다. 전날 환율시장 마감치를 참고해 중국 외화 수요와 공급, 글로벌 시장의 기타 환율 등을 종합적으로 고려해 기준치를 산출, 발표한다고 했다. 그러나 중국 인민은행은 산정 방식은 공개하지 않고 있어 사실상 고정환율제라 할 수 있다. 미·중 1단계 무역합의를 통해서 지정국에서 벗어나긴 했지만 애초에 미국이 환율조작국으로 지정한 이유이기도 하다. 로버트 라이트하이저 USTR 대표는 중국은 원활한 교역과 시장경제를 목적으로 한 WTO를 기반부터 흔들고 있다고 비판했다. 중국의 WTO 가입 승인은 미국의 실수라고도 했다. 미국은 2018년 '시장경제'(MES) 지위를 부여해달라는 중국의 요구도 공식적으로 거부했다.

012 '2018년 미국상품·서비스 무역 보고서'(미 상무부, 2019.3)에 따르면 미국은 2018년 사상최대인 8913억 달러(약 1006조원)적자 기록. 전년대비10.4% 증가했으며 적자 폭은 3년 연속 수직 상승했다. 중국에 대한 무역적자 역시 4192억 달러로 역대 최대를 기록했다.

인도 - 태평양 시대

미국은 2018년 태평양사령부 명칭을 인도태평양사령부로 바꿨다. 트럼프 행정부의 본격적인 '인도–태평양 전략' 시동이었다.

인도–태평양 전략은 태평양과 인도양 역내 역학구도를 재편하는 미국의 전략체제를 뜻한다. 미국, 일본, 인도, 호주가 핵심축이다. 기존 미국의 아시아구상은 미국, 일본, 한국을 축으로 하는 '아시아 재균형 정책[013]이었다. 인도–태평양 전략은 이를 더 확대 선포한 미국 세계대전략 변화의 본격적인 행보다.(2019) 서남아시아와 중앙아시아를 관통하는 일대일로 구상을 구체화하는 중국의 경제적, 군사적 확장성에 대한 대응 성격이 강하다.

013 아시아 재균형 정책(Pivot to Asia)는 2011년 힐러리 클린턴 미 국무장관이 외교잡지 <포린폴리시>에 '미국의 태평양시대'라는 기고를 통해 선언했다. 2000년대 이후 이라크와 아프가니스탄 전쟁 등 중동에 집중해 온 미국이 외교·군사정책의 중심을 아시아로 이동시키겠다는 뜻으로, 이는 아시아. 태평양 지역에서 중국을 견제하기 위한 전략이다.

중국은 군사적으로 기존의 DF-21D/26 이외 극초음속 활공체 등의 각종 "게임 체인저"를 개발하여 미국을 압박하고 있으며 동중국해와 남중국해에서 역내 국가와 끊임없는 분쟁과 갈등을 야기하고 있다. 이는 세계유일의 군사, 경제 초강대국 미국 패권에 대한 도전으로 받아들여지고 있다.

트럼프 행정부는 한국의 적극적인 아시아 재균형 정책 동참을 요구하고 있다. 그러나 북한, 중국과의 관계 개선에 중점을 둔 문재인 정부는 소극적 태도를 유지하고 있다. 물론 인도-태평양 전략에서 미국은 한·미·일 삼각동맹을 여전히 중요시한다. 현재 진행 중인 미·중 무역분쟁은 인도-태평양 전략이 경제적 측면으로 발현된 것이다. 무역불균형 해소와 공정하고 상호 호혜적인 관계에 대한 언급은 중국을 겨냥하기 때문이다. 레이건 행정부가 소련을 붕괴시킨 과정을 연구한 카이런 스키너 박사[014]가 트럼프 국무부의 정책기획국장으로 임명된 것도 시사점이 크다. 이러한 인도-태평양 전략에 맞서 중국과 러시아도 급속히 가까워지고 있다.[015]

2019년 미 국방부
〈인도-태평양 전략보고서〉

미 국방부는 2019년 6월, 미 국무부는 11월에 〈인도-태평양 전략보고서〉를 각각 발표했다. 국방부보고서는 인도-태평양 지역 미군 37만 명에 대한 기본전략과 전술지침을 밝히고 있다.

---

014 스키너 국장은 뉴아메리카 주최 포럼에서 "중국과의 경쟁은 다른 문명, 다른 이념과의 싸움이자 미국이 이전에 겪어보지 못한 싸움"이라며 "미·중 갈등은 미국이 사상 처음으로 백인이 아닌 강력한 경쟁자와 맞닥뜨리게 됐다는 것을 의미한다"고 지적했다.(2019.4.29.)

015 러시아 정부가 중국과 군사협력협정 체결을 추진한다고 타스통신이 보도했다. 군사협력협정은 상호방위조약이나 안보조약은 아니지만 연합훈련이나 무기 도입 및 관련 기술 개발 등에서 상당한 협력이 가능하도록 하는 제도적 장치다.(2019.7.22.)

냉전 종식이후 20여 년간 미국은 병력을 감축했고 전력 현대화에 상대적으로 소홀했다. 그 사이 중국과 러시아가 괄목할 만한 군사적 역량을 키운 데 대한 강한 위기의식이 배경으로 작용했다. 보고서는 인도-태평양 전략이 지켜낼 '미국 이익'을 미국인 보호, 미국 번영 촉진, 힘을 통한 평화유지, 경쟁과 상호협력을 통한 미국 영향력 개선 등으로 구체화했다. 또한 미국, 호주, 일본, 인

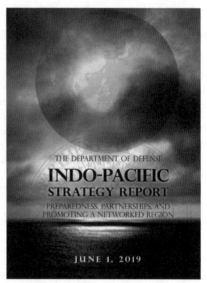

인도-태평양 전략보고서, 미 국방부 (2019)

도 간 4자 연합훈련(QUAD)도 강조했다. 4자 연합훈련은 중국과 러시아에 대항하는 집단 안보체제이며, 이 체제의 '주춧돌'(Corner Stone)은 일본이다. 미국은 일본을 '현대화되는 동맹'(Modernizing Alliances)으로 적시하고 주일미군 일본배치[016]를 상세히 밝히면서 일본의 역할을 부각하고 있다.

또한 한국에 대해서는 여전히 린치핀(linchpin) 위치를 유지하고 있는 것으로 보고 있다. 인도에게는 새로운 전략적 안보파트너 지위를 부여했다. 아세안(ASEAN)과 에이펙(APEC) 국가 모두가 전략적 파트너 범주에 속한다. 그러나 중국에 대해서는 기존의 국가 개념보다는 '공산당 독재체제'로 규정하고 있다. 보고서는 중국을 군사력과 약탈적 경제 등을 동원해 세계질서를 억압하는 존재로 못 박았다. 아시아 태평양지역 안보와 경제질서를 흔드는 세력이라는 뜻이다. 이는 중국을 단기적으로 인도-태평양 지역의 패권을,

---

016   로널드 레이건 항모와 7함대, 미 해병, 이지스 함 및 F-35스텔스 전투기 등으로 구성된 총 병력 5만4천 명이다.

장기적으로는 지구 패권을 추구하는 존재로 보고 있는 것이다.

한편 미국과 대만의 관계설정이 특히 주목할 만하다. 보고서는 "싱가포르, 대만, 뉴질랜드, 몽골 등의 4개 국가는 전 세계에서 미국이 수행하는 임무에 기여하고, 자유롭고 공개된 국제질서를 유지하기 위해 적극적으로 행동하고 있다"고 밝혔다. 대만을 '국가'로 지칭했고 강력한 파트너십을 강조하면서 대만에 대한 중국의 군사적 위협을 인식하고 있다고 밝혔다.

미국은 2008년 이후 대만에 대해 220억 달러 상당의 무기 판매를 승인해왔다. 1979년 단교한 대만에 사실상의 미 대사관인 미재대만협회(AIT)를 준공하고 해병대를 파견했다. 대만이 미국 방어선에 포함돼 있음을 분명히 한 것이다. 이는 '하나의 중국'을 원칙으로 하는 중국에 대한 노골적 견제로 받아들여진다.

보고서는 러시아에 대한 견제도 적시했다. 러시아가 역내 안정과 평화를 해치는 '해로운 국가'로 부활하려 하며 아시아 지역에서 에너지 수출을 통해 경제적 기회를 엿보고 있다고 강조했다. 또한 북한에 대해서는 미·북 정상회담과는 별개로 '불량 국가'로 취급했다. 2002년 조지 W. 부시 전(前)대통령이 이라크, 이란과 함께 북한을 '악의 축'으로 지목한 것과 맥을 같이 한다. 보고서는 2017년 북한이 개발한 핵과 ICBM이 미국 본토까지 위협하고 있다고 밝히고 있으며, 이에 따라 북한을 주요 위협으로 분류하고 있다.

미국, 중거리핵전력금지조약(INF)
전격 탈퇴

한반도를 둘러싼 또 하나의 쟁점이 있

다. 미국은 2019년 8월 중거리핵전력금지조약[017]을 32년 만에 전격 탈퇴했다. INF는 핵탄두를 장착할 수 있는 사거리 500~5,500km의 중·단거리 미사일 폐기에 관한 조약이다. 미국은 러시아가 조약을 어기면서 중단거리 미사일을 배치하고 있다고 판단했다. 이를 명분으로 중국의 역내 무력 증강을 실질적으로 견제하기 위한 목적도 있었다. INF 준수 의무가 없는 중국은 그동안 중거리 미사일에 막대한 예산을 투자했다. 중국은 건국 70주년 열병식에서 사거리 4,000km의 둥펑-26과 3,000km의 둥펑-21D 등 다양한 중거리 미사일을 과시했다.(2019년 10월)

둥펑-26, 중국 건국 70주년 열병식 (2019. 10.1)

둥펑-26은 중국에서 괌까지 날아갈 수 있다. 중국은 2,000기에 가까운 중거리 탄도미사일을 중국 동남지역에 집중 배치하고 있다.

---

017 INF(Intermedieate-Range Nuclear Forces Treaty, 중거리 핵전력 협정)는 1987년 미국과 소련 간에 체결된 중거리 핵무기 폐기에 관한 조약이다. 정식 명칭은 <아메리카 합중국과 소비에트 사회주의 공화국 연방 간의 중거리 및 단거리 미사일 폐기 조약(Treaty Between the United States of America and the Union of Soviet Socialist Republics on the Elimination of Their Intermediate-Range and Shorter-Range Missiles)이며, 이 조약에 따라 미국과 소련의 사거리 500km에서 5,500km인 중거리 지상발사형 중거리 탄도, 순항미사일이 폐기되었다.

북한 탄도미사일도 무시할 수 없는 상황이다. 북한이 보유하고 있는 탄도미사일 1,000기 중에 200~300발이 중거리 탄도미사일이다. 사거리 800km의 스커드 C와 1,300km의 노동미사일, 3,000~4,000km의 화성-12와 무수단 등이 그것이다. 한국, 일본은 물론 괌까지 소형화된 핵 투발이 가능하다.

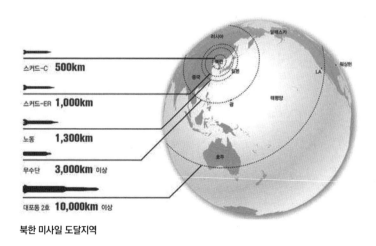

북한 미사일 도달지역

미국은 아시아지역 중거리 미사일 배치를 추진하고 있다. 한국, 호주, 일본 오키나와, 팔라우제도를 원하는 것으로 알려졌다. 현재 호주와 한국은 반대하고 있는 입장이다. 특히 한국은 사드배치로 인해 중국과 심각히 갈등을 겪기도 했다. 그러나 북한이 탄도미사일 1,000기를 보유하고 북핵 위협이 수그러들지 않고 있어 한국이 마냥 반대하기는 쉽지 않을 것이다. 현재 중거리 미사일은 일본에 배치될 가능성이 높은 것으로 알려졌고 미국과 일본은 협의를 시작했다. 중국과 러시아는 미국의 탈퇴에 강력히 반발하면서 중거리 미사일 역내 배치에 극력 반대하고 있다. 미국은 탈퇴 이후 연말까지 2차례에 걸쳐 중거리 탄도미사일 발사실험[018]을 실시했다.

---

018 미국은 8월과 12월 두차례 캘리포니아 반덴버그 공군기지에서 지상발사형 중거리 탄도미사일을 시험 발사했다. 발사된 중거리 탄도미사일은 500km 이상을 비행했다.

중국 신(新)실크로드 일대일로(Belt and Road Initiative, BRI)

일대일로는 중국의 신(新)실크로드 전략이다. 2049년까지 고대 동서양을 연결했던 실크로드[019]를 다시 구축하겠다는 장기 계획이며, 중국을 중심으로 세계 무역질서와 패권구도를 재구성하겠다는 의지의 표현이다. 신(新)실크로드 '일대일로'는 〈21세기판 조공질서의 구축〉이라는 지적도 있다. 여기서 '一帶'는 옛 중앙아시아 육상 실크로드를 나타내며, '一路'는 남중국해와 인도양을 거쳐 가는 해양 실크로드 개념이다. 양쪽을 합해 '일대일로'라 표현한다. 이는 중국 주도로 세계 교통, 무역망을 연결한다는 경제 구상이다. 시진핑 주석이 제안한 적극적 대외전략으로 대국굴기(大国崛起)[020]의 일환이다.

시진핑은 덩샤오핑이 제시한 대외 정책기조 도광양회(韜光養晦)[021]를 사실상 폐기하고, 세계적인 군사적, 정치적 영향력을 함께 꾀하고 있으며 2013년 9월 카자흐스탄 방문시 '실크로드 경제벨트' 사업을 처음으로 공식 제기

---

019 실크로드란 인류문명의 교류가 진행된 통로를 말한다. 독일 지리학자 리히트호펜이 사용한 표현이다. 중국으로부터 중앙아시아를 경유해 시리아까지 이어지는 교역로로 주요 물품이 비단이어서 실크로드라고 명명했다. 2차 세계대전 후 동양학자들은 중국에서부터 로마까지 연결하여 장장 1만2천km(직선거리 9,000km)에 달하는 이 길을 동서간의 문화통로와 교역로로 규정하였다.

020 '대국이 일어서다'라는 뜻으로 2006년 11월 13일부터 11월 24일까지 중국중앙전시대 경제빈도(中国中央電視台 經濟頻道 : CCTV-2)를 통해 방송된 12부작 역사다큐멘터리이다. 스페인, 포르투갈, 네덜란드, 영국, 프랑스, 독일, 일본, 러시아, 미국 등 9개 나라의 전성기와 그 발전 과정을 다루고 있다. '대국굴기'는 세계중심이 되겠다는 중국의 야심을 드러낸 제목이다.

021 '자신을 드러내지 않고 때를 기다리며 실력을 기른다'는 의미로, 1980년대 말에서 1990년대 덩샤오핑 시기 중국의 외교방침을 지칭하는 용어로 쓰인다. 이 단어는 청조(清朝) 말기에 자주 사용되었다. 이후 중국을 개혁개방의 길로 이끈 덩샤오핑이 중국의 외교방향을 제시한 소위 '28자 방침'에 사용하면서 전(全)세계적으로 알려졌다.

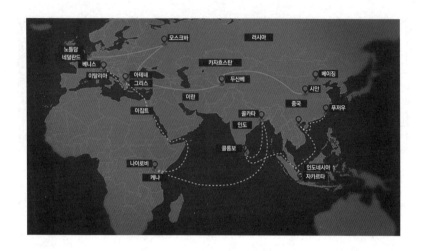

했다. 이어 인도네시아에서는 '21세기 해상 실크로드' 사업을 언급했다.

육상 실크로드 일대(一帶)는 산시성 시안 혹은 내몽골 자치구의 후허하오 터에서 시작하여 신장위구르자치구, 우즈베키스탄, 이란, 독일 등으로 이어진다. 해상 실크로드 일로(一路)는 베이징, 상하이를 거쳐 말레이시아, 태국, 방글라데시, 인도, 스리랑카, 몰디브, 파키스탄, 예멘, 케냐, 그리스, 이탈리아 등으로 이어진다. 총 49개국을 도로, 철도, 해로 등으로 연결하는 운송시스템 구축을 목표로 한다.

일대일로에는 가스관, 송유관, 인터넷망 같은 인프라 시설 구축도 포함된다. 이처럼 중국은 자국 경제 발전상을 개도국에게 과시하면서 경제협력을 유도하고 있다. 필요 자금은 중국이 참가국에게 빌려주고 공사는 중국 기업들이 대부분 담당한다. 이제까지 참가의향서에 서명한 국가는 130여 개로 알려졌으며, 월드뱅크는 사업금액을 5,750억 달러로 추정한다. 2030년까지 이 사업에 1조3천억 달러가 투입될 것으로 예상된다. 중국 언론 신화망은 중국이 2019년 10월까지 약 900억 달러(약 104조 원)를 해외에 투자했다고 밝혔다. 이는 전년 동기대비 5.9% 증가한 액수이다.

중국 기업의 탈출구

일대일로는 과잉투자와 과잉생산으로 한계에 부딪친 중국 국영기업의 탈출구 성격이 강하다. 중국의 거대 국영기업은 막대한 경기부양 자금으로 중국 전역에 인프라를 짓고 생산설비투자에 전념했다. 그러나 중국 생산량은 포화상태에 이르렀고 수출선 확대도 한계에 이르렀다. 이로 인해 중국 제조업 설비가동률은 70%까지 곤두박질쳤다. 통계에 포함되지 않은 미인가 공장들까지 합하면 더 낮을 수 있다. 1990년부터 2012년 사이 경제성장률이 한때 최고 14%, 평균 10%를 넘나들던 시절은 옛말이 되어가고 있다. 2020년 예상 경제성장률은 5% 이하이다. 이런 시점아래 중국은 해외투자를 통한 탈출구가 필요했다.

일대일로는 해외투자를 촉진하는 글로벌 프로젝트다. 육상 실크로드 주변으로는 막대한 천연가스와 석유가 매장돼 있다. 중국은 이미 투르크메니스탄에 파이프라인을 놓아 막대한 규모의 천연가스를 수입 중이었다. 추가로 카자흐스탄, 우즈베키스탄 등지에 송유관과 가스파이프를 건설하고 교통과 물류 인프라도 같이 확대할 계획을 세우고 있다.

러시아와 밀월관계

러시아도 일대일로 프로젝트 안에 포함되어 있다. 중국은 러시아로부터 안정된 천연가스 공급선을 확보하고 파이프라인 건설에 공동 투자한다는 계획을 갖고 있다. 러시아 역시 중국 돈이 필요하다. 크림반도를 침공한 러시아에 유럽과 미국이 경제제재를 가했고 러시아는 국가부도 직전까지 내몰렸기 때문이다. 러시아는 '에너지소비 공룡국'이자 인접한 국가이기도 한 중국에 천연가스를 판매해 급한 불이라도 끄

려했다.

러시아 국영그룹 가즈프롬과 중국석유천연가스그룹은 2019년 중국에 천연가스를 공급할 총연장 1,300km 파이프라인 '실라 시브리(시베리아의 힘 Power of Siberia)'를 완공했다.

실리 시브리 파이프라인

'一路'는 중국 에너지안보와 직결

해상 실크로드 '일로'는 중국 에너지안 보와 깊은 관계가 있다. 중국을 비롯한 한국, 일본 등의 태평양 주요 원유 수송로는 말라카 해협이다. 말라카는 말레이반도와 인도네시아 수마트라 섬 사이에 위치한 좁은 해협이다. 말라카 해협은 사실상 미국 지배하에 있 다. 이곳을 통과하는 선박의 60%는 중국 선적이고 중국 수입원유의 80% 이상이 이곳을 지난다. 해협이 봉쇄되면 중국 유조선은 인도네시아 자바섬 밑의 항로로 돌아가야 한다. 5일 이상이 더 소요된다. 이렇게 되면 중국 원 유수입은 막대한 지장을 받고 운송비용도 대폭 증가한다. 이런 상황을 중국은 '말라카 딜레마'라 부른다. 중국이 역내 국가들과의 충돌도 불사하면서 군사시설이 들어간 인공섬을 건설하는 배경이기도 하다.

군사패권 측면
– 진주목걸이 전략

중국은 미 해군 접근 차단을 위해 '도련'(島鏈 Island Chain) 개념과 반접근 지역거부(反接近 地域拒否 A2/AD) 전략[022]을 도입했다. 이는 중국 해군을 2020년까지 먼 바다에서도 작전 가능한 군대로 만들겠다는 청사진이다. 더불어 남중국해부터 인도양을 거쳐 중동까지 대상으로 전 세계적 해양패권의 목표를 추구하는 '진주목걸이 전략'도 주목받고 있다. 파키스탄의 과다르, 방글라데시의 치타공, 미얀마의 벵골만 연안, 남중국해를 연결한 모습이 '진주목걸이' 같다고 해서 붙여진 이름이다. 중국 입장에서는 군사, 경제, 외교 등의 다각적 차원들을 고려한 청사진이다. 특히 중국은 라인선상에 해외 군사기지를 확보해 가고 있다.

---

022 2000년경부터 미국이 중국의 서태평양 영역지배 전략을 부르는 명칭이다. 해양군사력이 열세한 중국이 해양군사대국 미국을 상대로 직접 충돌하는 해전을 벌이지 않고 거부하는 전략. 지상 미사일이나 연안 전력, 잠수함 등을 이용해 접근을 저지하는 요새함대 개념으로 볼 수 있다. 중국의 A2/AD 전략개념은 이른바 '도련(島鏈)전략'이다. 도련선(島鏈線, two island chain)이라는 도서 기반으로 방위라인을 설정하여 해양세력의 접근차단거부를 한다는 것으로 도련선은 총 3개 라인이 있다.
제1도련선 : 쿠릴 열도에서 시작해 일본, 대만, 필리핀, 말라카 해협에 이르는 중국 근해. 대체로 주변지역에 대한 완충지대 확보가 목적.
제2도련선 : 그 바깥의 오가사와라 제도, 괌, 사이판, 파푸아뉴기니 근해. 서태평양 연안 지대에 대한 장악이 목적.
제3도련선 : 알류산 열도, 하와이, 뉴질랜드 일대. 서태평양 전역에 대한 장악의 목적.
이러한 라인들은 도련선내로의 미 해군 접근을 막는 '반접근'과 침범했을 때는 작전수행을 방해, 교란하는 '지역거부' 개념으로 이해할 수 있다.

중국 1도련, 2도련

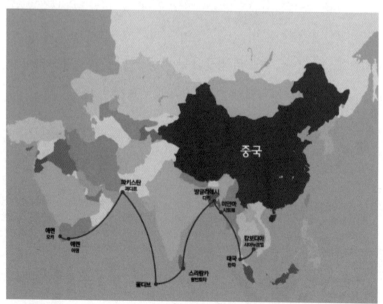

진주목걸이 전략

중국은 2017년 아프리카 지부티를 임차해 자국 최초의 해외 군항기지를 건설했다. 항공모함을 수용할 수 있는 400m 길이의 대규모 군항이다. 지부티는 프랑스를 비롯해 미국, 영국, 일본이 영구 군사기지를 두고 있는 열강의 각축장이다. 중국기지는 아프리카 최대의 미군기지 르모니에 캠프와 불과 13km 밖에 떨어져 있지 않다.

또한 파키스탄 과다르항을 2015년부터 43년간 임차하고 중국 해상무역 보호를 이유로 군함을 배치했다. 중국과 파키스탄은 2015년에 신장자치구 카스에서 파키스탄 과다르항까지 도로와 철도, 에너지망을 구축하기로 합의했다.

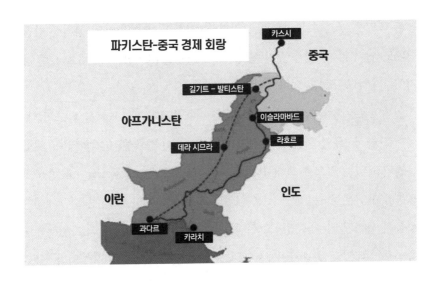

스리랑카는 2017년 12월부터 남부 함반토타항을 중국이 99년간 사용하도록 넘겨주었다. 중국으로부터 차입한 상업차관 60억 달러 상환이 어렵게 된데 따른 것이다. 지부티, 파키스탄, 스리랑카의 항구임대 모두 '중국부채의 함정'에 빠진 결과였다. 미국의 〈인도—태평양 전략보고서〉가 중국

의 일대일로 추진을 '약탈적 경제행위'라고 표현한 것도 바로 이런 상황을 빗댄 것이다.

일대일로 전망

중국의 일대일로는 '국제사회와의 공존공영'을 내세우지만 현실은 다르다. 중국은 개발원조 대상국들에게 천연자원 접근권을 반강제적으로 요구했다. 자재, 장비, 기술, 서비스 절반 이상을 중국에서 공급받아야 한다고 계약한 것이다. 게다가 중국이 제공하는 일대일로 자금은 무상이 아니라 대출이다. 금리는 시장이자율 또는 그보다 높은 금리를 부과하는 것으로 알려졌다. 인프라 위주의 사업 성격상 자금 상환도 쉽지 않다. 빚을 갚지 못할 경우 국토 일부나 항구 등 주요 시설 장기임차까지 요구하고 있다.

일대일로는 경제적 관점에서도 매우 비효율적이라는 평가를 받고 있다. 실제로 중국—유럽 화물 노선 59대가 사실상 선적 화물이 거의 없는 채로 운영되고 있는 것으로 전해졌다.(홍콩 매체 SCMP, 중국 경영보(中國經營報) 인용) 중국철도총공사가 운영하는 이 노선은 최악의 경우 컨테이너 41개 중 단 1개에만 상품이 선적된 경우도 있다고 한다. 적자투성이 운영에 시달리고 있는데도 중국은 일대일로 홍보차원에서 보조금을 지원하면서 강행하고 있다. 글로벌 경제논리에 따르지 않고 정치적 목적으로 추진된 정책이 가지는 한계다. 일각에서는 일대일로를 시진핑판 '대약진 운동'이 될 것이라 전망한다.

마오쩌둥은 1957년 15년 안에 영국과 미국의 철강생산량을 따라잡는다는 목표로 대약진 운동을 야심차게 시작했다. 인력이 빠져나간 농촌은 파탄했고 '곡식 먹는 참새잡기 운동'으로 병충해가 들끓게 되었다. 대약진 운동으로 4,000만 명 이상의 아사자가 발생했고, 중국 전체 경제수준이 20년 이상 퇴보했다. 흔들릴 것 같지 않았던 마오쩌둥의 권위는 땅에 떨어졌고 결국 국가주석에서 물러났다.

현재 일대일로 체제의 중국은 중국대로, 참가국은 참가국대로 늪에 빠져가고 있는 형국이다. 이대로 간다면 시진핑의 중국몽023이 의도와는 달리 중국의 일장춘몽(一場春夢)으로 끝날지도 모른다.

---

023 봉건왕조 시기 조공질서를 통해 세계의 중심 역할을 했던 전통 중국의 영광을 21세기에 되살리겠다는 의미다. 시진핑이 2012년 공산당 총서기에 선출된 직후, '위대한 중화민족의 부흥'을 의미하는 중국몽의 실현에 나서겠다고 선언하면서, 시진핑 시기의 대표적인 통치 이념이 되었다. 중국몽에는 국가 부강, 민족 진흥, 인민 행복 3가지 목표를 실현하겠다는 의미가 담겨 있다고 한다.

홍콩 반중시위 – 21세기 최대 규모

수백만 명이 정치적 구호를 외쳤고 경찰 총격 희생자까지 발생하는 지경에 이르렀던 홍콩시위. 시위 발발 1년이 지나도록 여전히 불씨가 남아 있다. 직접적인 계기는 대만 여행 도중 애인을 살해하고 홍콩으로 돌아온 20대 남성이었다. 대만 당국은 이 남성의 송환을 요구했지만 홍콩법상 송환할 수 있는 근거가 없었다. '홍콩 범죄인 인도법'은 중국, 대만, 마카오에는 적용되지 않기 때문이다. 홍콩 시민이 반강제적으로 본토로 송환되는 것을 막기 위해 홍콩반환협정[024] 당시 영국이 만들어둔 장치였다.

홍콩정부는 살인용의자 인도를 명분으로 중국정부와의 교감 아래 '범죄인 인도법안' 개정을 추진했다. 이에 홍콩 야당과 시민들은 즉각 강력히 반발했다. 법 개정이 되면 홍콩 당국이 반중국체제 인사나 정치범을 중국 본토로 송환할 수 있게 되기 때문이다. 법이 개정되면 아직 '일국양제'[025]를 유

---

024 1984년 12월 19일 영국과 중국 간에 체결된 홍콩 반환에 관한 협정. 이로써 홍콩은 영국식민지가 된 지 155년 만인 1997년 7월 1일을 기하여 중국 영토로 복귀하였다. 1997년 7월 1일에 영국은 홍콩 전역의 주권을 중국에 반환하며 50년간은 현상 유지할 것을 확인하고 합의문서에 가조인했다. 협정은 전문(全文) 12개조와 부속문서로 되어 있으며, 주요골자는 ① 1997년 7월 1일 홍콩 전역을 중국에 반환하고 이곳에 특별행정구를 설치한다. ② 중국은 1997년 이후 50년 동안 홍콩의 현행체제를 기본적으로 유지한다. ③ 1997년 이후에도 외교·국방을 제외한 홍콩 주민의 고도한 자치를 인정한다는 것 등으로 되어 있는 '일국양제'의 기본정신을 담고 있다.

025 '하나의 국가, 두 개의 제도(one country, two systems)'를 말한다. 중화인민공화국이라는 하나의 국가 안에 사회주의와 자본주의라는 서로 다른 두 체제를 공존시키는 것을 말하며, 중국의 홍콩과 마카오 통치 원칙이자 대만 통일 원칙을 함의하고 있다. 중국 본토와 홍콩·마카오·대만은 분리될 수 없는 하나의 국가로, 공산당이 집권하고 있는 중화인민공화국이 국가의 주체이며, 중화인민공화국 정부가 중국 전체를 대표하는 유일한 합법 정부이고, 대만은 자치권을 갖는 지방정부라는 기본 전제 하에 중국이 동의한 체제다.

법안개정을 둘러싼 홍콩 의원들의 몸싸움

지하고 있는 홍콩의 자치권 위축을 가져올 수밖에 없다. 따라서 홍콩 시민들은 "중국으로의 범죄인 인도에 반대한다"며 대규모 시위에 나섰다. 홍콩 의회에서는 법안을 둘러싼 의원들 간 몸싸움이 벌어졌다.

시위 규모는 급기야 수백만 명까지 늘어났고 캐리 람 행정수반 사퇴와 행정장관 직선제 등 정치적 요구가 대두됐다.

체화된 서구식 민주주의와
인권의식

홍콩 시민들은 1997년 중국 반환이전 155년을 영연방으로 존재했다. 서구식 자유주의와 인권의식이 체화되기에 충분한 세월이었다. 중국은 반환이후 50년 동안은 홍콩의 독립성을 유지하기로 했다. 홍콩은 독자적인 헌법과 행정부, 법원과 함께 고도의 자치권을 누려왔다. 그러나 중국정부는 점차 홍콩의 자치권을 무시했다. 2014년 홍콩 행정장관 선거를 계기로 대규모 시위가 터져 나왔다. 이른바 우산혁명[026]이었다. 그런 와중에 '범죄인 인도법안개정'이 추진되면서 홍콩시민은 다시 길거리에 나선 것이다. 치솟는 부동산 가격 등 경제문제도 배경으로 작용했다. 중국 본토로부터 돈이 쏟아져 들어오면서 아파트 값은 평당 1억 원을 훌쩍 넘었고, 홍콩 인구 7500,000명 중 절반가량이 월 2만 홍콩 달러(약 3백만 원)의 임대료를 내고 있다. 이는 가구당 평균소득의 70%에 달한다. 또한 홍콩인구의 약 1/10인 수준인 70만 명의 중국 본토인들이 몰려들면서 홍콩시민들의 일자리를 위협했다.

시위 … 시위 … 시위

첫 번째 시위는 2019년 3월 31일에 시작했다. 이후 6월 6일, 3,000여 명이 참가한 '침묵의 행진' 시위에 이어 법안 의회표결을 앞두고 주최 측 추산 200만 명이 대규모 시위를 벌였다. 첫 시위 이후 장장 9개월에 걸쳐 벌어진 홍콩시위는 21세기 최장기 시위를 기록했다. 시위현장에는 미국 성조기가 등장해 미·중 무역전쟁을 벌이고 있는 중국을 크게 자극했다. 홍콩주재 중국 연락판공실에 걸렸던 중국정부 휘장에 검은 페인트가 뿌려졌고, 중국 오성홍기가 바다에 내던져졌다. 중국정부는 '일국양제'의 마지노선을 넘었다며 강력히 경고했다. 홍콩 주둔 중국군 사령관은 극단적 폭력은 용납하지 않겠다며 군 개입을 시사했다. 시위 시

---

026 우산혁명(Umbrella Revolution)은 2014년에 일어난 홍콩 민주화 시위로, 당시 홍콩 행정장관(행정수반) 선거의 완전 직선제를 요구하며 2014년 9월 하순부터 12월 15일까지 약 79일간 이어졌다.

시위대에 총겨눈 홍콩경찰

작 당시 3,000~5,000명 수준이었던 홍콩 주둔 중국군은 9월에 10,000~
12,000명 수준으로 늘었다. 캐리 람 홍콩 행정수반이 한발 물러나 법안추
진 무기한 연기를 발표한데 이어 송환법 철회까지 선언했다. 그럼에도 시위
열기는 식지 않았다. 결국 경찰이 실탄을 사격하는 사태가 발생하고 부상자
까지 속출했다.

중국 오성홍기와 시진핑 초상이 불태워졌고 중국계 은행과 기업, 언론사
신화통신까지 공격받았다. 경찰이 10대 학생 2명에게까지 실탄을 쏘아 중
상을 입히는 상황까지 이르렀고 양측 대치는 극한으로 치달았다. 홍콩정부
의 '마스크 금지법'은 거센 반발을 불러왔고 시민들은 대규모 마스크 시위
를 벌였다.

軍 투입 초강경진압?
적정선 타협?

　　　　　　　　　　　중국정부는 고민에 빠졌다. 신장위구르와 티벳 등 소수민족 문제를 안고 있는 중국으로서는 홍콩시위대 요구를 수용할 때 벌어질 파급효과를 우려했다. 중국정부의 자존심이 걸린 문제이기도 하다. 그러나 군 투입 진압은 부담스러웠다. 국제 금융허브이자 중국투자의 관문 홍콩 경제가 파탄나고 외국자본 유출 우려가 있기 때문이었다. 국제신용평가사 피치는 홍콩 신용등급을 이미 최상급보다 한 단계 낮은 AA+로 강등했다. 홍콩 행정 수반 캐리 람은 "상황 악화 시 모든 옵션을 배제하지 않을 것"이라고 밝혀 시위 군중을 압박했다.

과격화 – 경찰 VS 시위대
강대강 충돌

　　　　　　　　　　홍콩 의회 점거와 공항 점거에 이어 도로를 막고 불을 지르는 등 시위는 과격해졌다.

　소강상태를 보이던 시위는 2019년 10월 4일 홍콩 과기대생 차우츠록이 경찰 최루탄을 피하려다 건물에서 추락사하면서 다시 불붙었다. 경찰 진압 역시 덩달아 강경해졌다. 총격 중상자까지 발생하는 등 사태는 악화했다. 시진핑 주석이 홍콩시위 사태에 '최후통첩'을 했지만 격렬한 충돌은 이어졌다. 시위대는 홍콩 이공대에 거점을 마련하고 거센 저항을 이어갔다. 경찰의 전격 진압작전으로 봉쇄는 풀리고 시위대는 13일 만에 해산됐다. 12월까지 체포된 시민은 5,900명을 넘었고 이 가운데 학생은 2,308명으로 집계됐다. 그동안 국제사회의 압박은 이어지고 있었다.

　미국 의회는 홍콩 민주화 시위를 지지, 지원하는 법안 3개를 통과시켰고 트럼프 대통령도 이에 서명했다. '홍콩 인권 민주주의 법안'은 미국이 홍콩에 대한 중국의 영향력을 매년 평가해 홍콩이 누리는 경제 · 통상에서의 특별대우를 재검토하도록 규정하고 있다. 중국공산당 기관지 인민일보는 중국에 대한 내정간섭이라며 미국을 비난했다. 2019년 12월 한·중·일 정상회담차 베이징을 방문한 아베 총리는 시진핑에게 홍콩정세에 강한 우려를 표시했다. 일국양제하에서 자유롭고 개방된 홍콩번영이 중요하다는 점을 면전에서 거론한 것이다. 이에 대해 시진핑 주석은 홍콩사태는 내정문제라는 입장을 나타냈다. 문재인 대통령은 시진핑 주석 입장에 공감을 표하며 '홍콩문제는 중국의 내정문제로 인식한다'고 언급했다고 중국 CCTV는 보도했다. 홍콩시위는 2020년 새해 벽두에 치러진 대만 총통선거에도 영향을 미쳤다. 대만 독립을 주장하는 집권 민진당후보 차이 총통이 국민당 한

실탄 사격에 항의하는 시위대

귀위 후보를 20% 포인트 차이로 누르고 압승한 것이다.

차이 총통이 '일국양제'에 대한 거부 입장을 분명히 하자 중국은 즉각 불쾌감을 드러냈다. 일각에서는 차이 총통의 승리가 아니라 '중국에 대한 거부감'이 이긴 것이라는 분석을 내놓고 있다.

홍콩 선거혁명
- 민주화 세력 압승

2019년 11월 말 실시된 홍콩 구의원 선거는 홍콩 범민주 진영의 압승이라는 결과로 나타났다. 홍콩 범민주 진영이 전체 452석 가운데 무려 388석을 차지했다. 60석을 얻은 친중파 진영은 궤멸 수준에 직면했다. '선거 혁명'이라는 평가를 받은 이 선거 투표율

은 역대 최고인 71%를 기록했다. 선거결과에 대해 왕이(王毅) 중국 외교부
장은 "무슨 일이 있어도 홍콩은 중국의 일부"라는 입장을 밝혔다.

첫 시위이후 9개월이 지난 12월에도 5대 요구사항을 내건 크고 작은 시
위가 이어지고 있다. 5대 요구사항은 다음과 같다.

- 송환법 공식 철회
- 경찰의 강경 진압에 관한 독립적 조사
- 시위대 '폭도' 규정 철회
- 체포된 시위대의 조건 없는 석방 및 불기소
- 행정장관 직선제 실시

중국의 진퇴양난

홍콩시위는 여전히 여진 상태에 있다. '강압적 중국화'를 밀어붙이는 중국정부에 대한 홍콩 시민의 반감은 더욱 커졌다. 홍콩 독립을 주장하던 홍콩민족당은 강제로 해산되었으며 중국정부는 홍콩시위를 분리 독립을 요구하는 소수민족 문제와 연결 짓고 있다. 홍콩에서 밀릴 경우 신장위구르나 티베트 문제까지 복잡하게 꼬일 수 있다는 우려가 저변에 깔려 있는 것이다.

시위가 벌어진 2019년 홍콩 경제성장률은 2분기와 3분기 연속 마이너스를 기록했다. 홍콩의 경제적 위기는 기간산업인 금융 분야로까지 확산되었다. 홍콩 관광객은 급감하여 10월 관광객수는 331만 명으로 전년 동기 대비 43.7% 급감했다.

금융허브 홍콩을 바라보는 중국 시선은 한 마디로 '애증'이라 할 수 있다. 그동안 독립적 지위를 구가했던 홍콩을 통해 해외자본의 투자가 이뤄져왔다. 홍콩 상황이 불안정해지면 당장 해외자본 유입에 어려움을 겪을 뿐 아니라 자금이 빠져나갈 수 있다. 이에 따라 중국은 홍콩시위를 계기로 대안 구축에 적극 나서고 있다. 중국은 광둥성 도시 9개와 홍콩, 마카오 지역을 연계해 혁신 경제권을 만들겠다는 '웨강아오 대만구 프로젝트'[027]에서 홍콩을 제외한 것으로 알려졌다. 이는 홍콩 대외 금융기능을 축소하겠다는 신호다. 거기에 더해 홍콩 자유무역 교역기능도 26개 자유무역지대로 대체하려는 움직임을 보이고 있다. 중국 선전과 상하이 증시 규모는 세계 2

---

027 중국 광둥성 9개 도시와 홍콩, 마카오 지역을 연계해 세계적 혁신 경제권인 중국판 실리콘밸리를 만들겠다는 중국정부의 야심찬 계획이다. 웨강아오는 광둥과 특별행정구역인 홍콩, 마카오 지역을 일컫는 말이다. 이 프로젝트는 2015년 중국의 일대일로 구상 발표 때 처음 언급돼 많은 관심을 끌었다. 이 지역 인구는 7천만 명으로 국내총생산(GDP)만 1조5천억 달러에 달하는 수준이다. 거대 게임 기업 텐센트와 통신장비업체 화웨이가 이 지역에 근거를 두고 있다. 중국은 오는 2022년까지 웨강아오 대만구의 기본적인 틀을 마련하고 2035년까지 경제권 구축을 완성하겠다는 목표를 세웠다.

위로 4위인 홍콩을 이미 앞서가고 있다.

　중국은 우한 코로나19 창궐, 미 · 중 무역분쟁, 경제성장률 침체, 홍콩시위, 삐걱대는 일대일로 등 사면초가에 빠지고 있다. 일당 독재와 국가주도 개발이 가진 한계가 결국 드러나고 있다고 봐야 할 것이다.

베트남의 부상

베트남의 2019년도 경제성장률은 7.02%를 기록했다. 중국 성장률은 6.1%였다.

GDP는 2,450억 달러로 한국의 7분의 1수준이며, 1인당 GDP는 2,560 달러로 세계 109위이다.(세계은행) 2017년을 거쳐 미·중 무역분쟁이 본격화한 2018년을 지나면서 베트남 성장률은 중국을 앞질렀다. 미·중 무역분쟁의 반사이익도 얻고 있다. 미국이 수입선을 중국에서 베트남으로 전환하고 있고 해외자본 역시 같은 흐름을 보이고 있다.

베트남 GDP 성장률 추이(단위 %)

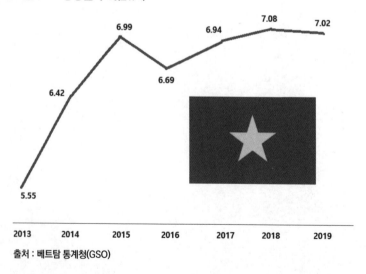

출처 : 베트탐 통계청(GSO)

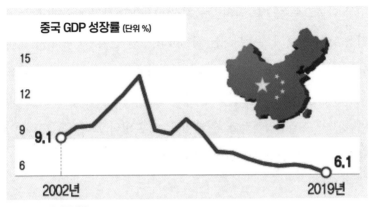

중국 GDP 성장률 (단위 %)

출처 : 중국 국가통계국

　베트남에 대한 해외 직접투자(FDI)는 2019년의 경우 전년대비 60% 증가했다. 한국, 중국, 일본, 홍콩, 싱가포르가 주요 투자국이다. 2019년까지 한국의 누적 투자액은 500억 달러, 일본은 400억 달러이다. 아마존, 샤프, 휴렛팩커드 등 중국 내 다국적 기업이 줄줄이 베트남으로 옮기고 있다. 중국 인건비가 급속히 상승하고 경제 전망이 나빠지고 있기 때문이다. 베트남 공장 근로자 평균임금은 약 250달러로 중국 센젠 지역 근로자 임금 700달러의 1/3 수준이다. 베트남이 중국을 대체할 글로벌 기업의 최우선 선택지가 되고 있다는 말이다. 세계은행 통계에 따르면 미·중 무역전쟁이 격화되면서 중국에서 탈출한 기업 33곳 중 23곳이 베트남으로 이전했다.

　베트남은 아세안 10개국 중 가장 견고한 경제성장률을 기록하고 있다. 인구는 1억 명에 육박하고 15세 이상 30세 이하 젊은 인구비율이 50%를 차지하여 높은 노동생산력을 자랑한다. 유연한 노동시장까지 갖춘 최적의 생산기지로 분류된다. 법인세는 20%로 동남아 최저수준이며 실용주의적 친기업정책을 유지하고 있다.

　2019년 6월, 베트남과 EU는 FTA와 투자보호협정에 정식 서명했다. EU

는 미국 다음으로 큰 베트남의 수출시장이다. FTA가 발효되면 EU는 베트남 상품 70%에 대해 수출관세를 철폐하고, 7년 안에 99.7%까지 철폐 대상을 늘려갈 예정이다. 베트남과의 투자협정에 따라 의료와 제약, 금융 등 고부가가치 산업중심의 투자도 늘어날 것으로 보인다. 한국과 베트남은 2015년 양자 자유무역협정(FTA)을 맺었다. 이후 양국 교역액은 2014년 303억 달러에서 2018년 683억 달러로 2배 이상 급증했다.

미국-베트남,
어제의 적이 오늘의 동지

베트남은 공산체제에서 경제난과 식량난이 가중되자 1986년 이후 대외개방정책 '도이 머이'를 추진했다. 전쟁을 벌였던 미국은 1994년 베트남 경제제재조치를 풀었고 다음해 국교를 다시 맺었다. 1990년대 베트남의 연평균 경제성장률은 7%를 상회하는 고속성장세를 보였다. 2007년에는 세계무역기구(WTO)에 가입해 경제개혁과 대외 개방에 박차를 가했다. 도이 머이 이전 100달러에 못 미치던 1인당

베트남 국가 개요

언어	베트남어(공용어)
수도	하노이
면적	33만㎢(한반도의 1.5배)
인구	9,458만명
1인당 소득	2,551달러
한국과 외교관계	전략적 협력 동반자 관계(2009년)

* 인구와 1인당 소득은 IMF기준

GDP는 2,500달러를 넘어섰다.

인도−태평양 전략아래 미국과 베트남은 군사적으로도 더욱 밀착하고 있다. 양국은 1964년 통킹만 사건[028]으로 시작된 치열한 전쟁을 벌였다. 2018년 3월 미 항공모함 칼빈슨 호가 베트남 다낭에 도착했다. 미국 항공모함이 베트남에 들어간 것은 1975년 베트남전(戰) 종전이후 처음이다. 칼빈슨 호는 이후 일본 해상자위대와 남중국해에서 공동훈련을 했다. 미국은 베트남에 무인 드론과 해안경비정을 판매하기도 했다.

남중국해에서 중국 영향력이 커지면서 미국과 베트남의 군사협력이 가속화하고 있다. 베트남은 남중국해 난사군도 영유권을 둘러싸고 중국과의 무력충돌도 불사하고 있다. 미국과 베트남의 국가이익이 일치하는 부분이다. 베트남이 1975년 공산화되지 않았다면 일찍부터 대한민국과 경쟁관계에 있었을지도 모른다.

---

028 1964년 베트남 동쪽 통킹만에서 일어난 북베트남 경비정과 미군 구축함의 해상 전투 사건. 미국이 베트남과의 전쟁에 본격 개입하게된 사건이다. 북베트남 어뢰정 3척이 통킹만에서 작전을 수행하고 있는 미구축함(매독스 호 Destroyer USS Maddox DD-731)을 향해 어뢰와 기관총으로 선제공격을 가하였다. 미구축함은 즉각 대응하여 1척을 격침하고 2척에는 타격을 가하였다.

미·중 해외 주둔기지와
세계군사력

세계 경찰 미국, 전 세계 미군 주둔기지

미군은 전 세계 60여 개국에 800개가 넘는 공식, 비공식 해외기지를 갖고 있다. 가장 많은 나라는 독일로 170여 개, 다음은 일본에 110여 개의 기지를 갖고 있다. 한국에는 83개 기지를 갖고 있다. 공식 집계 기지는 686개이다.

미국은 2차 세계대전까지 고립주의[029] 경향을 강하게 유지했다. 당시까지 미군 해외 주둔은 몇 안 되는 식민지에 국한했다. 필리핀, 괌, 카리브해 몇몇 소국이 그들이었다. 미국이 2차 세계대전에 참전하면서 전 세계 연합

2015년 미국의 해외 군사기지

---

029 영국 식민지 미국은 독립전쟁으로 1776년 독립을 선언했다. 미국 초대 대통령 조지 워싱턴은 1796년 고별연설에서 자국 이익과 거리가 먼 동맹관계를 멀리하고 특히 유럽 국가의 분쟁에 간여하지 않은 것을 강조했다. 고립주의의 시작이었고 미국 제5대 대통령 제임스 먼로가 1823년 '먼로 교서'로 이를 구체화하면서 미국 외교의 기본 원칙과 정책이 되었다.

국 영토에 전진기지를 건설하기 시작했다. 영국, 인도, 호주, 중화민국 등이 그들이었다. 2차 세계대전이 끝난 뒤 패전국 독일, 일본에 점령군으로 들어간 뒤 지금까지 주둔하고 있다. 해외 주둔기지가 큰 폭으로 늘어난 계기는 소련과의 냉전이었다. 소련을 견제하기 위해 전 세계 전략적 요충지에 기지를 설치했다. 1990년 냉전이 끝나면서 군축차원에서 일부 주둔기지를 통폐합하기도 했다. 해외 주둔 미(美)기지는 인도-태평양사령부, 유럽사령부, 중부사령부, 남부사령부, 아프리카사령부 등의 관할아래 있다.

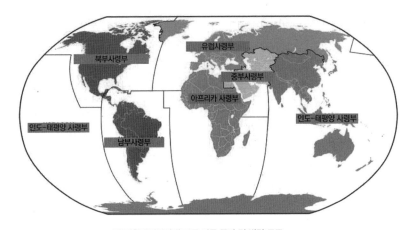

각 관할사령부아래 주둔 미군 국가 및 병력 도표

태평양사령부에서 이름을 바꾼 인도-태평양사령부는 미국의 가장 오래되고 규모가 큰 통합전투사령부이다. 한국, 일본, 호주, 싱가포르, 태국 등이 주요 주둔 국가이다. 동아시아 작전 거점 지역은 대한민국이고 일본은 후방지원기지 개념이다. 사령부 명칭을 바꾼 뒤로는 인도가 주요 파트너 역할을 담당하게 됐다. 중국의 군사강국화에 맞선 중국 견제가 가장 중요한 역할이 됐다.

해외주둔국과 병력

구분	주둔국	총원	육군	해군	해병대	공군
중부 사령부 아프리카 사령부	아프가니스탄	5,500				
	쿠웨이트	11,313	9,522	28	172	1,591
	바레인	3,369	21	3,148	177	23
	니제르	800				
	카타르	607	357	6	-	243
	이집트	264	223	22	-	82
	사우디아라비아	319	215	22	-	82
	아랍에미리트	349	23	16	218	92
	남아프리카 공화국	207	3	1	200	3
	(영국령) 디에고 가르시아	488	-	448	-	40
인도·태평양 사령부	대한민국	28,487	20,000	331	136	8,020
	일본	52,060	2,445	22,108	15,688	11,819
	호주	187	36	78	12	61
	싱가포르	186	10	158	2	16
	태국	282	38	10	207	27
유럽 사령부	독일	38,015	23,269	508	955	13,283
	이탈리아	11,799	4,315	3,638	19	3,827
	영국	8,920	191	266	19	8,444
	스페인	2,503	26	2,046	26	405
	터키	1,529	120	5	2	1,402
	벨기에	1, 210	677	111	8	414
	포르투갈	457	1	52	7	397
	네덜란드	362	130	30	5	197
	그리스	373	8	343	-	22
남부 사령부 북부 사령부	관타나모	693	146	525	22	0
	온두라스	381	223	3	-	155
	그린란드	144	-	-	-	144
	캐나다	131	8	38	1	84
미국	본토	1,072,387	403,488	270,854	156,342	241,703
	하와이	51,078	22,156	15,862	7,832	5,228
	알래스카	19,406	12,040	73	8	7,285
	괌	5,499	71	3,399	15	2,014
	푸에르토리코	155	110	17	10	18

필리핀 – 주둔 … 철수 … 주둔

20세기 초부터 필리핀에 주둔했던 미군은 1992년 철수했다. 2014년 양국 방위협력확대협정 체결을 맺고 미군은 2016년부터 다시 주둔하게 됐다. 중국이 필리핀과 영해분쟁을 벌이는 등 중국 위협론이 부상한데 따른 것이다. 24년만이다. 공군기지 4곳과 육군부대 1곳이다. 2015년 취임한 두테르테 대통령이 중국과 관계 개선에 나서면서 재주둔 협정 폐기가능성을 언급하기도 했었다.

단교국 대만,
트럼프 이후 밀월관계

중화민국 대만에는 1954년 주둔을 시작했다. 미국은 1979년 중국과 수교하면서 대만과의 방위조약을 폐기했고 미군은 철수했다. 중국이 내세운 '하나의 중국' 정책 때문이다. 미국은 대신 '대만관계법'(Taiwan Relations Act)을 만들었다. 대만에서 전쟁이 터질 때 미군이 개입하고 무기를 판매할 수 있다는 내용이다. 중국을 겨냥한 법이다. 트럼프 행정부 들어 대만과의 연대가 강화되고 있다. 사실상의 주(駐)대만 대사관인 미국재대만협회(美國在臺灣協會, AIT) 신청사 경비 명분으로 해병대원 12명을 파견하는 방침을 정하는 등, 미국과 대만의 밀월관계는 지속되고 있다. 특히 미국이 〈인도-태평양 전

차이잉원 대만 총통 재선 성공 (2020 1. 12)

략보고서〉에서 밝혔듯 대만을 인도-태평양 전략 수행의 핵심 파트너로 여긴다. 미국은 대만 독립을 주장하는 차이잉원(蔡英文) 총통[030]에게 재선을 축하하는 축하메시지를 보냈다. '하나의 중국'을 원칙으로 하는 중국 당국은 "대만 선거는 중국 지방의 일인데 이를 축하하는 행위는 하나의 중국 원칙을 위반한 것"이라며 강력한 항의를 표시했다.

폴란드, "미군 주둔해달라"

안제이 두다 폴란드 대통령은 트럼프 대통령에게 미군 주둔을 요청했다.(2018년) 미군이 폴란드에 영구 주둔하면 20억 달러(약 2조2500억 원)를 부담하겠다고 했다. 심지어 폴란드 내 미군 기지에 '트럼프 요새'(Fort Trump)라는 명칭을 붙이겠다고도 했다. 우크라이나 크림반도를 합병하는 등 유럽에 대한 군사적 압박을 가하고 있는 러시아에 대한 대응책이다. 냉전 종식으로 러시아와의 유럽 최전선은 폴란드-벨라루스 국경으로 변했다. 나토나 미국도 독일기지를 폴란드로 옮기는 안을 검토하고 있다. 현재 독일 주둔 미군 중 4,500명을 폴란드 등 동유럽 NATO 가입국들에 순환배치하고 있다. 폴란드에 머무는 기간이 제일 길다. 2019년 9월 폴란드 주둔 미군을 1,000명 더 늘린다는데 양국은 합의했다. 폴란드는 미국산 F-35 전투기 32대를 구매하겠다고 밝혔다.

---

030 대만의 14,15대 총통으로 대만 최초의 여성 총통이다. 2016년 5월 20일 대만 독립을 주장하는 민주진보당 후보로 총통에 당선됐다. 2020년 1월 11일, 친중파 한궈위 국민당 후보를 압도적 표차로 누르고 재선에 성공했다.

중국군 해외 주둔기지

아직까지 영구 주둔지는 없고 대부분 임차 방식으로 기지를 확보하고 있다. 대규모 병력을 타국에 영구 주둔하면 막대한 외교적, 경제적, 군사적 비용이 들어간다. 중국은 아직 공동안보체제를 지향할 정도의 굳건한 동맹국이나 역량은 없다. 중국은 일대일로 정책을 통해 자국 패권주의를 지향하면서 해외로 영향력을 늘이고 있다. 중국 최초의 해외기지는 홍해 입구 아프리카 지부티 해군기지로 임차형식이다.

지부티가 위치한 너비 30㎞의 바브엘만데브 해협은 세계 무역 물동량의 20%가 통과한다. 중국은 이 기지를 매년 2천만 달러에 10년간 조차하고, 10년을 더 연장할 수 있는 조약을 맺었다. '일대일로' 주요 파트너인 파키스탄으로부터는 과다르항을 2015년부터 43년간 임차하고 군함을 배치했

아프리카 지부티 중국 해군기지, 구글 어스

다. 중국에게 진 빚을 갚지 못한 스리랑카는 대신 2017년 12월부터 남부 함반토타항을 99년간 임대했다.

중국은 몰디브 국가 부채 70%를 장악하고 있다. 인도의 반발에도 불구하고 몰디브의 한 섬을 임차해 군기지를 개설할 것을 고려하고 있는 것으로 알려졌다. 캄보디아와는 리암항을 중국 해군이 독점적으로 쓸 수 있는 비밀계약을 체결했다는 보도가 있다. 일대일로를 진행하면서 국영기업을 앞세워 브라질, 2대 항구인 파라나구아항과 그리스 피레우스항 등 각국의 항구 운영권도 인수하고 있다. 유사시 군항으로 전환해 이용가능하다는 분석도 나오고 있다. 중국은 미얀마, 방글라데시, 스리랑카, 파키스탄 등 인도양 국가의 항구를 확보해 이른바 '진주목걸이' 전략을 추진하고 있다.

중국의 '진주목걸이 전략' 주요 항구

중국

파키스탄 과다르
방글라데시 치타공
미얀마 시트웨
스리랑카 콜롬보
지부티 오보크
캄보디아 시아누크빌
몰디브
말레이시아 코타키나발루

세계 군사력 비교

     CIA가 2007년 발표한 전 세계 군사력 순위에 따르면 최고 군사 강국은 역시 미국이었다. 러시아가 2위, 중국이 3위였고 일본이 7위, 한국이 9위였으며 북한은 18위를 기록했다. 점수로 환산했을 때 미국은 77,437점이었고, 2위 러시아는 66,047, 중국은 러시아의 절반 남짓인 35,602점으로 나타났다. 러시아는 핵미사일 보유 점수가 미국보다 훨씬 높았지만 군사비 지출액에서 많이 뒤쳐진 것으로 나타났다.

 중국은 군사비 지출액이 미국 다음이었고 특히 병력수에서 가장 높은 점수를 따냈다. 일본은 비상 대처 능력과 무기 개발 능력이 좋은 평을 받은 반면 전투 능력 면에서 저조한 평가를 받았다.

 한국은 인원과 국방비율, 비상 대처 능력 면에서 낮은 것으로 나타났다. 미국의 민영 군사력 평가 전문기관 '글로벌파이어파워'가 발표한 〈2019년 세계화력지수〉에 따르면 순위는 큰 차이가 없었다.

 1위 미국, 2위 러시아, 3위 중국, 4위가 인도, 5위 프랑스, 6위 일본, 7위 한국, 8위 영국 순이었다. 평가에 핵무기 보유 여부와 핵탄두 숫자는 반

중국 첫 자체 건조 항공모함 '산둥호'

영되지 않았다. 일본이 전년도 8위에서 두 계단 뛰어올랐고 영국이 6위에서 8위로 떨어졌다.

아베 정권은 향후 5년간 사상 최대 방위비 예산인 267조 원을 투입하는 내용의 '방위대강 및 중기방위력 정비계획'을 발표했다.(2019) 일본은 최신 스텔스기인 F-35A를 2018년 첫 실전 배치했고, 2020년까지 F-35A 총 42대를 도입할 계획이다. 일본 해상자위대 최대 호위함 '이즈모'와 '카가'를 스텔기 전투기에 맞춰 항공모함으로 개조하기로 했다. 중국 견제와 북한에 대비한 성격이 강한 것으로 분석된다. 일본 전체 병력은 241,000여 명으로 한국(62만5천 명)의 절반 수준에 못 미친다.

한국은 전년도 순위와 동일했다. 중국은 전력 대부분이 2~3위를 기록해 비교적 안정된 군사력을 보유하고 있었다. 특히 '대양해군'의 기치를 내걸고 해군력을 빠르게 증강하고 있다. 2019년 12월에는 중국 자체 기술로 건조된 7만톤급 항공모함 산둥함이 취역함으로서 항모 2척 시대를 열었다. 4위 인도는 미국 첨단 해상작전 헬기 MH-60R 시호크 3조 원어치를 들여오는 등 군사력 강화에 박차를 가하고 있다. 중국의 남아시아 팽창정책이 영향을 준 것으로 보인다.

CIA(미국 중앙 정보국)에서 발표한 2007년 <세계 군사력 보고서>

1위 미국 / 2위 러시아 / 3위 중국 / 4위 영국 / 5위 프랑스 / 6위 인도 / 7위 일본 / 8위 독일 / 9위 한국(핵무기 제외시 6위) / 10위 이탈리아 / 11위 터키 / 12위 브라질 / 13위 인도네시아 / 14위 멕시코 / 15위 캐나다 / 16위 이란 / 17위 이집트 / 18위 북한 / 19위 스페인 / 20위 파키스탄

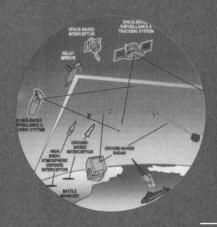

군사와 무기

MD(Missle Defence)체제

미국 미사일 방어 시스템으로, 2001년 5월 1일 조지 W. 부시 행정부 때 추진되었다. 자국 땅에 적국 미사일이 도달하기 전에 요격미사일을 발사해 이를 파괴한다는 구상이다. 러시아와 중국의 대륙 간 탄도미사일(ICBM) 외에 북한 등 불량국가들의 중, 단거리 탄도미사일 방어를 포함하고 있다. 미국을 비롯한 중국, 영국, 러시아, 프랑스, 이스라엘, 인도 등이 이를 갖춘 것으로 알려졌다. 상대방이 공격해도 이를 차단하는 거부적 억제체제다. 적국이 미국 본토로 미사일을 발사하면 미국의 적외선조기경보위성과 지상의 경보레이더에서 이를 탐지한다. 우주와 지상, 해상에 레이더 수백 개가 촘촘히 배치돼 있다. 36,000㎞ 상공에 떠 있는 고고도 위성이 미사일 발사 즉시 나오는 불꽃을 탐지하면 저고도 위성이 이를 추적한다. 이어 탐지 거리 5,000㎞ 안팎인 장거리 레이더와 1,800㎞ 이내인 사드와 이지스함 레이더 등이 정확한 데이터를 산출해낸다. 탐지 정보가 미국 콜로라도 스프링스와 포트 그릴리에 있는 MD 작전센터에 전달되면, 반덴버그 공군기지[031]와 포트 그릴리에서 요격미사

---

031 미국 캘리포니아주 산타 바바라 카운티에 위치한, 우주공항이 설치된 공군기지이다. 공군 4성장군을 역임한 호이트 반덴버그의 이름을 따 1941년 설치됐다. 우주방위와 미사일 실험임무를 맡고 있다. 미니트맨 ICBM발사 기지이다.

일을 발사한다.

요격은 상공 2,000㎞부터 22㎞ 사이에서 고도별로 지상발사요격미사일 (GBI), 해상요격미사일(SM-3), 사드, 패트리엇 등이 담당한다. 알래스카 포트 그릴리 기지에 40기, 반덴버그 공군기지에 4기 등 지상발사용요격미사일 44기를 배치하고 있다. 1,000억 달러 가까운 예산이 투입된 것으로 알려졌다.

MD 시작은 레이건의 SDI
– 스타워즈

미국 MD(미사일방어) 계획은 로널드 레이건 행정부시절인 1983년 SDI(Strategic Defense Initiative 전략방위구상)에 기초를 두고 있다. 미국과 소련 간 냉전이 한창인 시기였다. 핵보유국이 서로에게 핵폭탄을 발사해 양측 모두 자멸의 길로 들어서는 '상호확증파괴'에 대해 레이건 대통령은 매우 부정적이었다. 여기에서 시작된 것이 상대가 발사한 핵탄두 ICBM을 도달 전에 감지 격추하고 그 사이에 보복 핵무기를 발사한다는 개념이었다. SDI는 Star Wars(별들의 전쟁)라 불렸다. SDI는 지상요격미사

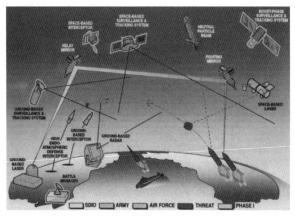

SDI 개념도

일과 궤도요격 인공위성 그리고 조기경보 인공위성으로 구성된다.

미사일 발사가 탐지되면 지상 레이저를 레이저 반사 인공위성으로 쏘아 올리고, 반사된 레이저를 받은 요격 인공위성이 ICBM을 파괴한다는 구상이었다. 자체 레이저 발사 가능 인공위성도 계획에 포함되었다. 특히 원자나 중이온, 중성자 등의 입자를 가속해 발사하는 입자빔무기 구상도 시작되었다. 700억 달러를 쏟아 부었지만 당초 구상한 결과는 나오지 않았다.

1991년 소련 붕괴 이후 G.H.W 부시(아버지 부시) 정부는 SDI 계획을 폐기했다. 대신 GPALS(Global Protection Against Limited Strikes, 제한적 공격에 대한 전구방어) 개념을 채택했다. 제한공격이라는 표현처럼, 이미 붕괴한 소련보다는 핵무장 가능성 있는 북한, 이란 등의 이른바 '불량국가'의 핵미사일 공격에 초점을 맞췄다.

당시 이들 나라는 미 본토까지 미사일을 보내는 기술은 아직 갖추지 못했기 때문에 미 본토보다는 전쟁지역의 미사일방어가 중요해졌다. 전쟁지역으로 아시아, 태평양, 유럽, 중동 등을 꼽았다. 1993년 국가미사일방어(NMD, 본토 방어용)와 전역미사일방어(TMD, 해외미군과 동맹국 방어용)로 구체화되었다. 사드 개발이 시작된 것도 이때부터였다.

부시 MD 본격 추진

조지 W. 부시 대통령은 MD를 본격적으로 추진했다. 부시의 MD는 국가미사일방어(NMD)와 전역미사일방어(TMD)를 통합, 전지구적인 미사일방어망을 구축한다는 것이었다. 2010년 11월 미국과 NATO(북대서양조약기구) 회원국들은 유럽 남동부 지역에 미사일방어(MD)망을 배치했다.

트럼프판 스타워즈
— 신(新)MD보고서

2019년 미국은 〈신(新)미사일방어 검토 보고서〉를 발표했다. 핵심은 우주에 센서와 레이저 등 요격체제를 배치해 미사일 방어체제를 한층 강화한다는 것이다. 레이건 대통령의 스타워즈를 떠올리게 한다 해서 트럼프판 '스타워즈'라 불리기도 한다. 특히 SLBM 능력과 괌을 공격할 수 있는 미사일까지 갖춘 것으로 확인된 북한을 핵심 위협으로 지칭하고 있다. 미국 MD의 잠재적 적 순서를 북한, 이란, 러시아, 중국 순으로 열거하고 있다. 러시아는 즉각 반발하며 계획을 중지하라고 촉구했다. 우주공간을 군사작전 목적으로 이용하고 우위를 확보하려는 미국 계획은 우주공간의 평화적 이용에 정면으로 배치된다고 지적했다.

그러나 그해 8월 트럼프 대통령은 우주사령부를 다시 창설했다. 레이건 대통령 시절인 1985년 창설되었다가 2002년 미전략사령부에 흡수되었던 기구였다. 우주군은 미국의 5군인 육군, 해군, 공군, 해병대, 해안경비대에 이은 6번째 군대이다. 미국의 우주 우위를 확실히 하기 위해 통신, 정보, 항법, 조기 미사일 탐지 및 경보 분야에서 우주 전투력을 제공하는 임무를 수행한다. 중국은 태양계 탐사용 우주기술과 핵추진 우주왕복선 등을 개발 중이다. 러시아는 미국의 신(新)미사일 방어전략에 맞설 우주기반 방해인공위성 개발을 추진하고 있다. 일본 역시 가상적의 우주기반 방해작전을 저지하기 위해 '우주 작전대'를 창설할 예정이다.

창과 방패 – 탄도미사일과 MD

최초의 탄도미사일은 2차 세계대전

중 독일이 개발한 V-2였다. 최대 시속 5,760㎞로 비행하는 V-2를 1944년 런던 등지를 향해 6,000발이나 발사했다.

독일 2차대전 중 사용한 V2 로켓미사일

9,000명이 사망하고 25,000명이 부상했다. 미국과 소련은 독일 기술자를 데려갔고 미사일 개발에 본격 나섰다. 구소련은 1957년 그리고 미국은 1959년에 각각 ICBM 실전배치에 성공했다. 문제는 상대방의 탄도미사일을 막을 수 없다는 것이었다. 미국은 최초의 탄도탄 요격미사일 나이키 허큘리스를 시작으로 실전배치에 나섰고 소련도 개발에 나섰다. 무한경쟁에 돌입했던 양대국은 1969년 전략무기제한협정(SALT)을 맺고 미사일과 요격미사일 보유수량 제한에 합의했다. 핵군비 경쟁의 불안과 경제적 부담, 베트남 전쟁의 장기화에 따른 미국 내 반전여론 등이 배경으로 작용했다. 그러나 'Let's Make America Great Again'(미국을 다시 위대하게 만듭시다!)을 외치며 '강한 미국'을 주창한 레이건 대통령이 전략방위구상(SDI)을 주창하며 군비경쟁은 다시 불붙었다.

미국 MD의 구성

미국 MD는 적 미사일을 상승-중간-종말 3단계에 걸쳐 요격하는 체계로 구성된다.

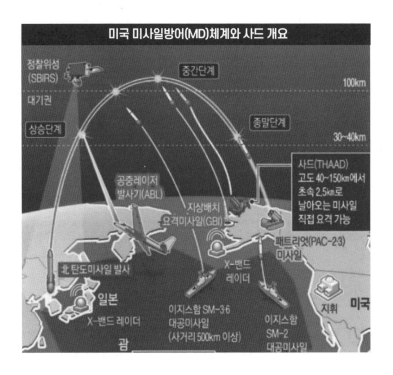

조기경보체계는 탄도미사일이 발사된 시점부터 우주를 거쳐 지상낙하까지 전(全)과정을 감시한다. 우주기반적외선시스템(SBIRS : Space-Based Infrared System)을 탑재한 우주 정찰위성, 미사일 탐색과 추적을 담당하는 X-밴드 레이더, 미사일 궤적을 탐지, 추적하는 지상경보레이더로 구성된다. 요격은 항공기발사 레이저, 지상발사요격미사일, 사드, 해상요격미사일 SM-3이 담당한다. 지상발사요격미사일(GBI:Ground-based Interceptor)은 160~320㎞ 상공에서, 비행속도 초속 7.11㎞의 공격 미사일을 요격할 수 있다. 사드는

하강단계 40~150km의 중, 상층 고도에서 미사일을 요격하는데 사드레이더 TPY-2는 2,000km까지 탐지할 수 있다. 마지막 하층방어체계는 중거리요격미사일과 SM-3 해상요격미사일, 패트리엇(PAC-3) 미사일로 이뤄진다.

미국 MD의 핵심 사드(THAAD Terminal High Altitude Area Defense)는 중단거리탄도미사일로부터 군 병력과 장비, 인구밀집지역, 핵심시설 등을 방어하는데 사용된다. 중단거리탄도미사일 비행거리는 3,000에~3,500km이다. 고도가 낮고 사거리가 짧은 기존 미사일 방어요격미사일 패트리어트의 약점을 보완한 체계이다. 사드가 100㎞ 이상의 고도에서 탄도미사일을 먼저 요격하고, 요격에 실패하면 패트리어트가 10~20㎞ 고도에서 다시 한 번 요격을 시도한다.

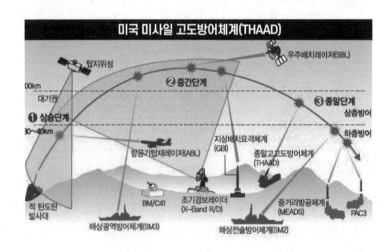

사드는 발사대 6대(1대당 미사일 8기 탑재)와 레이더 및 통제, 통신장비 등으로 1개 포대가 구성된다. 사드의 눈이자 핵심 중추인 AN/TPY-2 레이더는 상승중인 탄도미사일을 감지해 600여㎞ 거리에서 낙하하는 탄도미사일을 정확히 탐지할 수 있다. 최대 탐지거리는 2,000km이다.

한국배치 논란 속 사드(THAAD)

주한미군사령관은 지난 2014년 북한 핵과 미사일 위협에 대응해 주한미군에 사드를 배치할 필요가 있다고 밝혔다. 당초 한국정부는 중국 등의 눈치를 보면서 사드배치에 대한 분명한 입장을 밝히지 않았다.

사드의 AN/TPY-2 레이더가 중국 일부 지역을 감시할 수 있다는 이유로 중국이 극도로 민감한 반응을 보였기 때문이다. 미8군사령부와 유엔사령부 등이 중국 코앞이라 할 수 있는 평택으로 이전한 것 역시 중국을 자극했다. 러시아도 민감하기는 마찬가지였다.

2016년 들어 북한은 4차 핵실험을 감행하고 비행거리 13,000km의 광명성4호 장거리 로켓을 발사했다. 사드배치를 위한 한·미 간 실무협의가 가동되고 7월 한국국방부는 사드배치를 공식 발표했다. 북핵 위협에 대응한 순수한 자위적 안보조치로 불가피하다고 설명했다. 경상북도 성주에 배치하기로 했지만 성주군민과 외부인들의 반대시위가 이어졌고 황교안 당시 총리는 시위현장에서 물세례까지 받았다.

7월 중순 중국은 서해에서 대규모 무력시위를 실시했다. 전투기 41대와 공중급유기까지 동원해 10시간에 걸친 훈련을 감행했고 야간 초저공비행으로 적 지역 목표 타격훈련을 벌였다.

개전(開戰)을 가정해 한국 사드 기지를 최우선적으로 무력화하는 연습을 한 것이라는 한 중국매체의 보도가 있었다. 사드배치 계획 발표이후 8월 들어 중국이 본격적으로 한한령 보복을 시작했다. 한국 인기 아이돌그룹의 중국 공연 등 활동을 금지하고 한국 문화산업회사에 대한 투자금지, 합작금지조치가 이어졌다. 중국 공산당 기관지 인민일보는 연일 사드 포기를 종용하는 기사를 실은데 이어 박근혜 대통령까지 직접 겨냥하는 사설을

실었다. 사드배치에 반대 입장을 분명히 한 민주당 초선의원 6명이 중국을 방문했고 중국 관영 환구시보는 이들의 소식을 1면 톱으로 보도했다. 시진 핑 주석은 9월 중국 항저우에서 열린 주요 20개국 정상회의 차 방중한 오바마 대통령에게 한국 사드배치에 반대한다는 입장을 분명히 밝혔다.

2017년 4월 26일 새벽 성주 소성리 골프장부지로 일부 사드 장비가 처음으로 들어갔다. 반입에 반대하는 시위대와 경찰 간에 일부 충돌이 발생했다. 이런 와중에 북한이 2017년 7월 28일 ICBM급 화성-14형을 동해로 기습 발사했다. 사드배치에 부정적인 문재인 신임대통령은 긴급회의를 열고 잔여 사드 장비 4기를 배치하기 위한 미국과의 협의에 착수하라고 지시했다.

문재인 정부 들어 전통적 한·미 동맹관계가 삐걱거리고 한, 미, 일 삼 각동맹까지 흔들리고 있다는 우려가 한국과 미국, 일본 등에서 나오고 있 었다. 지소미아 파기결정이 대표적인 경우였다. 남·북·중·러 대(對) 미·일 구도로 재편되는 양상을 보이며 한국 사드배치를 둘러싼 갈등은 동 북아 역학구도의 축소판이 되고 있다.

러시아판 사드 S-400

S-400은 러시아 최신 중장거리 탄도 미사일 요격용 방공무기시스템으로, '러시아판 사드'로 불린다. 탄도미사일 은 물론 레이더에 잘 잡히지 않는 스텔스 전투기 탐지 및 요격 역량이 뛰어 나다. 러시아 명칭은 승리를 뜻하는 '트리움프'(Triumf)이다. S-400의 요격미 사일 40N6 사거리는 380~400km로 최고속도는 마하12(시속 14,688km)이다. 레이더 91N6는 최대 700km까지 탐지가 가능하다. 일반 레이더에 거의 잡 히지 않는 미국의 B-2 스텔스폭격기, F-117 전폭기, F-35 전투기 등 스 텔스기도 잡아낸다.

성능은 뛰어나지만 미국 사드(THAAD)보다 훨씬 저렴하다. S-400 가격은 5억 달러(약 5,600억 원)로 10억 달러인 미국 지대공 미사일 패트리엇 PAC-2 의 반값이라고 미국 CNBC방송은 보도했다[032]. 미국 고고도미사일방어체 계 사드 비용 30억 달러에 비하면 6분의 1 수준이다. 미국제재에도 불구하 고 뛰어난 가성비 때문에 국제 무기시장에서 주목받고 있다.

미국은 러시아의 크림반도 병합과 미국 대선개입 책임을 물어 러시아와

---

032 CNBC : "Russia is luring international arms buyers with a missile system that costs much less than models made by American companies."(2018. 11.19.)

러시아 S-400 요격미사일

의 군사활동 연계를 금지하는 통합제재법을 2017년에 만들었다. S-400
의 가장 큰 장점은 긴 사정거리에 더해 여러 표적을 동시에 상대할 수 있다
는 점이다. 72기 미사일로 표적 36개를 동시에 타격할 수 있다. 1개 포대
로 고도 별로 3중 방어도 가능하다. S-400의 또 다른 장점은 구매가 쉽다
는 것이다. 수출금지 무기리스트를 갖고 있는 미국의 경우는 첨단무기 판
매 시 당국의 복잡한 심사절차를 거쳐야 한다. 이에 반해 러시아산 무기는
판매 규제가 적고 절차도 간단하다.

　미국제재에도 불구 중국은 S-400을 구입, 실전배치했고 추가로 도입할
계획이다. 중국은 러시아로부터 S-400을 도입한 첫 번째 국가로, 10년 이
상 S-400 전(前)모델인 S-300 방공미사일 시스템을 운용해왔다. 중국이
한반도와 300여㎞ 떨어진 산둥반도에 S-400을 배치할 경우 한국군과 주
한미군 움직임을 손바닥 보듯이 탐지할 수 있다.

　터키도 2019년 구입을 마무리해 실전배치했다. 미국 동맹국 터키는 원래 미국 대공방어 시스템 패트리엇을 구매하려고 했다. 하지만 미국이 기술 이전에 난색을 보이자 S-400을 도입했다. 인도도 54억 달러 규모의 S-400 구매계약을 체결해 2025년까지 인도받기로 했다.

　미국은 중국을 겨냥해 INF(중거리핵전력조약)를 파기한 뒤 한국, 일본 등 아시아에 중, 단거리 미사일 배치를 추진하고 있다. 중국 입장에서 미국의 중, 단거리미사일을 방어할 수 있는 S-400이 더 절실한 이유이다.

핵무기 확산

– 핵전력 경쟁 재점화

핵보유국

핵확산 금지 조약(NPT)에서 인정하는 핵무기 보유국, 이른바 핵클럽은 미국, 영국, 러시아, 프랑스, 중국 5개국이다. 이스라엘은 핵실험을 하지 않았지만 사실상 핵무기 보유국으로 받아들여지고 있고, 인도와 파키스탄은 핵실험을 했다. 인도와 파키스탄도 사실상의 핵무기 보유국이다. 이란은 2006년 핵보유국을 선언했다. 이란은 이후 미국 등 국제사회의 제재가 진행되면서 P5+1 핵협상 끝에 핵 관련 제한을 받게 됐다. 북한은 2006년 첫 핵실험을 했고 현재 핵을 보유하고 있다. 국제사회는 북한의 핵보유를 인정하고 있지 않지만, 북한은 핵보유국 지위를 끊임없이 주장하고 있다.

스웨덴 스톡홀름국제평화연구소(SIRI)가 17일 공개한 '2019년 연감' 내 전 세계 핵탄두 보유수를 나타낸 지도

2019년 1월 기준 미국은 6,185개의 핵을 보유하고 있고 1,750개를 실전배치하고 있다.(스톡홀름국제평화연구소) 러시아는 6,500개, 중국, 영국, 프랑스는 각각 200개에서 300개의 핵탄두를 보유하고 있다.

인도, 파키스탄
사실상 핵보유국

인도는 130~140개, 파키스탄은 150~160개를 보유한 것으로 알려졌다. 인도는 1974년 첫 핵실험을 했다. 1962년 중국과의 국경분쟁에서 패배하고 2년 뒤 중국이 핵실험에 성공하자 인도도 핵개발에 나섰다. 미국은 중국 견제를 위해 인도 핵보유를 사실상 용인하고 있다. 인도는 인도-태평양 전략상 미국, 일본, 호주와 함께 4개국 안보협의체(QUAD)의 일원이다. 소련이 아프가니스탄을 침공하자 미국은 소련 견제 차원에서 파키스탄 핵개발을 묵인했다. 파키스탄은 북한, 이란, 리비아에 우라늄 농축에 사용되는 가스 원심분리기 기술을 판매했다. 파키스탄 '핵개발의 아버지'로 불리던 압둘 카디르 칸 박사가 북한 핵개발을 지원했다. 칸 박사는 1990년대 초부터 북한에 원심분리기 본체와 관련 부품, 설계도 등 우라늄 농축기술을 전수했다.

한국 일각에서는 북핵 대응차원에서 '독자 핵무기 개발' 주장이 나오고 있다. 그러나 미국과의 원자력협정, NPT 등 국제적 제약뿐 아니라 기술적인 측면에서도 아직은 요원하다고 평가된다.

핵무기 개발 - 북한, 시리아, 이란

북한 핵무기 완성

2005년 2월 10일 핵무기 보유를 선언한 북한은 그 다음해 2006년부터 2017년까지 6차례 핵실험[033]을 실시했다. 김정은 집권이후 4차례나 집중적으로 이뤄졌다. 2013년 2월 12일, 북한은 핵실험을 성공했다고 공식 발표했다. 특히 2016년 4차 핵실험은 수소폭탄 시험이었다고 밝혔다. 2017년 6차 핵실험은 폭발력이 100kt[034] 이상으로 전략핵무기 수준으로 평가받았다. 이는 히로시마에 투하된 원자폭탄의 5배에 해당하는 위력이다. 북한은 대륙간 탄도미사일(ICBM)에 탑재 가능한 수소폭탄 실험에 완전 성공했다고 밝혔다. 북한이 2019년 SLBM(잠수함 발사 탄도미사일) 북극성 3형까지 발사하자 국제사회는 요동쳤다. 유엔안보리는 공개회의를 열었고, 유럽 지역 6개국은 발사 규탄 공동성명을 냈다. 적국 근해까지 은밀히 수중 침투해 미사일을 발사할 수 있는 SLBM은 지상 미사일과 비교할 수 없을 정도로 위협적이다.

북한은 핵폭탄을 완성한 사실상의 핵보유국으로 분류된다. 현재 약 20

---

033 1차(2006년 10월 9일) 2차(2009년 5월 25일) 3차(2013년 2월 12일) 4차(2016년 1월 6일) 5차(2016년 9월 9일) 6차(2017년 9월 3일)

034 KT(킬로톤)은 원자폭탄의 폭발력을 나타내는 단위로 TNT 1천 톤의 위력을 뜻한다. 수류탄 1발의 TNT양은 약 180g이 들어있으므로 1kt의 원폭위력은 수류탄 550만개에 해당한다. 히로시마에 투하된 원자 폭탄 '리틀 보이'는 20kt의 위력을 갖고 있었는데 폭심지 중심 1.2km 범위 내의 사람들 중 50%가 목숨을 잃었고 그해 약 14만 명의 희생자를 냈다.

개에서 30개, 많게는 50개까지 핵폭탄을 갖고 있는 것으로 추정된다. 그러나 북한이 고농축우라늄기술을 완성한 것으로 볼 경우 숫자는 더 늘어날 수 있다. 우라늄농축시설은 은밀히 숨기기 쉽고, 고농축우라늄 생산량 파악도 어렵기 때문이다.

북한 핵무기 개발의 심장부이자 태동지는 평안북도 영변 원자력연구단지이다. 1962년 소련 기술지원으로 건설하기 시작했고, 80년대 들어 흑연로 방식의 원자력발전소가 들어섰다. 이때부터 북한 핵무기 개발이 본격화됐다. 북한은 핵확산금지조약(NPT)[035]에 가입하고 1991년 '한반도비핵화 남북 공동선언'[036]에 합의한 뒤 1992년 핵사찰을 수용하는 보장조치협정에 조인했다. 그러나 1993년 IAEA가 영변 핵시설을 사찰한 결과 북한이 플루토늄을 몰래 추출하고 있다는 의혹이 제기됐다. 1, 2차 북핵위기[037]를 거쳐 북한이 2003년 NPT를 탈퇴한 뒤 북한비핵화를 위한 6자회담[038]이 베이징

035 비핵보유국이 새로 핵무기를 보유하는 것과 보유국이 비보유국에 대하여 핵무기를 양여하는 것을 동시에 금지하는 조약. 1969년 채택후 1970년 3월 5일부터 발효되었다. 비보유국은 원자력을 핵무기나 기폭장치로 전용하는 것을 방지하기 위하여 국제원자력기구(IAEA)의 사찰을 비롯한 안전 조치를 받아들여야한다. 북한은 1985년 가입한 뒤 1993년 탈퇴를 선언하였으나, 탈퇴 요건을 충족시키지 못해 보류되었고 2003년 다시 탈퇴를 선언하였다.
036 1992년 2월 19일 발효. 남북한은 핵무기 시험, 제조, 생산, 접수, 보유, 저장, 배비, 사용을 하지 않고 핵재처리시설과 우라늄농축시설을 보유하지 않는다는 선언. 쌍방이 선정하고 합의한 대상에 대해 사찰을 실시한다는 내용도 담았다. 북한은 그러나 2009년 선언폐기를 발표했다.
037 1차북핵위기 : 1992년 국제원자력기구(IAEA)는 NPT가입국인 북한의 핵개발 의혹과 관련해 특별사찰을 벌인 결과 북한이 보고한 플루토늄 양과 실제 플루토늄의 양이 다른 것이 드러났다. 북한은 미신고 시설에 대한 사찰도 거부했다. 다음해 1993년 한미양국이 그동안 중단되었던 팀스피리트 훈련을 재개하자 북한은 이를 빌미로 핵확산금지조약(NPT) 탈퇴를 선언했다. 북한의 '서울 불바다'발언으로 갈등은 최고조에 달했다. 1994년 9월, 미 해군 항공모함 2척과 함정 33척이 원산 인근 동해에 집결해 영변의 핵시설을 공습하려 한 것으로 알려졌다.
2차북핵위기 : 2002년 10월 미국 협상단의 평양 방문 시 북한이 비밀리에 고농축우라늄으로 핵탄두를 개발하고 있다는 사실을 시인하면서 발생한 사건. 북한은 북미 평화협정을 맺은 후 비핵화 하겠다 했고 미국은 先비핵화 後평화협정을 주장했다. 북한은 주한미군의 완전한 철수와 한미상호방위조약을 폐기하는 것도 요구했다. 한미동맹의 사실상 파기를 요구한 것으로 미국은 받아들이지 않았다. 중국 제안으로 2003년 8월 베이징에서 6자 회담이 시작됐고 2005년 9·19 공동성명이 발표되면서, 2차 북핵위기는 해결되었다. 그러나 북한은 요구사항이 전혀 이행되지 않는다며, 1년 뒤 1차 핵실험을 감행하였다.
038 북한의 핵 문제를 해결하기 위해 중국이 제안해 열린 다자회담. 남, 북, 미국, 중국, 일본, 러시아 6개국이 당사자. 4차 회담에서 한반도비핵화와 미국의 대북불가침 의사 확인 등을 내용으로 하는 '9.19공동성명'이 발표되었다. 5차 회담에서 북한의 핵시설 폐쇄와 불능화, 북한의 핵 프로그램 신고 이에 상응하는 5개국의 에너지 100만톤(t) 지원, 북한의 테러지원국 지정 해제 등을 내용으로 하는 '2·13합의'가 있었다.

에서 열렸다.(2003) 한국과 북한, 미국, 중국, 일본, 러시아, 6개국이 북한 핵무기 개발에 관해 협의한 것이다.

북한 영변 핵시설 냉각탑 폭파 (2008. 6. 27)

북한은 이미 핵무기를 보유하고 있다고 미국에 통보한 상태였다. 6자회담이 진행 중이던 2008년 6월 27일, 북한은 외신과 한국 언론사 취재진들이 지켜보는 가운데 영변원자로 냉각탑을 폭파하는 나름의 성의를 보였다. 미국이 테러지원국 리스트에서 북한을 제외하는 절차에 착수한데 대한 북한의 화답이었다. 그러나 냉각탑 폭파에도 불구하고 6자회담은 지지부진했다. 북한은 미국이 적대 정책을 포기하지 않는 한 자국 안전을 위해 핵무기 개발을 추진하겠다는 입장을 고수했다. 6자회담은 별 성과 없이 2008년 12월 수석대표회의를 끝으로 중단된 상태이다.

김정일 사망이후 집권한 김정은 위원장은 2013년 개최된 당 전원회의에서 공개적으로 '핵·경제 병진노선'을 내세웠다. 북한은 6차 핵실험에 이은 〈화성—15형〉시험 발사를 계기로 '핵무력 완성'을 선언했다. 2018년 6월 싱가포르에서 트럼프 대통령과 김정은 위원장은 양국 최초의 정상회담을 가졌다. 양측 정상회담을 앞두고 북한은 외신기자들을 부른 자리에서 풍계리 핵실험장을 폭파했다.

풍계리 핵실험장 폭파 (2018. 5. 24)

북한은 핵실험 중지를 투명성 있게 담보하기 위해 북부핵실험장을 완전히 폐기하는 의식을 진행했다고 밝혔다. 그러나 1년 6개월이 지나 위성사진 분석결과 풍계리 핵실험장 일대에 차량과 사람이 지나다니고 물자가 쌓여있는 모습이 포착됐다.(2019년 12월, 美 38노스) 한국 합참은 폭파한 풍계리 갱도 중 사용 가능한 갱도가 있는 것으로 본다고 밝혔다. 김정은 위원장이 '한반도비핵화' 를 약속했지만 국제사회는 북한의 핵포기를 부정적으로 보고있다.

핵포기와 핵폐기는 북한 핵무기와 핵시설, 핵물질 사찰이 전제조건이다. NPT를 탈퇴한 전력이 있는 북한이 제대로 된 핵 리스트를 제출하고 사찰 을 수용할 것인가에 대해서는 회의적이다. 한반도비핵화 공동선언, 제네바 합의, 9·19공동성명이 파기된 원인은 사찰과 검증의 이견 때문이었기 때 문이었다.

이란 핵개발

2002년 이란 반정부 단체 '국민저항위원회'(NCRI)는 이란 중부 나탄즈에 비밀 우라늄 농축시설이 존재한다고 처음으로 폭로했다. 이란은 이 시설은 의료와 에너지 개발 같은 평화적인 용도라고 주장하고 있다. 2006년 이후 이란은 유엔안보리 제재에 시달렸다. 핵활동과 미사일 관련 품목 수출을 금지당하고 기관과 개인의 해외자산이 동결됐다.

이란 우라늄 농축 원심분리기

미국은 포괄적 이란 제재법을 통과시켰다. 석유 수출길은 막히고 물가가 폭등하는 등 이란 경제는 나락으로 빠져들었다. 이란과 물품, 기술, 정제유 등을 거래하는 나라까지 포괄적으로 제재하는 내용이었다. 국제 제재로 우라늄 농축이 어려워진 이란은 북한에 거액을 주고 농축우라늄을 구입한 것으로 알려졌다. 그러나 버틸 수 없을 정도의 심각한 경제난에 빠진 이란은 타협을 모색했다.

2013년 출범한 중도파 로하니 행정부는 P5+1과 핵협상에 돌입했다.

P5+1은 미국, 영국, 프랑스, 러시아, 중국 등의 유엔안보리 5개 상임이사국과 독일이다. 지리멸렬한 협상 끝에 2015년 이란 핵협상이 타결됐다. 의심받는 모든 핵시설에 IAEA가 접근하는 것을 허용하고 우라늄 농축 정도와 비축 규모를 제한하는 조건이었다. 합의에 따르면 이란은 원심분리기를 향후 10년 동안 약 3분의1 수준으로 감축해야 한다. 또 15년간은 3.67% 이상으로 우라늄을 농축해서는 안 되고 우라늄 농축 목적의 신규시설도 건설할 수 없다. 3.67% 농축우라늄은 원전용연료로는 사용 가능하지만 핵무기용으로는 쓸 수 없다.

IAEA(국제원자력기구)가 의심 받는 이란의 모든 핵시설에 접근할 수 있게 된다. 이란이 합의를 이행하지 않을 경우는 제재가 다시 가해지는 '스냅백' 조항을 포함했다. 경제, 금융 제재는 IAEA 사찰이 끝나는 2016년 초 해제하기로 했다. 그러나 트럼프 대통령은 타결 3년이 지난 2018년 5월 이란 핵협상 탈퇴를 공식 선언했다. 트럼프는 대선후보 시절부터 오바마 전(前)대통령의 이란 핵합의를 '최악의 계약'으로 비난해왔다.

트럼프는 4가지를 이란 핵파기 이유로 내세웠다. 첫째, 이란의 핵능력 제한을 10년에서 15년으로 한정한 '일몰규정'을 삭제하고 영구적으로 제한해야 한다. 둘째, 탄도미사일 관련 내용이 핵협정에 담기지 않았다. 셋째, 핵 프로그램의 평화적 이용을 검증하는 것이 사실상 불가능하다. 넷째, 국제사찰단이 요구하는 모든 장소에 대한 즉각적 사찰이 이뤄져야 한다.

영국을 비롯한 유럽 주요국들은 미국의 핵협상 파기에 반발했다. 유럽국들은 이란에 대한 제재를 풀고 경제교류를 확대할 목적으로 그동안 핵협상을 적극 추진해 왔다. 이란과 핵합의 이후 이란과의 교역과 투자를 급속히 확대해 온 유럽으로서는 달갑지 않은 상황이었다. 프랑스 석유업체 토탈은 48억 달러(5조2천억 원) 규모의 이란 사우스파스 가스전 개발에 참여하기로 했었다. 유럽 항공업체 에어버스는 이란에 180억 달러(19조 원) 규모의 항공기 100대를 공급하는 계약을 했고, 독일 폴크스바겐은 이란 시장 진출을 선언했었다. 프랑스와 영국, 독일 등 유럽 주요국들은 트럼프 대통령의 탈퇴 결정에도 "다른 당사국들과 함께 이란 핵합의를 지키겠다"는 입장을 밝히기도 했다. 당사국 이란은 반발하면서 합의를 이행하지 않겠다고 엄포를 놓았다. 이란은 핵합의에서 정한 농축우라늄과 중수의 한계량을 넘기고 핵합의 이행 수준을 감축했다. IAEA는 2019년 10월 9일 이란이 나탄즈 핵시설에서 우라늄 농축시설을 설치하고 있다고 밝혔다. 합의 위반이었다.

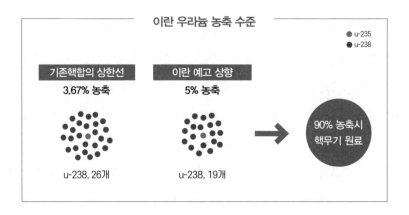

이란의 이 같은 행동에 프랑스와 독일은 이란이 다시 핵합의를 완전히 이행하지 않을 경우 핵합의 위반에 대한 분쟁 해결 절차를 가동할 수도 있다고 경고했다.

이란 핵개발 역사

이란은 1950년대 미국과 원자력 협정을 체결하면서 원전 개발을 시작했다. 1968년 미국이 제공한 실험용 원자로를 근거로 핵확산금지조약(NPT)에 51번째로 가입했다. 2002년 농축우라늄 비밀시설이 드러난 뒤, 2011년에는 20% 농축우라늄 50kg 이상을 생산했다고 이란은 발표했다. 핵무기 제조가 가능한 90% 농축은 마음만 먹으면 가능해지는 수준이 됐다. 부시 전(前)대통령이 '악의 축'이라고 지목한 이란과 북한의 핵무기 협력도 주목받는 사항이다. 두 나라는 핵무기와 미사일 개발에 협력하고 있다는 의심을 끊임없이 받아왔다. 특히 이란 핵개발 총책 파크리자데 박사가 2013년 북한 3차 핵실험을 참관했다는 주장이 나오고 있다. 이란이 북한에 원유와 자금을 제공하고 이란 핵실험을 북한이 대신해주고 있다는 것이다.

시리아 핵개발

2007년 9월 이스라엘 전투기 8대가 시리아 알 키바의 비밀 원자로를 타격했다. 엘바라데이 IAEA 사무총장은 이 시설이 북한 지원하에 건설 중이었다고 밝혔다.(2008) 원자로는 가동을 눈앞에 두고 있었다.

당시 이스라엘 공습설은 공공연한 비밀이었는데 이스라엘은 11년이 지나서야 공식 인정했다. 공습 당시 미국과 이스라엘은 폭격에 대해 아무런 논평을 하지 않았다. 공습 다음해 현장을 방문한 IAEA는 미량의 우라늄 입자가 발견된 것으로 보아 파괴된 시설은 원자로로 추정된다고 밝혔다. IAEA는 이 시설이 북한 영변 흑연감속로 방식의 원자로와 거의 동일한 원자로였다고 설명했다. 시리아는 이 시설은 원자로가 아니고 농업연구소라고 주장했다. 인공우라늄입자는 인근 인산정화 공장에서 생산된 우라늄정광과 수입된 질산우라닐에서 나왔다고 반박한 것이다.

알키바 공습 사진 -출처:이스라엘 방위군

 2011년 IAEA이사회는 미국이 발의한 시리아 핵결의안을 채택한 뒤 유엔안보리에 회부했다. 3년에 걸친 조사에 시리아 측이 비협조적이었고 안전의무조치를 이행하지 않았다는 이유였다. 친(親)시리아 국가 러시아와 중국은 알키바의 시설이 원자로였다는 증거가 없다며 안보리 차원의 논의에 반대했다. 독일 주간지 슈피겔(2015)이 시리아정부가 레바논 국경 근처 쿠사이르 인근 비밀지하시설에서 핵무기를 개발하고 있다는 기사를 보도했지만 확인은 불가능했다. 이스라엘의 폭격으로 파괴된 원자로가 위치했던 알키바는 IS가 3년 동안 점령했던 지역이다. 이스라엘이 파괴하지 않았고 온전했다면 핵시설은 IS 수중에 넘어갔을 것이다.

북한과 시리아 핵연계

 2007년 이스라엘이 시리아 핵시설을 폭격한 뒤 크리스토퍼 힐 당시 6자회담 특별대표는 김계관 북한 외무성부상을 만났다. 힐은 북한 영변핵시설 기술자 전치부가 이브라힘 오트만 시리아 원자력위원장을 시리아에서 만나는 모습이 담긴 사진을 보여주었다.

Head of North Korean reactor fuel plant with head | Same North Korean official
of Syrian Atomic Energy Commission in Syria | at the Six-Party Talks

전치부와 이브라힘 오트만 시리아 원자력위원장(좌), 6자회담장의 전치부(우)

김계관은 '사진은 모두 조작된 가짜'라며 일축했다. 하지만 이후 전치부는 6차 회담장에 나타나지 않았다고 힐은 회고록에서 적고 있다.[039] 그 사진은 이스라엘 정보기관 모사드가 입수한 사진이었다. 하페즈 알 아사드 전(前)시리아 대통령은(바샤르 알 아사드 현 대통령 아버지) 1974년 북한을 방문해 김일성을 만났다. 이후 북한은 시리아에 무기를 가장 많이 공급하는 나라가 됐다. 알 아사드는 김일성을 만나고 온 뒤 본인의 초상화와 동상을 곳곳에 세우는 등 우상화 작업을 시작했다.

모사드는 북한이 이란의 미사일 제조 공장건설까지 돕고 있는 것을 파악하고 북한과의 접촉에 나섰다.[040] 평양에 간 에프라임 할레비 모사드 차장은 '북한이 시리아에 제공하는 스커드미사일이 이스라엘을 위협하고 있다'고 말했다. 처음에는 부인했던 북한이 사실을 인정하고 무기 공급을 중단하겠다며 향후 10년간 주민 2,000만 명이 사용할 석유를 공급해 줄 것을 조건으로 내세웠다. 현실적으로 받아들이기 힘든 조건이었고 협상은 결렬됐다.

---

039   크리스토퍼 힐 회고록 『미국 외교의 최전선(Outpost)』
040   『그림자 공격(Shadow Strike)』, 예루살렘 포스트의 야코브 카츠 편집장 출간

원자력 발전

원자력발전은 핵분열을 이용해 막대한 열을 발생시키고, 그 열로 터빈을 돌려 발전하는 방식이다. 최초의 원자력발전소는 1954년 러시아에서 가동된 오브닌스크였다. 물을 끓여 발생한 증기로 터빈을 돌려 발전하는 점에서는 일반 화력발전방식과 같지만, 열을 발생시키는 연료와 작동원리가 다르다. 원자력발전소는 우라늄에 중성자를 충돌시켜 핵분열할 때 발생하는 막대한 열을 이용한다.

고효율 – 탈원전 추세

세계적으로 가동 중인 원전은 31개국 444기에 이르고 원자력발전 비중은 약 14~15%이다. 석탄이나 원유 등 화석연료 발전에 비해 초기 시설비용이 큰 반면 매우 효율적이다. 1기가와트(GW) 전력 생산에 원전은 농축우라늄 21t, LNG는 95만t, 석유는 115만t, 석탄은 235만t을 태워야 한다. 친환경 고효율의 에너지원이다. 그러나 후쿠시마 원전 사태이후 원자력발전에 대한 우려가 커지면서 탈원전 추세가 시작됐다.

독일, 스위스, 벨기에, 오스트리아는 국민투표로 탈원전을 공식화했다. 독일은 현재 12% 수준을 2022년까지 0%로 줄인다는 목표를 세웠다. 일본도 후쿠시마원전 사태로 2030년까지 '원전가동 0'를 추진했다. 하지만 전

일본 후쿠시마 원전 폭발사고

력수급에 차질이 생기면서 원전비율을 다시 20%대로 확대했다. 한국은 25%를 차지하지만 문재인 정부 들어 탈원전 정책으로 비중이 낮아지고 있다. 프랑스는 여전히 70%를 넘어 가장 높은 비중을 차지하고 있고, 영국도 신규 원전 건설을 추진 중이다. 미국, 러시아는 원전건설을 계속 추진하겠다는 방침이다.

연료는 2~5% 농축우라늄

원자로 연료로 사용되는 우라늄은 우라늄235이다. 천연우라늄은 99% 이상이 우라늄238이고 우라늄235는 극소량 포함돼있다. 극소량인 우라늄235를 추출하기 위해서는 천연우라늄을 농축하는 과정이 필요하다. 원자력발전용 우라늄235 농축비율은 2~5%이다. 핵무기용 우라늄농축 비율은 90%이다.

천연우라늄
0.72% U-235

저농축우라늄(원자로용)
3.4% U-235

고농축우라늄(핵무기용)
90% U-235

원자로 방식

우라늄봉이 모이면 핵연료다발이 되고 핵연료다발이 원자로를 구성한다. 핵분열을 일으키는 중성자속도의 감속 방식에 따라 가압경수로, 가압중수로, 흑연로, 비등수로, 고속증식로 등으로 나뉜다. 감속제로 보통 물인 경수를 사용하면 경수로, 중수[041]이면 중수로원자로, 흑연을 쓰면 흑연로라 불린다. 원자력발전을 위해서는 핵분열 시간을 늦추어야 한다. 우라늄 원자에 중성자를 충돌시켜 핵분열하는데 걸리는 시간은 1백만분의 1초에 불과하다.

플루토늄 추출해내는
고속증식로

원자로 중에는 고속증식로라는 것이 있다. 연료를 사용해 전기를 발생시키는 과정에서 다시 연료를 얻을 수 있는 원자로이다. 원자로에 들어가는 우라늄 연료의 95~97%는 우라늄238

041 물의 분자식은 H₂O로 수소와 산소분자로 구성된다. 물 분자의 수소원자 중 적어도 1개 이상이 일반 수소원자 보다 중성자를 하나 더 가지고 있어서 더 무거운 중수소(Deuterium)인 물을 중수라 한다. 일반적인 물보다 무게가 더 무겁기 때문이다. 일반적인 양성자 하나뿐인 일반 수소 2개로 구성된 보통 물은 경수(輕水)라고 부른다.

로 연료로는 사용되지 않는다. 연료로 사용되는 우라늄235가 분열하면서 튀어나오는 중성자가 우라늄238에 흡수되면 플루토늄239가 생성된다. 이 것을 다시 연료로 이용할 수 있는 플루토늄으로 변환, 증식시키는 원자로 가 고속증식로이다.

일본 몬주 고속증식로

현재의 경수로에서는 천연우라늄 1t 중 불과 5kg만을 이용할 수 있으나 고속증식로는 350kg을 이용할 수 있다. 우라늄자원이 70배 늘어나는 셈이 기 때문에 '꿈의 원자로'로도 불린다. 프랑스, 러시아, 영국 등에서는 원형 로가 완성되었고, 독일과 미국에서는 실험로가 완성되었다. 고속증식로는 실험로, 원형로, 실증로의 3단계를 거쳐 대형 상업로를 개발하게 된다. 플 루토늄은 원자로는 물론 원자폭탄 원료로도 사용할 수 있다. 천연우라늄을 연료로 사용하는 중수로에서 더 많은 플루토늄을 얻을 수 있다. 농축우라 늄보다는 연료를 훨씬 쉽게 획득하는 방법이다. 사용한 뒤 남은 연료 우라 늄235나 플루토늄을 추출해 내는 것을 핵연료 재처리라고 한다.

문제는 사용 후 핵연료

사용한 핵연료에서는 플루토늄, 세슘 같은 방사능 물질이 나온다. 원자로에서 꺼낸 뒤 바로 옆 수조에 보관을 한다. 뜨거워진 연료를 식히는 작업이다. 그러나 식으려면 꽤 긴 시간이 필요하다. 사용 후 핵연료는 10년이 지나도 200℃의 고온을 유지하고 방사능 물질 방출은 계속된다.

방사능 방출 없는 안전한 상태가 되기 위해서는 30만 년이 필요하다. 한국에는 근로자가 사용한 장갑, 헬멧, 작업복 등 중·저준위 폐기물처리장은 있다. 그러나 고준위 폐기물인 '사용 후 핵연료' 폐기장은 없다.

사용 후 핵연료를 처리하기 위한 가장 현실적인 방법은 땅 속 깊이 묻는 것

이다. 균열이 없고 지하수가 흐르지 않는 지하 500m 암반층에 폐기물을 묻고 밀봉하는 방법이다. 핀란드나 스웨덴이 이런 방식의 영구처분장을 만들려고 계획하고 있다.

수조에 보관돼 냉각 중인 사용 후 핵연료

원자로 안전성

체르노빌 원전사고와 일본 후쿠시마 원전사고 이후 원자력발전에 대한 안전문제가 제기되고 있다. 원자로는 보통 여러 겹의 방호벽으로 둘러싸여 있다. 연료로 쓰는 우라늄이나 플루토늄을 봉으로 만들어 고온에서 구운 뒤 피복관에 밀봉한다. 연료봉 수백 개를 묶은 핵연료다발은 25㎝ 두께의 철제 압력용기에 담겨있다. 방사성물

월성원자력발전소 사용후 핵연료 건식 저장소

질을 차단하고 고압, 고온을 견딜 수 있다. 다음 단계에는 두께 4㎝ 철판이 둘러싸고 이 격납용기를 두꺼운 콘크리트로 덮는다. 통상 볼 수 있는 콘크리트 건물이다.

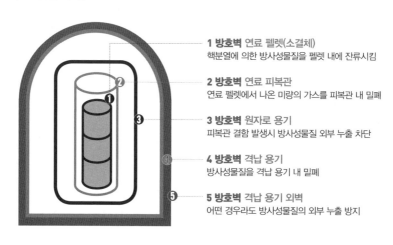

1 방호벽 연료 펠렛(소결체)
핵분열에 의한 방사성물질을 펠렛 내에 잔류시킴

2 방호벽 연료 피복관
연료 펠렛에서 나온 미량의 가스를 피복관 내 밀폐

3 방호벽 원자로 용기
피복관 결함 발생시 방사성물질 외부 누출 차단

4 방호벽 격납 용기
방사성물질을 격납 용기 내 밀폐

5 방호벽 격납 용기 외벽
어떤 경우라도 방사성물질의 외부 누출 방지

핵무기 원료 플루토늄과
고농축우라늄

핵폭탄 원료로 사용가능한 물질은 2가지다. 플루토늄과 90% 수준으로 고농축된 천연우라늄이다. 플루토늄은 원자력발전에서 사용한 연료를 재처리해서 얻는다. 플루토늄 6kg으로 일본 나가사키에 투하된 위력의 핵폭탄 하나를 만들 수 있다. 고농축우라늄보다는 플루토늄을 만드는 것이 기술적으로 더 쉽다. 다만 플루토늄을 사용하는 핵폭탄을 만들려면 고난도 기술이 필요하다. 정교한 폭발장치가 필요하기 때문이다.

고농축우라늄은 농도 0.7% 수준의 천연우라늄을 농축해 얻는다. 재처리 시설과 달리 대규모 시설이 필요하지 않다. 고농축우라늄 15kg은 히로시마에 투하된 위력의 원자폭탄 제조가 가능하다. 고농축우라늄은 제조가 매우 어려운 대신 이를 이용한 원자폭탄 제조는 어렵지 않다. 핵실험 없이도 제작 가능하다.

북한, 2001년부터 플루토늄에서
고농축우라늄으로

통상 처음 핵개발할 때는 원료 획득이 쉬운 플루토늄 방식을 택한다. 북한이 대표적이다. 북한은 영변 5메가와트(MW) 원자로에서 플루토늄을 추출해 핵실험했다. 플루토늄 프로그램은 원자로와 축구장 3개 정도 규모의 대규모 재처리 시설이 필요하다. 지하에 설치할 수도 없기 때문에 비밀리에 원료를 획득할 수 없다. 1994년 제네바합의에서 북한은 핵무기 포기를 약속했지만 실제로는 포기할 의사가 없었다.

방법은 은밀하게 핵개발을 이어 가는 것이었다. 그 결과 소규모 시설로 은밀히 원료 확보 가능한 고농축우라늄 프로그램으로 전환하는 길을 택했다.

CIA는 파키스탄이 북한에 초고속 원심분리기 샘플 및 제조 기술을 전수해 2001년경부터 북한이 우라늄 농축을 시작했다고 판단하고 있다. 1974년 최초로 핵실험한 인도는 플루토늄을 이용하고 있다. 파키스탄은 당초 플루토늄으로 시작한 뒤 지금은 고농축우라늄으로 바뀌었다. 한국도 1970년대 초 박정희 대통령이 플루토늄 핵무기를 시도했지만 미국 압력으로 핵개발을 포기했다.

천연우라늄 농축 방법은 3가지다. 첫째, 가스확산법이다. 이는 미국이 최초로 핵무기 개발했을 때 사용한 초기방법이다. 전력이 많이 들고 경제성이 떨어져 지금은 사용하지 않는다. 둘째, 원심분리법이다. 원심분리기를 이용해 농축하는 방법으로 경제적이고 가장 많이 사용한다. 셋째, 레이저 농축법이다. 일본이 연구한 기법이지만 상업적 활용이 쉽지 않아 포기했다.

일본은 59년부터 원자력발전소 연료용 원심분리기 농축 연구를 시작했다. 1979년부터 원심분리기 7,000개 규모의 파일럿 플랜트를 가동했다. 이후 90년대 들어 롯카쇼무라에 우라늄농축 공장을 짓고 농축우라늄 생산을 시작했다. 핵연료 재처리시설은 2004년부터 시험 가동해 현재는 완공됐고 운전허가만 기다리고 있다. 일본이 마음만 먹으면 핵개발이 가능하다고 하는 이유다. 일본은 2016년 기준으로 원자폭탄 6,000개를 만들 수 있는 플루토늄 47톤을 갖고 있는 것으로 알려졌다.

정치와 민주화
– 분리와 포퓰리즘

영국이 결국 유럽연합, EU로부터 2020년 1월 말 탈퇴를 결정했다. 1973년 영국의 유럽경제공동체(EEC) 가입 후 47년 만이다. 브렉시트는 영국의 유럽연합(EU) 탈퇴를 뜻하는 말로, 영국(Britain)과 탈퇴(Exit)의 합성어다. 영국은 유럽연합 제2위의 경제대국, 1위의 군사대국이다. 2016년 6월 진행된 브렉시트 찬반 국민투표에서 찬성 51.9%로 탈퇴가 결정됐다. 1994년 EU가 출범한 이래 첫 탈퇴 회원국이 된 결정이었다.

EU는 1, 2차 세계대전의 참화를 겪은 유럽에 평화체제를 구축하자는 목표를 갖고 있었다. 미·소 양대 강대국이 지배하는 냉전 체제아래 유럽 독자성을 유지하겠다는 의지도 강했다. 애초에 6개국으로 출발한 통합운동은 영국을 포함 28개국으로 확장되었고 인구 5억을 포함하는 세계 최대 단일 시장구축에 성공했다. 그러나 본질적으로 유럽연합은 회원국의 주권통합이 아니라 주권보유 국가들의 '경제적 통합'이었다. 서로의 이해관계가 얽혀 충돌할 경우 분열될 수 있는 생래적 한계를 갖고 있는 체제이다.

브렉시트 배경

영국이 탈퇴한 가장 큰 원인은 2008년 글로벌 경제위기 이후 급증한 영국의 EU 분담금이다. 국가 경제규모에

따라 내는 EU 예산분담금 규모에서 영국은 독일에 이어 2번째이다. 2015
년 영국이 낸 분담금은 129억 파운드(약 18조2,000억 원)였다. EU 분담금은 농
업 보조금이나 저개발 회원국 등을 위한 지원금으로 많이 활용된다. 주로
경제적으로 어려운 동유럽이나 남유럽 쪽에 상대적으로 많이 배당된다. 이
렇게 많은 분담금을 내고 있지만 EU가 독일, 프랑스 주도로 운영되고 있다
는 불만이 커진 것이다. EU 규제에 대한 거부감도 크게 작용했다.

영국은 전통적으로 자유시장 경제 성향이 강하다. 그러나 EU 가입 후
입법, 사법, 군사 분야에 대한 규제에 더해 금융, 환경, 노동에 대한 규제가
점점 많아졌다. 영국으로 몰려든 가난한 EU 회원국 국민들이 영국인들의
일자리를 빼앗아갔다는 피해의식도 작용했다. 영국 전체인구의 5% 가까운
320만여 명이 외국인이었다.

브렉시트 전개과정

영국 보수당을 중심으로 EU 탈퇴 움
직임이 확산됐다. 보수당 데이비드 캐머런 총리가 2013년 '브렉시트 국민
투표'를 공약으로 걸고 총선에 나서서 승리했다. 브렉시트 투표를 앞두고
EU는 영국 요구조건을 수용하겠다는 카드를 꺼내들었다. 영국 의회 자주
권강화와 EU 규제에 대한 영국의 선택권 보장, 이민자 복지혜택 제한 등이
었다. 캐머런은 입장을 바꿔 'EU 잔류'를 호소했지만 늦었다. 투표 결과는
브렉시트 찬성이었다.

브렉시트 탈퇴 과정에서 테레사 메이 총리가 이끌던 영국과 EU는 2017
년, 2018년 2차례 합의안을 이끌어냈다. 메이 총리 합의안은 영국이 약
390억 파운드(약 59조 원)의 이른바 이혼합의금을 EU에 주고, 영국 내 EU 시

민 320만 명의 체류 권리를 보장하기로 했다. 북아일랜드와 관련해서는 영국 땅인 북아일랜드와 EU 회원국인 아일랜드 사이의 국경에 백스톱(back stop) 장치를 유지하기로 했다. 백스톱 조항은 국경을 맞댄 북아일랜드와 아일랜드 사이의 통행과 통관 자유를 보장한다는 내용이다. 그러나 메이의 합의안은 비준 표결에서 잇따라 부결됐다. 이에 따라 2019년 3월29일로 예정된 브렉시트는 4월 12일로 한 차례 연기됐고 다시 10월 31일까지 연장됐다.

브렉시트 강경파 보리스 존슨 영국 총리

메이 총리는 결과에 책임지고 물러났고, 브렉시트 강경파 보리스 존슨 외무장관이 신임 총리로 취임했다. 진통 끝에 2019년 10월 존슨 총리의 영국과 EU는 새로운 합의안을 도출했다. 기존 합의안에서 가장 큰 반발이 나왔던 백스톱을 폐지했다. 대신 북아일랜드를 실질적으로 EU 관세 및 단일시장 체계에 남겨두기로 했다. 또한 브렉시트를 원활히 이행하기 위해 전환기간을 설정했다. 전환기간에 영국은 현재처럼 EU 단일시장과 관세동맹 잔류에 따른 혜택을 계속 누릴 수 있고 주민 이동도 현재처럼 자유롭게 유지된다. 이혼분담금은 브렉시트 연기기간동안 납부한 60억 파운드를 제한 나머지 330억 파운드를 분담하기로 했다. 영국 하원은 2020년 1월 브렉시트 시행안에 법률적 효력을 부여하는 법안을 통과시켰다. 국민투표에서 52% 찬성으로 브렉시트를 결정한 후 3년 7개월 만인 2020년 1월 31일 정식으로 EU를 떠나게 됐다.

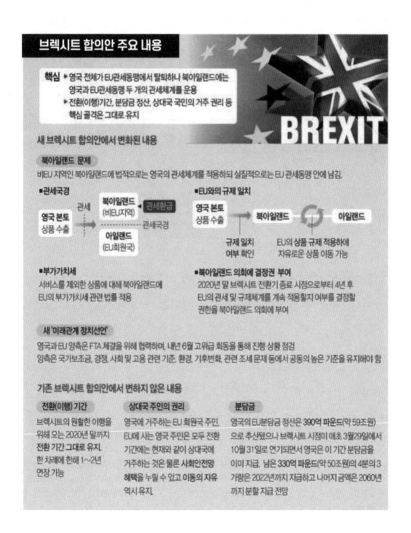

브렉시트 합의안 주요 내용

핵심
▶ 영국 전체가 EU관세동맹에서 탈퇴하나 북아일랜드에는 영국과 EU관세동맹 두 개의 관세체계를 운용
▶ 전환(이행)기간, 분담금 정산, 상대국 국민의 거주 권리 등 핵심 골격은 그대로 유지

BREXIT

새 브렉시트 합의안에서 변화된 내용

북아일랜드 문제
비EU 지역인 북아일랜드에 법적으로는 영국의 관세체계를 적용하되 실질적으로는 EU 관세동맹 안에 남김.

■**관세국경**

관세 → **북아일랜드** (비EU지역) → 관세환급
영국 본토 상품 수출
관세국경
아일랜드 (EU회원국)

■**EU와의 규제 일치**

영국 본토 상품 수출 → **북아일랜드** ⟳ **아일랜드**
규제 일치 여부 확인
EU의 상품 규제 적용하에 자유로운 상품 이동 가능

■**부가가치세**
서비스를 제외한 상품에 대해 북아일랜드에 EU의 부가가치세 관련 법률 적용

■**북아일랜드 의회에 결정권 부여**
2020년 말 브렉시트 전환기 종료 시점으로부터 4년 후 EU의 관세 및 규제체계를 계속 적용할지 여부를 결정할 권한을 북아일랜드 의회에 부여

새 '미래관계 정치선안'
영국과 EU 양측은 FTA 체결을 위해 협력하며, 내년 6월 고위급 회동을 통해 진행 상황 점검
양측은 국가보조금, 경쟁, 사회 및 고용 관련 기준, 환경, 기후변화, 관련 조세 문제 등에서 공동의 높은 기준을 유지해야 함

기존 브렉시트 합의안에서 변하지 않은 내용

전환(이행) 기간
브렉시트의 원활한 이행을 위해 오는 2020년 말까지 전환 기간 그대로 유지 한 차례에 한해 1~2년 연장 가능

상대국 주민의 권리
영국에 거주하는 EU 회원국 주민, EU에 사는 영국 주민은 모두 전환 기간에는 현재와 같이 상대국에 거주하는 것은 물론 사회안전망 혜택을 누릴 수 있고 이동의 자유 역시 유지

분담금
영국의 EU분담금 정산은 390억 파운드(약 59조원)으로 추산됐으나 브렉시트 시점이 애초 3월29일에서 10월31일로 연기되면서 영국은 이 기간 분담금을 이미 지급. 남은 330억 파운드(약 50조원)의 4분의 3 가량은 2022년까지 지급하고 나머지 금액은 2060년까지 분할 지급 전망

핵심 쟁점 – 북아일랜드

　　　　　　　　　　　중요 쟁점 중 하나는 아일랜드섬 북쪽
에 위치한 북아일랜드 문제였다. 아일랜드는 1801년 영국에 합병됐다. 이
후 1949년에 완전한 독립 국가를 이뤘지만 잉글랜드계와 스코틀랜드계가
많이 거주했던 북아일랜드는 영국령으로 존속했다.

북아일랜드 유혈분쟁의 역사

17세기	영국 개신교도 아일랜드 이주, 아일랜드 식민화 시작
1919년	무장단체 IRA 출범
1922년	아일랜드 독립, 북아일랜드 영국령 유지, 신구교 갈등 유발
1972년	영국 치안군 구교도에 무차별 총격(피의 일요일) IRA의 보복테러(피의 금요일)
1998년	굿 프라이데이 협정 체결
1999년	북아일랜드 자치정부 출범
2005년	IRA 무장해제 선언
2007년	북아일랜드 공동(가톨릭·개신교파 연합) 자치정부 출범, RIRA 출범
2009년	3월 영국군·북아일랜드 경찰, IRA 분파에 피격

　　이런 역사적 배경과 EU 가입국이라는 상태에서 영국 북아일랜드와 아일
랜드 주민은 자유롭게 왕래해왔다. 그러나 EU에서 영국이 탈퇴하고 아일
랜드는 잔류할 경우 영국령 북아일랜드와 아일랜드 양측은 단절상태에 빠
지게 된다. 통행과 통관이 엄격하게 통제되는 국경이 세워지게 되는 것이
다. 북아일랜드 거주 아일랜드 출신들은 아일랜드 국민과 종교적, 민족적
으로 한 몸이나 다름없다. 영국이 EU를 탈퇴한다면 이들의 발은 묶이게 되
는 결과를 가져온다. 이는 1998년 영국과 아일랜드가 맺은 '성 금요일 협
정'042의 정신과 배치된다. '성 금요일 협정'은 아일랜드와 북아일랜드 간 자

---

042 벨파스트 협정이라고도 한다. 1998년 4월 10일 영국 북아일랜드의 벨파스트에서 영국과 아일랜드(아일랜드 공화국) 사이
　　에 체결된 평화협정. 협정이 체결된 날이 부활절 이틀 전인 성금요일이었기 때문에 성금요일 협정이라고 불리기도 한다.
　　이 협정으로 아일랜드 공화국은 국민투표를 통해 북아일랜드에 있는 6개 주에 대한 영유권을 포기하였다. 협정은 1999년
　　12월 2일을 기해 발효되었다.

유로운 인적, 물적 왕래를 보장했다. 이는 양측 간의 경제적, 문화적 통일성을 유지해주기 위한 협정이다. 그래서 영국은 브렉시트 실현과 '성 금요일 협정' 준수를 위해 북아일랜드를 실질적으로 EU 관세 및 단일시장 체계에 남겨두기로 했다. 이 합의에 대해 영국 내의 브렉시트 강경파는 여전히 강력히 반대하고 있다.

브렉시트 협상은 왜 난항인가

현재는 아일랜드─북아일랜드 사이에 사람·물자 이동이 자유롭지만, 브렉시트 이후엔 국경통제가 이뤄져야 함.

유럽연합: 아일랜드만 관세동맹에 남게 하자.

영국: 그렇게 되면 영국의 통합이 위협받는다.

브렉시트 이후 전망
… "나는 내길 간다."

브렉시트가 이행되면 영국은 2위 규모의 EU 분담금에서 벗어날 수 있으며 그 예산을 영국 국민 복지정책 등에 투입할 수 있다. 독일, 프랑스 중심의 지나치게 관료화된 EU의 금융, 환경규제 등에서 벗어나 자유경제무역 체제를 가속화할 수 있다는 전망도 있다. 영국은 EU 회원국 가운데 역내교역 비중이 상대적으로 낮고 역외투자도 많이 유치하고 있어 브렉시트의 타격은 크지 않을 것으로 보인다.

파이낸셜 타임스는 영국 경제가 브렉시트 국민투표 이후 3년 반이 지난 지금까지 굳건한 모습을 보였다는 점에 주목했다. 실제로 그동안 영국의 경제성장률은 프랑스, 독일 등과 큰 차이를 보이지 않았다. EU를 탈퇴하더라도 영국이 유럽 국가들과의 연대를 소홀히 하지는 않을 것이라는 전망이다. 마크롱 프랑스대통령은 한 언론에 기고한 글을 통해 EU는 스스로를 방어해야 하며, 영국도 동참하는 유럽 차원의 안보위원회가 필요하다고 강조했다. 미·중 무역분쟁, 홍콩시위 사태와 함께 브렉시트는 새로운 국제질서의 틀을 만들어가고 있다.

2020 美 대선 전망 - 트럼프 재선 성공 우세

미국 대통령선거제도

2020년 11월 미국 46대 대통령선거가 치러진다. 대통령 임기는 4년이고 재선에 성공하면 한 번 더 재직이 가능하다. 미국 대통령선거는 간접선거제도이다. 일반 유권자는 대통령후보에 직접 투표하지 않고 대통령선거인단을 선출할 뿐이다. 대통령선거인단이 대통령후보에 투표해 과반을 얻으면 당선된다. 선거인단 선출은 11월 첫째 주 화요일에 진행된다. 선거인단은 자신이 지지하는 당 후보를 미리 밝힌다. 선거인단수는 모두 538명이다. 50개 각 주별 2명씩 100명, 인구비례로 70만 명 당 1명씩 총 435명, 수도인 워싱턴 DC는 3명이다. 선거인단 숫자는 미국 상·하원의원 수[043]와 동일하다.

승자독식제

'선거인단 승자독식제'라는 독특한 시스템을 운영하고 있다. 각 주가 실시하는 선거인단 선출 결과를 취합해 선

---

[043] 미 의회 구성 : 상원의원은 각 주별로 2명씩 모두 100명이고 하원의원은 인구 70만 명당 1명씩 인구비례로 선출해서 모두 438명이다. 상원의원은 주를 대표한다고 보면, 하원의원은 국민을 대표한다. 미국 의회를 대표하는 사람은 하원의장이다. 상원의장은 부통령이 맡고 하원의장이 국회의장 역할을 한다. 상원은 군대 파병, 관료의 임명에 대한 동의, 외국 조약에 대한 승인 등 범국가적이고 신속을 요하는 권한을 가진다. 하원은 미국 국민을 대표하는 기관이므로, 대부분의 법안은 하원에서 만들어 통과시키고 상원으로 넘기게 된다. 예산 책정은 관습법적으로 하원이 전권을 가진다.

2020 미 대선 어떻게 치르나   ※ ⓞ 선거인단 수 ⓒ 코커스 ▨ 프라이머리 ▨ 슈퍼화요일

워싱턴 12 / 몬태나 3 / 노스다코타 3 / 미네소타 10 / 미시간 / 뉴햄프셔 / 버몬트 / 메인
오리건 7 / 아이다호 4 / 사우스다코타 3 / 위스콘신 10 / 웨스트버지니아 / 뉴욕 29 / 매사추세츠 11
와이오밍 3 / 아이오와 / 16 / 펜실베이니아 20 / 로드아일랜드 4
네바다 / 유타 6 / 네브래스카 5 / 일리노이 20 / 인디애나 11 / 오하이오 18 / 코네티컷 7
캘리포니아 55 / 콜로라도 9 / 캔자스 6 / 미주리 10 / 켄터키 8 / 버지니아 / 뉴저지 14 / 델라웨어 3 / 메릴랜드 10 / 워싱턴DC 3
애리조나 11 / 뉴멕시코 5 / 오클라호마 7 / 아칸소 6 / 테네시 11 / 노스캐롤라이나
텍사스 38 / 미시시피 6 / 앨라배마 9 / 조지아 16 / 사우스캐롤라이나
알래스카 3 / 하와이 4 / 루이지애나 8 / 플로리다 29

2020년 미국대선 주요일정

2월 3일	아이오와 코커스
11일	뉴햄프셔 프라이머리
3월 3일	**슈퍼 화요일**(16개 지역 동시 경선)
6월 초	경선 마무리
7월 13~16일	민주당 전당대회(대선 후보 결정)
8월 24~27일	공화당 전당대회(대선 후보 결정)
9월 29일	공화·민주당 대통령 후보 1차 토론회
10월 7일	부통령 후보 토론회
15일	대선 후보 2차 토론회
22일	대선 후보 3차 토론회
11월 3일	미국 대선
12월 14일	대선 선거인단 투표
2021년 1월 20일	**대통령 취임**

거인을 한 명이라도 더 확보한 후보가 해당 주의 선거인단을 모두 가져가는 제도이다. 이 제도아래에서는 전체 일반 유권자 득표수에 앞서고도 선거인단 숫자가 적어서 지는 경우가 있다.

2016년 대선에서 힐러리 클린턴을 지지하는 선거인단에 투표한 일반 유권자는 트럼프보다 280만 명이 더 많았다. 하지만 선거인단 수에서 힐러리는 227표를 획득해 304표를 받은 트럼프에 패했다. 힐러리가 인구가 많은 주에서 압승해도, 그 표차는 해당 주에서만 유효했기 때문이다.

조지 부시와 앨 고어가 맞붙은 2000년 대선에서도 같은 현상이 벌어졌다. 부시를 지지하는 일반 유권자 득표율은 47.9%로 48.4%의 앨 고어에 뒤졌다. 그러나 선거인단수는 부시 271명, 앨 고어 267명으로 부시가 승리했다.

메인주와 네브래스카주는 승자독식제에서 예외이다. 두 주에서는 득표율대로 후보들이 선거인단을 나눠 갖는다. 이렇게 선출된 선거인단이 투표를 하고 여기서 과반 270명 이상을 얻은 후보가 당선된다. 과반 후보가 없을 때는 1, 2위 2명에 대해 각 주별로 하원의원이 결선 투표한다. 각 주별로 하원의원 표를 가장 많이 얻은 후보가 그 주의 표 1개를 획득해 과반획득 후보가 대통령으로 최종 결정된다. 승자독식제에 대한 불합리성 논란은 여전히 이어지고 있다. 그러나 당초 미합중국이 탄생할 때 각각의 주는 면적, 인구수와 관계없이 각자 동등한 권한을 가진다는 원칙에 따랐다. '승자독식제'는 그 원칙의 연장선상에 있다.

불충실 선거인단(Faithless elector)

선거인은 당초 지지하기로 한 후보를 의무적으로 찍도록 규정한 주도 있고, 그렇지 않은 주도 있다. 대부분은 당초 지지를 밝혔던 후보에게 표를 던진다. 때로는 다른 후보에게 투표하거나 기권하는 선거인이 있을 수 있다. 이런 선거인을 '불충실 선거인'이라 부른다. 2016년 대선에서 7명의 '불충실 선거인'이 나타났다.

후보 경선, 코커스와 프라이머리

본선 이전에 각 당 후보를 결정하는 경선 과정이 진행된다. 각 당 전당대회에서 후보를 지명할 대의원을 뽑는 절차에 코커스와 프라이머리 2가지가 있다. 코커스는 당원 대상의 경선절차이고 프라이머리는 당원 외에 일반 유권자도 포함한다. 코커스나 프라이머리를 가장 많이 치르는 화요일을 '슈퍼 화요일'(Super Tuesday)이라고 부른다. 이때 본선 진출 후보 윤곽이 사실상 드러난다. 선출된 대의원들이 전당대회에 참석해 각 당 후보를 공식 선출한다.

2020년 미 대통령선거

공화당 소속 트럼프 현 대통령이 재선에 도전할 전망이고 후보로 가장 유력하다. 눈에 띄는 공화당 후보가 등장하지 않았다.

28명의 후보가 난립했던 민주당의 경우 2020년 들어 첫 후보 경선인 아이오와 경선에 이어 뉴햄프셔를 거치면서 윤곽이 드러나고 있다. 아이오와 경선(2020.2.3.)에서 무명의 인디애나주 사우스밴드 시장 피트 부티지지(38세)가 1위로 올라서는 이변을 연출했다.

'제2의 오바마'로 불리는 동성애자 부티지지는 26.1%로 1위, 급진 좌파 노장 버니 샌더스가 26.1%를 차지했다. 조 바이든 오바마 행정부 부통령은 엘리자베스 워런 상원의원에게도 뒤져 4위를 차지했다. 2차 경선 뉴햄프셔 경선(2020.2.11.)에서는 샌더스가 근소한 차이로 부티지지를 따돌리고 1위를 차지했다. 부티지지가 젊은층과 비백인 유권자, 부유층 백인, 농촌 지역 유권자들의 지지를 받으면서 백전노장 샌더스에 카운터 펀치를 먹인 셈이다.

그러나 지금 가장 주목받고 있는 인물은 59조 원의 억만장자 마이클 블룸버그 전 뉴욕시장이다. 1, 2차 경선에 참가하지도 않았던 블룸버그는 찻잔 속 태풍이 될 것이라는 예상을 뒤엎고 허리케인급 태풍이 될 것이라는 전망이 나오고 있다.

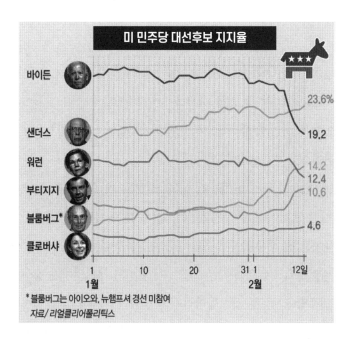

미 민주당 대선후보 지지율

바이든
23.6%
19.2
샌더스
워런
14.2
부티지지
12.4
블룸버그*
10.6
클로버샤
4.6

1   10   20   31 1   12일
1월   2월

* 블룸버그는 아이오와, 뉴햄프셔 경선 미참여
자료/ 리얼클리어폴리틱스

대의원이 219명이나 배정된 플로리다 경선을 앞두고 세인트피트 폴스가 실시한 플로리다 여론조사에서 블룸버그는 지지율 1위를 기록했다.[044] 정치 분석 매체 '리얼클리어폴리틱스'가 집계한 전국 여론조사 평균 지지율(2월 4 ~11일)에서 블룸버그는 샌더스(23.6%), 바이든(19.2%)에 이어 3위(14.2%)를 기록했다. 그 다음은 워런(12.4%), 부티지지(10.6%), 클로버샤(4.6%) 순이다. 중도성향의 블룸버그는 작년 11월 말 선거운동을 시작한 후 광고에만 3억5천만 달러(약 4,140억 원)를 쏟아 부은 것으로 추정하고 있다. 월스트리트 대형 투자은행 성공신화에 이어 뉴욕시장 3연임을 성취한 블룸버그는 트럼프 대통령이 가장 경계하는 인물로 알려졌다. 정치와 경영 이력, 재력에까지 트럼프보다 훨씬

---

044 여론조사기관 세인트피트 폴스(2020.2.13) 플로리다 여론조사, 1위 블룸버그 27.3%(전 달 26.3%), 2위 조 바이든 25.9%(전달 41%), 3위 피트 부티지지 10.5%, 4위 버니 샌더스 10.4%로, 5위 에이미 클로버샤 상원의원 8.6%로, 6위 엘리자베스 워런 상원의원 4.8%.
조사(오차범위 ±1.8%포인트)는 민주당 유권자 3천47명을 상대로 2월 12~13일 실시.

앞서고 있다는 평가를 받고 있기 때문이다. 트럼프 대통령은 블룸버그를 '5
피트4인치의 미니 마이크'라고 지칭하며 '토론도 못하고 존재감 제로인 루
저(패자)'라며 신경질적인 견제에 나섰다. 또 샌더스를 민주당 경선의 선두주
자로 꼽으며 '샌더스에게는 에너지가 있고 사람들은 그의 메시지를 좋아한
다'며 이례적으로 추켜올렸다.

당초 2019년에는 조 바이든 전 미국 부통령, 버니 샌더스 연방 상원의
원, 엘리자베스 워런 연방 상원의원이 3강 구도를 이루고 있었다. 초기 우
세했던 바이든 전 부통령이 우크라이나 스캔들로 손상을 입자 그 사이 급
진 좌파 엘리자베스 워런과 사우스밴드 시장 피트 부티지지가 맹추격했다.
2016년 민주당 경선 후보로 힐러리와 경쟁했던 버니 샌더스 상원의원은
초기 부진을 털고 경선투표 시작 2달 전부터 뒷심을 발휘했다. 버니 샌더
스와 엘리자베스 워런은 극좌적 성향을 보여주고 있다. 버니 샌더스는 대
기업 해체를, 엘리자베스 워런은 대학 무상교육, 학자금 채무 탕감을 제시
했다. 시스템 혁명을 강조하는 급진 좌파 샌더스의 메시지는 서민과 노동
자, 젊은층에 반향을 일으키고 있다. 오바마 전(前)대통령조차 샌더스와 워
런의 지나친 좌경화에 경고를 보내기도 했다. '미국 일반인은 혁명을 원하
지 않는다'고 강조할 정도였다. 그러나 이변은 늘 존재한다. 열세를 면치

	세금	의료보험
바이든	법인세율 인상(21% ···28%) 고소득층 세율 인상(37% ···39.6%)	Medicare Public Option (오바마 케어 수정안)
샌더슨	법인세 원상회복(21% ···35%) 부유세 도입(순자산 $3200만 이상 2%~$100억 이상 8%)	Medicare-for-all (임기 중 점진적 시행)
워렌	법인세 원상회복(21% ···35%) 부유세 도입(순자산 $5000만 이상 2%~$10억 이상 6%)	Medicare-for-all (재임 3년차 도입)
부티지지	법인세 원상회복(21%···35%)	Medicare for All who want it

민주당 후보 법인세, 부유세 공약

못했던 조 바이든은 14개주에서 치러진 경선, 즉 슈퍼화요일에 10개주에서 1위를 차지했다. 샌더스의 독주를 막겠다는 민주당 유권층의 반격이었다. 신예 부티지지와 억만장자 블룸버그는 중도하차했다. 블룸버그는 대신 사재를 털어 트럼프 낙선에 전력을 쏟겠다고 밝혔다.

트럼프와 탄핵

트럼프 대통령 대선 가도에 가장 걸림돌은 '우크라이나 스캔들'로 불거진 민주당의 탄핵소추였다. 트럼프 대통령이 2019년 7월 볼로디미르 젤렌스키 우크라이나 대통령과의 통화에서 조 바이든 전 부통령 아들 헌터 바이든의 비리 조사를 종용했다는 의혹이다.

민주당은 트럼프 대통령이 동결 조치했던 군사원조 4억 달러의 동결조치해제를 대가로 제시했다고 주장한다. 미국 하원은 2019년이 저물어가는 12월 18일 트럼프 대통령의 탄핵소추안을 찬성 228대 반대 193으로 통과시켰다. 하원 다수당 민주당 의원 228명 중 227명이 찬성, 1명은 반대했

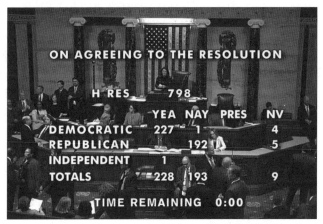

미 하원 트럼프 탄핵소추안 통과 (2019. 12.18)

고, 공화당은 소속 하원의원 192명 전원이 반대표를 던졌다.

트럼프 대통령은 1868년 앤드루 존슨, 1998년 빌 클린턴에 이어 미국 역사상 3번째로 탄핵 심판에 처한 대통령이 됐다. 낸시 펠로시 미 하원의장(민주당)이 트럼프 탄핵을 추진하기 위한 조사에 돌입한다고 밝힌 지 3개월 만이다.

탄핵소추안에서 트럼프의 혐의는 조 바이든 전(前)부통령의 아들 헌터 바이든 대한 수사를 요청했다는 직권남용과 의회의 탄핵조사를 방해했다는 의혹 2가지였다

그러나 민주당 탄핵소추안에는 폭발력 큰 '뇌물죄'와 '사법방해' 혐의가 빠져서 용두사미(龍頭蛇尾)라는 평가를 받았다. '뇌물죄'는 트럼프 대통령이 젤렌스키 우크라이나 대통령과 대가성 부정 거래를 했다는 것이다. '사법방해' 혐의는 이전 '러시아 스캔들'과 관련해 로버트 뮬러 특검의 수사를 방해했다는 혐의였다. 우크라이나 스캔들은 트럼프 대통령이 폭스뉴스와 한 인터뷰에서 비롯됐다. 조 바이든이 부통령 재직 중이던 2016년 미국의 대출 보증 10억 달러를 미끼로 우크라이나 검찰총장 해임 압력을 넣었다고 트럼프 대통령은 주장했다. 우크라이나 검찰은 2016년 당시 헌터 바이든

워싱턴포스트 우크라이나스캔들 보도 (2019. 9)

이 이사로 있던 우크라이나 가스회사 '부리스마 홀딩스'의 비리의혹을 수사하는 중이었다. 당시까지 차기 대통령선거에서 가장 유력한 민주당후보는 조 바이든이었다. 그해 9월 워싱턴 포스트는 미국 정보당국자 내부 고발에 근거해 트럼프가 외국 정상과 부적절한 대화를 했다고 단독 보도했다.(2019. 9) CIA 직원으로 알려진 내부고발자는 트럼프 대통령이 미국 안보를 위태롭게 하고 있다고 판단하고 8월 12일 정보 당국 감사관에게 고발장을 제출했다고 워싱턴포스트는 설명했다.

뉴욕타임스나 CNN 등 미국 주류언론은 외국 정상과의 부적절한 대가 거래라며 '퀴드 프로 퀴'[045]를 쏟아내기 시작했다. 실제로 트럼프 대통령이 우크라이나에 대한 군사원조 동결을 국무부, 국방부에 지시한 직후 젤렌스키 대통령과 통화했고 이후 백악관은 군사원조 동결을 해제했다. 특히 뉴욕타임스의 공격은 집요했고 낸시 펠로시(민주당) 미 하원의장이 탄핵조사 개시를 공식 발표했다. 트럼프 측근들과 전, 현직 관료들까지 하원 청문회에 나가 트럼프에 불리한 증언을 하면서 상황은 꼬여갔다. 믹 멀베이니 백악관 비서실장대행이 기자회견에서 우크라이나 군사원조 대가성을 인정했다. 윌리엄 테일러 우크라이나 주재 미국대사대행도 "우크라이나 외압 행사를 위해 원조를 보류했다"고 미 하원에서 증언했다.

트럼프는 자신에 대한 미 하원의 탄핵조사를 '엉터리 인민재판', '마녀사냥 쓰레기'라고 비난했다. 트럼프 변호인단은 '젤렌스키 대통령은 어떤 압력도 느끼지 않았다'고 주장했다. 트럼프가 젤렌스키 대통령에게 한 말의 요지는 '헌터 바이든과 관련된 우크라이나 회사의 부패를 조사하라는 말'이었다며 반박했다. 우크라이나 대통령과의 통화는 어떤 대가를 약속한 것이

---

045 프랑스어 'quid pro quo' '무엇을 위한 무엇'이라는 뜻으로서, 대상, 보상 또는 보복의 의미로 사용된다.

없어 문제될 것이 없다는 입장이다.

미 하원이 트럼프 대통령의 탄핵소추안을 통과시켰고 공은 미 상원으로 넘어갔다. 한국에서는 탄핵심판을 헌법재판소가 진행하지만 미국은 별도의 재판소가 없다. 그 역할을 상원이 한다. 연방 대법원장과 미 상원의원 100명이 심판단을 구성해 탄핵을 최종 결정한다. 연방대법원장이 한국의 헌법재판소장격이고 상원의원이 헌법재판관이라 할 수 있다. 현재 미국 연방대법원장은 존 로버츠로 2005년 조지 W. 부시 대통령이 지명했다. '검사' 격인 탄핵소추위원단과 트럼프 대통령의 변호인단이 상원의원들 앞에서 공방을 펼치며 심리가 시작된다. 이어 증인 신문절차와 탄핵에 대한 찬반 표결이 이어진다. 1차전이라 할 수 있는 증인채택 표결에서 민주당은 패배했다. 민주당은 우크라이나 스캔들의 핵심 인물들[046]을 증인으로 소환해야 한다는 수정안을 표결에 부쳤지만 53대47로 부결됐다. 완벽하게 정파에 따라 갈린 결과다.

미 상원의원 100명 가운데 트럼프 대통령이 속한 공화당이 53명, 민주당이 45명, 무소속이 2명이다. 의혹 핵심 인물 중 하나인 조 바이든 전 부통령은 상원 탄핵심판 증인으로 나서지 않겠다는 뜻을 이미 밝혔었다. 증인 소환은 트럼프가 자신의 잘못으로부터 대중의 관심을 돌리려는 전술이라고 설명했다. 미국 탄핵은 상원의원 표결을 거쳐 3분의2 찬성, 즉 67명 찬성으로 결정한다. 만약 투표결과 찬반이 50대50으로 나오면 재판장격인 연방대법원장이 캐스팅보트를 행사한다.

2020년 2월 5일, 4개월 넘게 미국을 흔들었던 트럼프 대통령에 대한 상원의 탄핵투표가 실시됐다. 예상대로 탄핵안이 최종 부결되면서 트럼프의 승

---

046 존 볼턴 전 보좌관과 믹 멀베이니 백악관 비서실장 대행, 마이클 더피 백악관 예산관리국 국가안보담당 부국장, 로버트 블레어 멀 베이니 보좌관들이다.

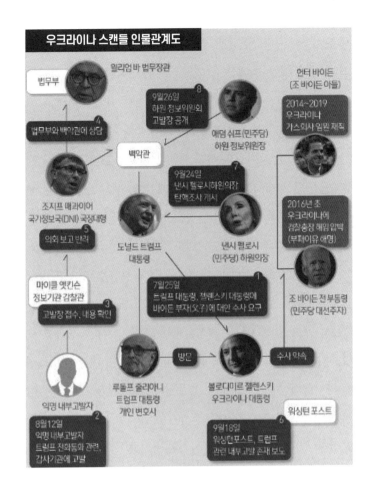

우크라이나 스캔들 인물관계도

법무부 — 윌리엄 바 법무장관

법무부와 백악관에 상담 ④

9월26일 하원 정보위원회 고발장 공개 ⑧

애덤 쉬프(민주당) 하원 정보위원장

헌터 바이든 (조 바이든 아들)
2014~2019 우크라이나 가스회사 임원 재직

백악관

9월24일 낸시 펠로시 하원의장 탄핵조사 개시 ⑦

조지프 매과이어 국가정보국(DNI) 국장대행

의회 보고 반려 ⑤

2016년 초 우크라이나에 검찰총장 해임 압박 (부패이유 해명)

마이클 앳킨슨 정보기관 감찰관

고발장 접수, 내용 확인 ③

도널드 트럼프 대통령

낸시 펠로시 (민주당) 하원의장

7월25일 트럼프 대통령, 젤렌스키 대통령에 바이든 부자(父子)에 대한 수사 요구 ①

조 바이든 전부통령 (민주당 대선주자)

익명 내부고발자

방문

루돌프 줄리아니 트럼프 대통령 개인 변호사

볼로디미르 젤렌스키 우크라이나 대통령

수사 약속

워싱턴 포스트

8월12일 익명 내부고발자 트럼프 전화통화 관련, 감사기관에 고발 ②

9월18일 워싱턴포스트, 트럼프 관련 내부 고발 존재 보도 ⑥

리로 막을 내렸다. 권력남용 혐의는 무죄 52표 유죄 48표로 부결, 의회 방해 혐의는 53대 47로 부결됐다. 권력남용 혐의에 대해 공화당 내에서 밋 롬니 상원의원이 유일하게 탄핵안에 찬성표를 던졌다. 러시아스캔들[047] 특검에 이어 우크라이나 스캔들 탄핵추진 역시 수포로 돌아갔다. 민주당의 탄핵 강행이 오히려 민주당에 대한 역풍으로 이어질 수 있다는 전망도 적지 않다.

047 러시아 스캔들: 러시아 정부가 2016년 미국 대선 당시 자국에 우호적인 트럼프 후보를 당선시키기 위해 대선에 개입했다는 의혹을 말한다. 로버트 뮬러 특검팀이 출범해 2017년 5월부터 약 2년간 미국 대선 당시 트럼프 캠프와 러시아의 공모 의혹을 수사했으나, 2019년 3월 공모 사실을 규명하지 못했다는 결론을 내렸다.

미국 여론조사,
트럼프 열세지만 상승추세

각종 여론조사 양자 가상대결에서는 트럼프 대통령이 바이든 전 부통령을 비롯해 민주당 상위권 주자들에 뒤지는 것으로 나타나고 있다. 그러나 현역 대통령이라는 프리미엄에 낮은 실업률과 인플레율 등의 경제지표 등에 힘입어 재선에 성공할 것이라는 관측이 우세하다. 무디스 애널리틱스는 미국 경제가 현 수준을 유지한다면 트럼프가 이길 것으로 전망했다. 갤럽이 연말마다 실시하는 '미국인들이 가장 존경하는 남녀 여론조사'에서도 트럼프 대통령이 18% 지명을 받아 오바마 대통령과 함께 공동 1위에 올랐다.(2019) 갤럽은 트럼프 대통령의 지지율이 취임 첫해인 2017년 36%에서 2018년 40%, 2019년에는 45%로 상승했다고 밝혔다. 트럼프의 콘크리트 지지층도 여전하다. 트럼프에 대한 러스트벨트와 백인중산층의 지지도는 견고한 반면 민주당 후보에 대한 지지층은 상대적으로 취약하다. 2019년 12월 말 여론조사기관 입소스가 실시한 여론조사에서 민주당 지지자 3분의 1이 누구를 지지할지 모르겠다는 응답을 했다. 민주당 각 후보에 대한 본선 승리가능성이 낮다는 것으로 해석할 수 있다.

미국 대선과 돈

미국은 자금력이 선거 당락과 밀접한 관련이 있다. 다양한 층위의 인종으로 구성되고 광대한 영토를 가진 미국은 TV 등 미디어 광고 의존율이 높다. 또 각 당 후보경선을 뽑는 대의원선거부터 선거인단선거까지 2년 가까운 시간이 걸리기 때문에 자금 소요량이 막대하다.

기업과 이익 단체들이 외곽 조직을 통해 후원을 무제한 쏟아 붓고 있어 대선 판돈은 매번 기록을 경신하고 있다. 자금동원력이 없으면 대선레이스 완주가 사실상 불가능하다. 28명이 출사표를 낸 민주당은 지금까지 20명 가까이 자금문제로 중도 포기했다. 모금액 1, 2위를 달리는 급진 좌파 버니 샌더스와 엘리자베스 워런은 '풀뿌리 후원' 비중이 높다.

트럼프 대통령 캠프와 공화당이 2019년에 모금한 액수는 3억 달러(3,600억 원)으로 민주당 후보를 압도한다. 역대 대통령 재선 모금액으론 최고 액수다. 트럼프보다 재산이 많은 억만장자 블룸버그가 주목받는 이유이기도 하다.

대선 일정

2020년 2월3일 아이오와 코커스(예비경선 시작)

2020년 6월초 주별 예비경선 진행

3월3일 슈퍼화요일(16개주 동시 경선)

7.13~16 민주당 전당대회(최종후보 선출)

8.24~27 공화당 전당대회

11.3 선거인단 선출 투표

12.21 선거인단 대통령 후보 선거

거침없는 좌충우돌 트럼프

트럼프의 거침없는 행보

　　　　　　　　"미국-멕시코 국경선에 장벽을 세우겠다." 미국 대선후보 트럼프가 멕시코인 불법 유입을 막겠다며 목소리 높였던 공약이었다. 멕시코인 불법 체류자를 범죄자, 성폭행범으로 불렀다. 대부분 터무니없고 황당하며 인종차별적인 공약으로 받아들였다. 트럼프는 취임 후 실제 장벽 건설을 강행했다.

트럼프 행정부가 건설 중인 멕시코 장벽

　　총연장 3,100여㎞의 미국-멕시코 국경에 트럼프 정부는 2,100여㎞의 추가 장벽을 건설한다는 목표로 건설 중이다. 비상사태를 선포하고 국방예산 전용을 추진하면서 수단 방법을 가리지 않고 있다. 트럼프 대통령은 콘크리트 장벽 대신 검은색 강철 펜스를 세우고 끝을 날카롭게 만들라는 주문까지 한 것으로 알려졌다.

대선후보 때부터 튀는 발언과 거침없는 행동으로 수많은 논란을 일으켰던 독일계 부동산 재벌 출신 트럼프 대통령. 45대 대통령선거에서 트럼프는 '미국을 다시 위대하게'라는 슬로건을 내세웠다. 패배할 것이라는 일반적인 예상을 완전히 뒤엎고 힐러리 클린턴을 이겼다. 남성, 백인, 기독교인, 40대 이상, 저학력자의 지지를 받았다. 특히 러스트벨트가 자리잡은 미국 북부와 농업 중심의 중서부에서 바람을 일으켰다. 취임이후 미국 이익 우선의 무역협상, 법인세율 인하, 해외주둔 미군비용 해당국 부담, 이란과의 핵합의 파기 공약 등을 거침없이 실행하고 있다. 트럼프는 2004년 NBC 리얼리티 TV쇼 〈어프랜티스(수습사원)〉에 출연해 "넌 해고야!!"라는 말을 유행시켰다.

트럼프는 기존 미국 정치에 대한 반감을 가지고 있다. 워싱턴을 "낡고 부패한, 기득권을 누리는 '늪'(swamp)으로 표현했다. "'늪'을 말려버리겠

NBC 행사에 참석한 트럼프 (2015)

다"고 공언한 트럼프는 기존 정치인 출신 대통령의 문법과는 완전히 차별화된 행보를 보였다. 미국을 비롯해 전 세계적인 조류가 된 PC(Political Correctness)048를 무시했다. 이전 대통령이라면 상상할 수 없던 인종, 성차별성의 말과 행동을 거침없이 이어갔다. 이른바 '트럼피즘'의 등장은 기성 정치권 행태에 염증을 느낀 백인중산층을 열광시켰다. 트럼피즘은 트럼프의 정치성향을 뜻하는 신조어로 기존 정치에 대한 거부감과 미국제일주의, 거침없는 발언을 그 특징으로 들고 있다.

트럼프는 취임직후 자신의 트위터를 통해 끊임없이 국정사안과 자신의 생각을 밝혔다. 기존 주류언론에 대해 거부감이 큰 트럼프의 새로운 국민소통방식이었다. 뉴욕타임스와 CNN, CBS 등 미 주류언론은 트럼프 대통령에 매우 적대적이다. 기존 대통령들은 주류 언론을 통해 자신의 정치적 입장과 결정을 국민에게 알려왔는데 트럼프는 달랐기 때문이다.

트럼프는 백악관 출입기자에 대해 '거짓 취재원으로 가짜 뉴스를 만들어내는 매우 나쁜 소설가'라고 싸잡아 비난했다. 역대 대통령이 관례적으로 참석했던 백악관 출입기자 송년 만찬에 계속 불참했다. 2018년 4월 미국 몬머스대학 여론조사에서 응답자 31%는 '전통적 TV와 신문이 가짜 뉴스를 자주 보도한다', 46%는 '가짜뉴스를 가끔 보도한다'고 응답했다. 트럼프 대통령이 주류 언론과의 전쟁에서 일단 승리했다는 평가를 받고 있다.

---

048 다문화주의(multiculturalism)를 주창하면서 성(性)이나 인종, 종교차별에 근거한 언어 사용이나 활동에 저항해 그걸 바로 잡으려는 운동. '정치적 공정성' '정치적 올바름' 등으로 번역된다. 차별이나 편견에 바탕을 둔 언어적 표현이나 '마이너리티'에게 불쾌감을 주는 표현을 시정케 하는 PC 운동은 1980년대에 미국 각지의 대학을 중심으로 전개됐다. '불구자(disabled)'를 '장애인(handicapped)'으로 부르는 게 그 예인데, 미국에선 더 나아가 '능력을 달리 타고난(differently abled)'으로, '신체적으로 도전받은(physically challenged)'이라는 표현까지 등장했다. 종교적으로 非기독교인에게 '크리스마스'는 적절치 않다며 'Merry Christmas'라는 인사대신 'Happy Holiday'를 광범위하게 쓴다. 트럼프대통령은 'Happy Holiday'대신 'Merry Christmas'를 사용한다.

김정은과 악수하는 트럼프

트럼프, 현직대통령 최초로
북한 정상과 회담

트럼프 대통령과 김정은 위원장은 2차
례 정상회담을 가졌다. 현직 대통령으로서는 처음으로 북한 정상과 만난
것이다. 북한비핵화가 회담 의제였다.

싱가포르 1차 정상회담

1차 회담은 전 세계가 주목한 가운데
2018년 6월 12일 싱가포르에서 열렸다. 단독회담과 확대회담에 이어 두
정상은 업무오찬을 진행했으며 오찬이후 산책하는 모습을 연출했다. 4개
항의 합의문에 서명했다.

1. 새로운 양국관계 수립

2. 항구적이며 공고한 한반도 평화체제를 위해 공동 노력

3. 4.27 판문점선언 재확인과 한반도의 완전한 비핵화를 위해 노력

4. 양측은 전쟁포로 및 행방불명자들의 유골발굴을 진행하고 이미 발굴 확인된

   유골을 즉시 송환

  평가는 엇갈렸다. 긍정 평가는 휴전이후 양측 정상이 최초로 만났다는 점 자체에 큰 의미를 두었다. 향후 전개에 따라 한반도를 비롯한 극동 평화와 안정에 기여할 수 있다는 것이다. 중국은 '새로운 역사'를 썼다며 환영과

지지 입장을 밝혔다[049]. 한반도비핵화와 한미군사훈련 중지는 중국의 '쌍중단'[050] 정책의 승리로 받아들여졌다. 한국의 북한 전문가들은 '김정은 위원장의 완전한 비핵화를 트럼프 대통령이 완전하고 불가역적인 비핵화로 받아들이며 공감을 형성했다'고 평가했다[051].

  부정 평가는 '한반도의 완전한 비핵화

김정은과 산보하는 트럼프 (2018.6.12)

---

049 중국 외교부 성명 "북미회담이 순조롭게 개최되고 적극적인 성과를 거뒀다. 이는 한반도비핵화와 정치적 해결 프로세스 추진에서 중요한 진전이다"며 "북미 양국 정상이 내린 정치적 결단을 높이 평가하고 회담에서 거둔 성과에 대해 환영과 지지를 표한다"고 밝혔다.

050 북한의 핵·미사일 개발 활동과 대규모 한·미 연합훈련을 동시에 중단하는 것을 뜻한다. 한반도비핵화 프로세스와 북·미 평화협정체제 협상을 병행 추진하는 것을 뜻하는 쌍궤병행(雙軌竝行)과 함께 시진핑(習近平) 중국 국가주석이 북한 핵문제 해법으로 제시하고 있는 방안이다.

051 양무진 북한대학원대학교 교수, "합의문에 CVID가 명시됐으면 좋았겠지만 김정은 국무위원장이 언급한 '완전한 비핵화'를 트럼프 대통령이 CVID라고 판단했다는 것이 가장 중요하다". 정성장 세종연구소 연구기획본부장, "공동성명에 들어간 '완전한 비핵화'라는 표현과 CVID에 큰 차이가 없는 것으로 트럼프 대통령이 인식하고 있기 때문에 북한의 비핵화 방안과 관련해 북미 양측이 상당한 공감대를 형성했다". 정세현 전 통일부장관이나 이종석 전 통일부장관도 긍정적 평가를 내놨다.

를 위해 노력한다'는 표현은 새로운 것이 아니라는 것이다.[052] 북한이 김일성 통치 때부터 이미 반복했던 내용이라는 평가이다. 비핵화 본질은 '핵무기를 갖고 있는 북한의 비핵화'이어야 한다는 지적이다. 주한 미군이 한국에 배치했던 전술핵은 한반도비핵화선언[053]에 따라 1991년 반출했고 한국에는 핵무기가 없다는 것이 근거였다. '한반도비핵화'라는 표현은 핵심을 벗어났다는 비판이었다. 비핵화의 구체적인 로드맵이 없다는 점도 지적받았다.[054] 2005년 9.19 공동선언에서는 검증과 북한 NPT 복귀 등 구체적인 가이드라인이 있었다. 특히 미국의 반응은 매우 부정적이었다. CNN 등 주류 언론들은 북한비핵화 문제에서 트럼프가 얻어낸 것은 아무것도 없다고 맹비난했다. 정치권과 다수 전문가들도 트럼프가 강조해왔던 '북한의 CVID'(완전한 검증가능하며 돌이킬 수 없는 비핵화)는 합의 어디에도 찾아볼 수 없다'고 혹평했다.[055]

미 · 북 2차 하노이 정상회담

1차 싱가포르 정상회담 260일 만인

---

052 조셉 윤 전(前)미국 국무부 대북정책특별대표, "아무것도 얻어낸 것이 없어 너무 놀랐다. CVID가 목표였지만 합의는 비핵화에 대한 아무 내용이 없다. 이 정도 내용으로 트럼프 대통령이 어떻게 미국인에게 설명할지 모르겠다."

053 한반도를 비핵화함으로써 핵전쟁 위험을 제거하고 한반도 평화와 평화통일에 유리한 조건과 환경을 조성함을 목적으로 했다. 1991년 12월 31일 한반도 핵문제를 협의하기 위한 세 차례 남북대표 접촉 끝에 양측은 비핵화공동선언을 채택하였고 다음해 정식 발효되었다. 핵무기 시험, 제조, 생산 등의 금지, 핵에너지의 평화적 이용, 핵재처리시설과 우라늄농축시설 보유금지, 상대가 선정하고 합의한 대상에 대해 사찰을 실시하기로 합의했다. 북한은 2009년 공동선언 폐기를 선언했다.

054 낸시 펠로시 : "김정은은 비핵화와 핵비확산에 대해 분명하고 포괄적인 경로에 다가서지 않았다. 비핵화 약속은 모호했고 트럼프 대통령은 김정은 위원장에게 양보했다."

055 미치 맥코넬 공화당 상원 원내대표 : "북한이 합의한 바를 이행하려 하지 않는다는 것이 드러날 경우, 우리와 동맹국들은 대북 '최대 압박' 정책을 다시 꺼낼 준비를 해야 한다."
     법 매낸데즈 상원 외교위 민주당 간사 : "북한 행동을 보기 전 미국이 먼저 연합훈련을 취소해선 안 된다."
     척 슈머 상원의원 : "미북정상회담은 순전히 트럼프 대통령의 리얼리티 쇼였다."

2019년 2월 27일부터 28일까지 베트남 하노이에서 2차 미·북 정상회담이 열렸다. 2차 정상회담이 열리기까지 우여곡절이 많았다. 싱가포르 정상회담 이후 마이크 폼페이오 미국 국무장관이 3번째로 평양을 방문했다. 김정은을 만나지 못하고 후속협상이 난항을 겪었다. 미국 중간선거를 2달 앞둔 시점이었다. 트럼프 대통령은 2차 정상회담 등 북한비핵화 문제에서 가시적인 성과를 희망하는 것으로 보였다.

김영철 북한 통일전선부장이 백악관을 방문해 트럼프에게 김정은 친서를 전달하면서 실마리가 풀렸다. 트럼프 대통령은 다음해 2월 말경 2차 정상회담을 할 것이라고 밝혔다. 김정은 위원장은 전용열차편으로 66시간동안 4,500km를 달려 2월 26일 베트남 하노이에 도착했다. 양국 정상은 2월 27일 단독회담에 이어 다음 날 단독회담과 확대회담을 가졌다.

북한은 영변 비핵화를 조건으로 대북제재 완전해제를 제안했다. 북한이 공식적으로 인정한 핵시설은 영변과 풍계리 2곳이다. 미국은 영변 외 다른 곳의 대규모 핵시설까지 완전히 비핵화할 것을 요구했다. 회담 3달 뒤 트럼프 대통령은 폭스뉴스에서 '김정은 위원장이 북한 내 핵시설 5곳 중 1∼2곳만 폐기하려 했다'고 말했다. 트럼프 대통령은 북한이 핵시설 5곳을 갖고 있다며, 베트남을 떠날 때 김 위원장에게 '당신은 합의할 준비가 되지 않았다'고 말했다고 밝혔다. 미국 언론[056]은 영변 이외에 북한이 운영 중인 핵시설은 우라늄 농축시설로 강선 발전소로 추측하고 있다.

북한 군수(軍需)산업에 정통한 고위탈북자는 자강도 희천에 원심분리기 제작공장이 있다고 밝혔다. 보도에 따르면 북한은 1990년대 후반부터 농

---

056 뉴욕타임스(NYT)는 2018년 7월 워싱턴 소재 과학국제안보연구소(ISIS)를 인용해 북한이 영변 이외에 운영 중인 우라늄 농축시설은 '강성(송)'(Kangsong) 발전소로 알려졌다고 전했고, 워싱턴포스트(WP)는 2010년부터 운영된 이 발전소의 이름을 '강선'(Kangson)이라고 밝혔다.

축우라늄 설비인 원심분리기를 만들기 시작했다[057].

　트럼프 대통령은 회담 결렬직후 "또 다른 북한 핵시설을 알고 있다는 사실에 김정은이 놀란 것 같다"고 말했다. 북한은 제재를 완전 해제하길 바랐으나 그렇게 할 수는 없었다고 덧붙였다. 회담은 합의에 이르지 못했고 업무오찬과 공동서명식이 취소됐다. 리용호 북한 외무상은 '민수경제와 인민생활에 관련된 일부 항목에 대한 해제'만을 요구했다고 설명했다. 유엔 제재조치 11건 중, 북한은 2016년과 2017년에 부과된 5건만 해제해줄 것을 요청했다고 말했다. 김정은은 '미북회담 노딜'의 빈 손으로 다시 멀고 먼 평양 귀국길에 올랐다.

057　희천과 영변은 직선거리로 약 57km에 불과하며 철도와 자동차도로로 연결돼 있다. 조선일보는 북한은 2010년 11월 미국의 핵 전문가 지그프리드 헤커(Hecker) 박사를 영변으로 데려가 원심분리기 1,000여 대를 보여줬는데, 한·미 정보당국은 원심분리기가 영변이 아닌 다른 곳에서 만들어져 옮겨진 것으로 파악해왔다고 보도했다.

미·북 판문점 깜짝 정상회동

　　　　　　　　　　2019년 6월 30일 판문점 남측 지역 평화의집에서 방한 중이던 트럼프 대통령과 김정은 위원장은 깜짝 만남을 가졌다. 공식적으로 예정했던 만남이 아니었기 때문에 언론들은 '회담'이라 기보다는 '회동'이라는 표현을 사용한다. 트럼프는 김정은과 함께 군사분계선을 넘어 현직 대통령으로서는 처음으로 북한 땅을 밟은 대통령이 됐다.

판문점 군사분계선을 넘는 트럼프 대통령

　　트럼프 대통령이 오사카 G20를 마친 뒤 대한민국을 방문하기로 했을 때 부터 트럼프가 비무장지대에서 김정은을 만날 것이라는 예측이 분분했었 다. 김정은이 트럼프에게 군사분계선을 넘어 올 것을 제안했고, 트럼프가 이를 받아들여 잠시 군사분계선을 넘었다. 트럼프와 김정은은 판문점 남측 자유의 집에서 53분간 만났다. 판문점에서의 깜짝 이벤트 성격이 강했으 며 별도 합의서는 없었다.

　　회동이 끝난 뒤 미국과 북한 양측은 비핵화협상을 재개한다고 밝혔다. 폼페이오 미 국무장관은 7월 중순부터 실무협상을 본격적으로 시작할 것이라고 말했다. 그러나 '비핵화에 앞서 유엔안전보장이사회 결의 이행은 계속 굳건해야 한다'고 강조해 제재 유지 방침을 재확인했다. 북한 〈노동신문〉과 〈조선중앙통신〉, 〈조선 중앙텔레비전〉 3대 매체는 미·북 3차 판문점 회동을 "화해와 평화의 새로운 역사의 시작"이라며 대대적으로 보도했다.

베네수엘라, "사람이 먼저다" 결과는 실패국가

차베스 후계자 마두로 재선성공

니콜라스 마두로 베네수엘라 대통령은 2018년 대통령 재선에 성공했다. 선거과정에서는 부정선거 시비가 계속 이어졌다. 야권 인사들을 탄압하고 불공정한 선거운동을 벌였다는 이유였다. 12월로 예정된 선거를 앞당겨 5월에 치르는 무리한 결정도 내렸다. 주요 야당들은 선거 자체를 보이콧했다. 2019년 새해가 되면서 선거무효를 주장하는 야권 시위가 본격적으로 터져 나왔다. 빈곤의 악순환 속에 몇 년째 이어온 시민들의 반(反)정부시위는 한층 격렬해졌다. 격렬한 시위 와중에 약탈 등으로 사상자가 속출했다. 후안 과이도 국회의장이 '임시 대통

마두로 베네수엘라 대통령 2기 취임식 (2019.1)

마두로 대통령 퇴진 요구 시위 (2019)

령'을 선언하면서 군사 봉기를 시도했지만 실패로 돌아갔다.

미국을 비롯한 서방과 대한민국은 과이도 지지를 선언한 상태이다. 베네수엘라 국민 10명 중 9명도 과이도를 지지하는 입장이었지만 막상 행동으로 나서는 국민은 거의 없었다. 베네수엘라 국민의식에 깊이 뿌리박힌 반미의식이 작용한 것으로 분석된다. 석유와 광업, 식품 이권과 깊숙이 연관된 군의 변함없는 지지 속에 마두로 대통령은 자리를 유지했다. 이권과 군의 부정부패 카르텔이 그만큼 단단함을 보여줬다.

과이도 베네수엘라 국회의장과 펜스 미 부통령

2020년 들어 국회의장을 선출하는 과정에서 과이도가 다시 국회의장 재선에 나섰다. 그러나 마두로 대통령과 집권 여당은 과이도의 국회출입을 강제로 막고 루이스 파라를 새 국회의장으로 선출했다. 야당은 야당대로 과이도를 선출했다. 베네수엘라 국회의장이 2명인 사상초유의 상황이 되었다.

포퓰리즘 - 빈곤의 악순환

마두로는 전임자 차베스의 국유화 정책, 통화 및 가격 통제 정책을 이어받았다. 가격 인상은 당국 허가 사항이었고 함부로 가격을 올리면 세무조사, 물품 압수 등의 철퇴가 가해졌다. 재정이 최악인데도 무차별적인 무상복지 정책을 오히려 더 확대했다. 그 결과 연 100만%가 넘는 초인플레이션으로 지폐는 휴지조각이 되었다. 국제통화기금(IMF)은 베네수엘라 2019년 물가상승률을 1,000만%에 이를 것으로 추정했다.

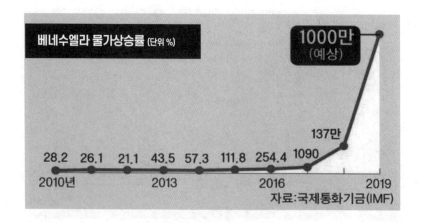

오죽하면 암호화폐가 안정적인 대체 화폐로 각광받기 시작해 베네수엘라의 버거킹 가게에서는 비트코인으로 거래가 이뤄지기 시작했다. 베네수엘라는 2018년 세계 최초의 정부 주도 암호화폐 페트로를 발행했는데 가치를 베네수엘라산 원유 1배럴 가격에 고정시켰다. 총탄 살 돈이 없는데다 현금을 들고 다니는 사람이 없어 중범죄가 줄어들었다는 보도도 나왔다.

비즈니스 인사이더(BI) (2019. 5.28)

탄창 하나를 쏘면 일반인 월급의 2배에 해당하는 15달러를 허공에 버리는 셈이기 때문이다. IMF는 2019년 베네수엘라 경제성장률을 −35%로 예측했다.

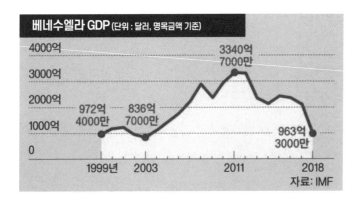

최저임금은 2018년 6차례, 2019년에는 3차례나 인상해 현재 15만 볼리바르로 달러로 환산하면 7~8달러 수준이다. 초인플레이션 상황에서 아무리 최저 임금이 올랐다 해도 한 달 급여로 생닭 2마리 사기도 빠듯하다. 베네수엘라 일간 '엘 나시오날'이 볼리바르 구매력을 분석해 본 결과였다. 한 달 급여로 살 수 있는 쌀은 7kg에 불과하고 달걀은 2상자밖에 살 수 없다. 식품이 부족하다보니 국민 평균 몸무게는 11kg 이상 감소했다. '베네수엘라 다이어트'라는 오명이 생겨난 배경이다. 전체 아동 절반은 영양실조를 앓고 있다. 정전과 약탈, 폭동, 빈곤으로 국민들은 최악의 상태로 빠져들었다. 전기, 수도 등 각종 물자에 대한 배급제를 정권유지에 악용했다. 친(親)정부 성향 지지자들로 구성한 민병대와 위원회가 물자를 배급했다. 정권 지지층만 혜택을 입는 비정상적 복지였다. 견디다 못한 국민들은 콜롬비아 등 인근 국가로 탈출했다. 2019년 이민자의 수는 500만 명에 가까운 것으로 알려졌다. 외국에서 매춘을 하면서 생계를 이어가고 있는 여인도 부지기수다. 마두로 대통령이 "해외 화장실 청소부 일을 그만두고 조국으로 돌아오라"고 목소리 높였지만 공허한 외침이었다.

1950년 베네수엘라 4위 부국
… 포퓰리즘의 비극

1950년 만해도 원유매장량 세계 최대인 베네수엘라는 세계 4위의 부국이었다. 원유가 국가수입의 95%를 차지하는 1세대 산유국이다.

베네수엘라 경제 몰락의 씨앗은 민중주의 정책이었다. 민중행동당은 59년 집권한 뒤 민중주의 정책 드라이브를 펼쳤다. 이후 카를로스 안드레스

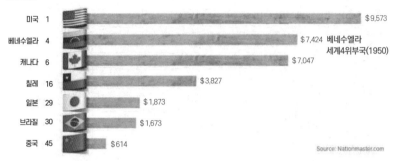

1950

국가	순위		GDP
미국	1		$9,573
베네수엘라	4		$7,424 베네수엘라 세계4위부국(1950)
캐나다	6		$7,047
칠레	16		$3,827
일본	29		$1,873
브라질	30		$1,673
중국	45		$614

Source: Nationmaster.com

1950년 세계 1인당 GDP, 월드뱅크(베네수엘라 세계 4위 부국(1950))

페레스 정권도 같은 기조를 이어갔다. 1, 2차 오일쇼크(1973, 1978)로 국제 유가가 폭등하면서 베네수엘라 경제는 호황을 구가했다. 그러나 오일달러에 근거한 무상복지와 포퓰리즘에 재정은 곤두박질치기 시작했다. 1983년 2월, 베네수엘라는 국가 부도를 선언하고 1988년, 1995년에도 디폴트상태에 빠졌다. 1998년 우고 차베스가 정권을 잡았다. 민중주의적 포퓰리즘의 정점이었다. "사람이 먼저다"라는 기치아래 국민이 직접 정책결정에 참여했다.

대외적으로는 자주적 반미정책을 추진했다. 석유 수출자금으로 쿠바, 니카라과 등 중남미 좌파 국가들을 적극 지원했다. 미국을 비롯한 모든 외국소유 석유기업을 강제로 빼앗아 국유화했다. 정부는 석유회사 수익을 빼내갈 뿐, 시설에 대한 재투자는 없었다. 석유산업 외의 제조업 등 다른 산업에는 관심이 없었다. 연금혜택을 확대하고 무상의료, 무상교육, 토지 무상분배가 이뤄졌다. 2000~2013년 간 GDP 중 사회복지 비중은 40%까지 증가했다. 복지차원에서 가솔린 1리터를 1센트, 우리 돈 10원으로 판매했

텅빈 대형마트 진열대, 베네수엘라 수도 카라카스

다. 부패 공무원들은 1센트짜리 석유를 콜롬비아 등에 밀수출해 착복했다. 마구 찍어낸 돈은 넘쳐나고 물가는 연 100~200%씩 폭등했다. 과도한 세금을 견디다 못한 상류층은 스페인 등 해외로 이주했다. 달러도 함께 빠져나갔다. 제조업기반이 취약하다보니 식량과 생필품 등의 물자는 부족해졌다. 차베스 정권은 물가를 잡기위해 가격통제를 실시했다.

시장경제를 거스른 가격통제는 그나마 존재하던 제조업을 위축시켰다. 물자부족, 가격 폭등, 현금 살포, 화폐가치 하락의 악순환을 거듭했다. 결정타는 미국의 '셰일혁명'이었다. 2014년 중반만 해도 배럴당 100달러대에 거래되던 국제 유가는 2015년에는 배럴당 20~30달러대로 폭락했다. 베네수엘라의 원유의존 경제는 끝없이 추락했다. 미국 경제제재 조치로 대부분의 해외 금융시장과 거래는 단절됐다. 차베스의 '21세기 사회주의' 이상을 망가뜨린 것은 아이러니하게도 '사회주의'였다. 베네수엘라의 2019년

빈곤율[058]은 90%를 기록했다. '사람이 먼저다'라고 외쳤지만 결과는 우민화(愚民化)였고 국가실패였다.

---

058 전체 인구 중 가계 소득이 빈곤선(poverty line)에 미치지 못하는 인구의 비율. 빈곤선이란 중위소득(median income)의 50%에 해당하는 수치

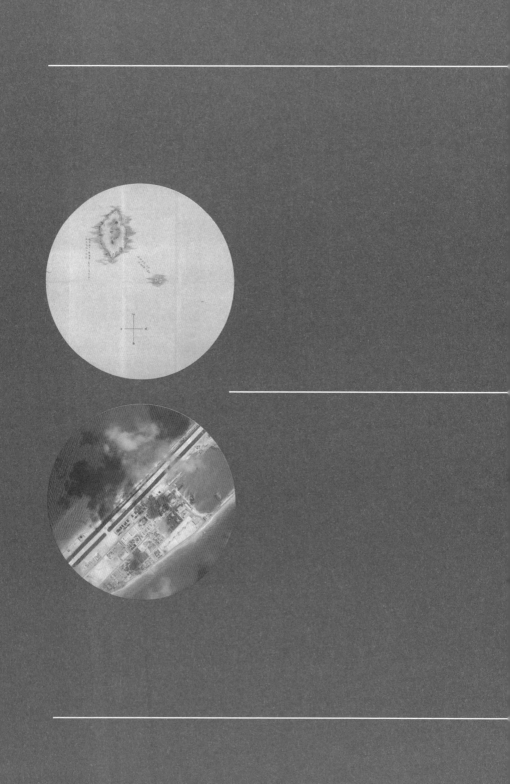

민족 갈등

한·일갈등

한 · 일갈등은 양국의 뿌리 깊은 역사적 문제다. 임진왜란과 일제 36년의 식민지배가 감정적 갈등의 주요 배경이다. 침략 받고 식민지배 당한 한국입장에서 피해의식과 반감은 클 수밖에 없다. 한 · 일 양국은 일본이 태평양전쟁에서 패하고 한국이 해방된 뒤 20년만인 1965년 국교를 맺었다. 이승만 대통령시절부터 시작된 국교정상화 추진은 순탄치 않았다. 한 · 일 국교정상화 협상전후 한국에서는 6 · 3시위[059] 등 국교정상화 반대 시위가 이어졌다.

한 · 일 청구권협정(1965)

한·일 기본조약과 함께 한·일 양국은 청구권협정도 조인했다. 공식 명칭은 "재산 및 청구권에 관한 문제해결 및 경제협력에 관한 협정"이다. 이는 한·일 양국 상호간의 재산과 채권, 채무 청구권을 조정, 타결한 협정이다. 한·일 청구권협정에 따라 일본은 과거 한국에 투자한 자본과 한국 내 일본인의 개별 재산 모두를 포기했다. 1945

---

059 한·일협상반대운동(韓日協商反對運動). 1964년 6월 박정희 정권의 한·일협상에 반대하여 일으킨 운동이었다. 1964년 6월 3일 박정희 정부가 계엄령을 선포하여 당시 절정에 이른 한·일국교정상화회담 반대 시위를 무력으로 진압하였다. 박정희 대통령은 방송담화를 통해 6.3 시위를 "야당 정치인들의 선동이며 학생들은 학교로 돌아가 공부에 매진해 달라"고 하였다.

년 말 미군정이 몰수한 한국 내 일본인 재산은 당시 가치로 52억 달러였고 22억 달러가 남한에 있었다. 일본은 한국 측에 무상 3억 달러와 차관 2억 달러를 경제원조로 지급하기로 했다. 대신 한국은 일본과 일본 국민에 대해 어떤 청구권도 주장할 수 없다는데 합의했다.(청구권협정문 2조3항) 이로써 상대 국가에 대한 한·일 양국의 청구권은 소멸한 것으로 받아들여졌다.

일본이 한국에 지급한 자금은 엄밀한 의미에서 일본의 식민지배에 대한 배상은 아니었다. 그 근거는 1951년 일본과 연합국이 체결한 샌프란시스코 강화조약이었다. 조약상 1945년 이후에서야 한국은 일본과 분리된 지역으로 분류되었다. 그 이전에는 일본과 전쟁을 벌인 국가가 아닌 '일본에 포함된 영토'였다는 뜻이다. 전승국이 아닌 한국은 일본으로부터 배상받을 자격이 없다는 게 국제법적 해석이었다. 국제사회에서 식민지배를 이유로 식민국에 배상이 이뤄진 경우는 없었다.

청구권 문제 재점화

청구권 문제가 다시 불거진 것은 노무현 정부시절이었다. 2005년 8월 노무현 정부는 '한·일 회담 문서공개 후속 대책 관련 민관 공동위원회'를 구성했다. 공동위는 일본군 위안부와 사할린 동포, 원폭피해자 문제는 반인도적 불법행위로 개인 청구권은 소멸한 것으로 보기 어렵다고 판단했다. 징용문제에 대해서는 별도 언급이 없었다. 그러면서 '일본이 지급한 3억 달러에 강제동원 피해보상 문제해결 성격의 자금이 포괄적으로 감안돼 있다고 봐야할 것'이라고 밝혔다. 징용노무자와 관련해서는 일본에 추가 보상을 요구하기 어렵다는 현실적 결론이었다.

2015년 12월
한 · 일 일본군 위안부 협상 타결

박근혜 정부 역시 출범 때부터 반일(反日) 입장을 강력히 유지했다. 그러나 한 · 미 · 일 3각 동맹을 위한 미국 요청과 현실적 안보 필요에 따라 일본과의 관계개선에 나섰다. 북한의 잇따른 핵과 미사일 실험, 중국의 영토분쟁 등 공산권의 잠재적 위협이 동북아 정세 불안을 가져왔기 때문이다.

박근혜 정부는 2015년 12월 일본군 위안부 문제를 일본과 협상하고 불가역적 종결에 합의했다. 합의에 따라 향후 일본군 위안부 문제는 더 이상 문제 삼지 않기로 했다. 아베 신조 총리는 위안부 피해자들에게 사죄와 반성을 표현했다. 한국과 일본정부는 '위안부 문제가 최종적 및 불가역적으로 해결될 것임을 확인함'이라는 입장문을 발표했다.

한국 대법원,
징용노무자 손들어줘

박근혜 대통령 탄핵의 결과 앞당겨 치러진 2017년 한국 대통령선거에서 문재인 후보가 당선됐다. 문재인 대통령은 그해 12월 '2015년 12.28 한 · 일 위안부 합의'를 사실상 인정할 수 없다고 말했다. 사실상의 무효화 선언이었다. 그로부터 1년이 지나지 않아 2018년 10월 나온 한국 대법원 판결은 한 · 일 관계를 요동치게 했다. 한국 징용노무자들이 일본 신일철주금을 상대로 제기한 소송에서 승소한 것이다. 한국 대법원은 신일철주금이 한국인 징용노무자들에게 각각 1억 원씩의 배상금을 위자료 명목으로 지급할 것을 명령했다. 2005년 노무현 정부 당시 민관공동위원회 결론과도 배치되는 판결이었다. 일본정부와 자민당은 즉각 반발했다. 일본은 특히 '조약에 관한 비엔나협약' 27조를 근거로 한국 대법원 판결에 즉각 반발했다. 27조는 '어느 당사국도 조약의 불이행을 정당화하는 방법으로 그 국내법 규정을 원용해서는 안 된다'고 규정하고 있다. 즉, 한국 국내법에 따른 대법원 판결이 1965년의 '한·일 청구권 협정'에 우선할 수 없다는 주장이었다.

한·일 경제보복 조치로 비화

2019년 7월 4일부터 일본은 반도체, 디스플레이 등 주요 품목 3개에 대해 한국 수출규제 조치를 가했다. 8월에는 한국을 일본의 백색국가[060] 명단에서 제외했다. 첨단 기술과 전자 부품 등을 한국에 수출할 때 부여해 온 우대조치를 취소한다는 내용이다. 한국이 전략물자를 북한으로 밀반출했다는 대북제재 위반 의혹도 조치를 취한 배경 중 하나였다. 일본은 경제보복 조치가 아닌 안보차원의 조치라고 설명했다.

한국정부는 조치철회를 요구하면서 WTO에 제소하겠다고 목소리를 높였다. 반일 여론이 들끓고 반일시위가 이어졌다. 문재인 대통령의 최측근 조국 전(前)민정수석까지 나서서 일본제품 불매와 일본 관광거부 운동을 유도했다.

---

060 자국의 안전 보장에 위협이 될 수 있는 첨단 기술과 전자 부품 등 전략물자를 타 국가에 수출할 때, 허가신청이나 절차 등에서 우대를 해주는 국가를 가리킨다. '안전 보장 우호국', '화이트리스트', '화이트 국가'라고도 한다. 특정 정부가 안보상 문제가 없다고 판단한 '안보 우방 국가'에 취하는 조치이다. 일본 정부가 2019년 8월 2일 우리나라를 수출절차 간소화 혜택을 인정하는 백색국가에서 제외하는 수출무역관리령 개정안을 의결하자, 우리 정부 역시 8월 12일 일본을 우리의 백색국가에서 제외하기로 대응 방침을 밝혔다.

SBS 드라마 <녹두꽃> 마지막 회를 보는데, 한참 잊고
있던 이 노래가 배경음악으로 나왔다.

youtube.com

죽창가

죽창가 글 김남주 곡 김경주 노래
이혜규 편곡 김호철 이 두메는 날라와
더불어 꽃이 되자하네 꽃이 피어...

'죽창가'를 언급한 조국 전(前)장관 페이스북 캡쳐

　양국의 강대강 대치였다. 한국도 보복으로 일본을 백색국가에서 제외했다. 문재인 정부의 강경 입장은 수그러들지 않았다. 특히 한국이 지소미아 연장 거부를 천명하면서 한·일 갈등에 한·미 갈등까지 깊어져 갔다. 그러나 한국이 극적으로 지소미아 재개를 결정하면서 마주 보며 폭주하던 기관차 같던 양국 관계는 일단 소강국면에 들어섰다.

　일본은 반도체 소재 포토레지스트에 대한 수출규제를 일부 완화하는 조치를 취했다. 한·일 국장급 대화가 3년 반 만에 재개됐고 한·일 정상회담이 이어졌다. 한국정부의 위안부 합의 번복과 징용노무자에 대한 한국 대법원의 배상금 판결로 증폭된 한·일 갈등은 잠복해있는 상태이다. 한국으로서는 잃은 게 많았고 일본은 잃은 것도 얻은 것도 없는 결과였다.

한·일 지소미아 파기와
한·일 군사갈등

　　　　　　　　　2016년 11월 박근혜 정부시절 한국은 일본과 지소미아(GSOMIA)를 체결했다. 일본과 군사관련 정보를 상호공유하고 적국으로 그 정보가 흘러들어가지 않도록 하는 협정이다. 한국은 미국, 캐나다 등 30여개국 및 북대서양조약기구(NATO) 등과 지소미아를 맺고 있다. 일본과의 지소미아 체결 당시 야당 민주당과 좌파 시민단체들의 격렬한 반대가 들끓었다. 일본과 맺은 지소미아는 기한 만료 90일 전 별도의 중단결정과 통보가 없으면 매년 자동 연장된다. 일본에 앞서 다른 국가와 맺은 협정은 유효기간을 따로 정하지 않거나 5년으로 정했다.

한·일 통상갈등이 깊어지던 2018년, 문재인 정부는 지소미아 폐기를 전격 발표했다. '한국 국익에 부합하지 않기 때문'이라고 이유를 밝혔다. 문재인 정부는, 일본이 한국을 백색국가에서 배제한 것을 주된 이유로 내세웠다. 한국과 일본은 체결이후 2019년 7월까지 북한 미사일 관련 정보를 포함하여 50건에 가까운 정보를 주고받았다. 군사동맹관계가 아닌 한국과 일본은 지소미아가 유일한 군사관련 협력협정이다. 한국과 일본이 사실상의 동맹관계를 유지할 수 있는 고리가 지소미아이다. 중국·북한·러시아와 한·미·일이 군사적으로 대치하고 있는 동북아 안보정세에 한·미·일 안보공조의 핵심이기도 하다. 특히 미국이 야심차게 추진하고 있는 인도─태평양 전략에서 큰 의미를 갖고 있다. 동북아를 집중적으로 들여다보고 있는 일본 군사위성 8개와 최고 수준의 미국 위성사진 분석기술, 대인정보와 언어를 통한 한국의 대북 휴민트는 최적의 조합이다. 중국 군사력 증강과 중국·러시아 군사협력 강화, 북한의 핵과 ICBM, SLBM[061] 위협 속에 한·일 지소미아의 중요성은 더욱 커지고 있다. 안보전문가들은 한국의 지소미아 연장파기 결정은 한·미·일 3각 안보공조축에 심각한 균열을

---

061 SLBM(submarine-launched ballistic missile, 잠수함발사탄도미사일)은 잠수함에 탑재되어 어떤 수역에서나 자유롭게 잠항하면서 발사하는 미사일이다. 잠수함의 특성상 매우 은밀하고 공격목표에 근접해 발사할 수 있기 때문에 가장 위협적인 미사일이다.

초래한다고 판단한다.

미국은 강력한 우려와 실망을 즉각 나타내며[062] 한국의 결정 번복을 요구했다. 미 국방부는 '한국정부'가 아닌 '문재인 정부'라는 이례적 표현까지 써가며 연일 한국을 압박했다. 지소미아가 종료되는 2019년 11월 22일 이전에 입장을 바꿔 지소미아를 연장할 것을 미국은 강력히 촉구했다. 한국 외교부는 이례적으로 해리 해리스 주한 미 대사를 불러 한국에 대한 공개 비판 자제를 요청했다. 미국 조야 일각에서는 과거 정부에 비해 중재자 역할에 소극적인 트럼프 행정부의 미온적인 태도를 지적하기도 했다.

한국정부의 지소미아 파기결정은 2018년부터 촉발된 한·일 군사갈등도 배경으로 작용하고 있다. 독도 북동쪽 해역에서 북한어선 구조 활동을 벌이던 한국 해군이 일본 자위대 초계기에 화기 관제 레이더를 겨냥했다는 논란이다.[063] 일본은 강력한 항의와 함께 재발방지를 요구했고 한국은 그런 사실이 없다고 반박했다.

2019년판 일본 '방위백서'로 갈등은 더 커졌다. 일본 방위백서는 독도가 '일본 고유 영토'라고 거듭 주장했다. 일본의 입장을 잘 보여준 사례는 러시아와 중국 군용기 5대가 독도 상공을 공동 정찰하던 2019년 7월에 발생했다. 군용기를 확인한 일본 자위대 전투기가 긴급 발진한 것이다. 중국, 러시아의 '독도 상공 정찰'을 '일본 주권을 침해한 도발'이라고 판단한 출동이었다. 독도에 대한 일본주권을 주장한 것이고, 독도 상공에서 한국과 충돌

---

062 마이크 폼페이오 미 국무장관, "오늘 아침 한국 외교장관과 통화했다"면서 "실망했다"고 말했다.(2019.8.22.) 미 국방부도 데이브 이스트번 대변인 명의의 논평을 통해 "문재인 정부가 일본과의 지소미아 갱신을 하지 않았다"며 "강한 우려와 실망감을 표명한다"고 했다.

063 2018년 12월 20일 한국 해군 광개토대왕함이 당시 표류 중이던 북한어선 수색 구조요청을 받고 울릉도 동북쪽 200km해상으로 출동했다. 일본은 당시 자위대 초계기 P-1이 현장에서 감시활동을 수행 중이었는데 화기발사목적으로 겨냥하는 레이더를 한국해군이 조사했다며 항의했다. 한국 국방부는 "작전 중 선박 추적을 위해 레이더를 운용했지만 일본 해상초계기를 겨냥한 사실은 없다"며 오히려 일본이 위협적인 저공비행에 사과해야한다고 반박했다.

할 경우 일본이 무력행사할 수 있음을 보여준 것이다.

　미국은 한·일 지소미아의 종료시한인 11월 22일을 앞두고 한국정부에 전방위적 압박을 가했다. 트럼프 대통령이 직접 나서서 방위비분담금 5배 인상을 강력히 추진했다. 미 상원은 만장일치로 '지소미아 연장 촉구'를 결의했다. 주한미군 핵심병력의 철수카드는 물론 통상관련 압력설도 파다했다. 결국 지소미아 종료 시한 몇 시간을 앞두고 한국은 조건부 지소미아 중단 정지를 발표했다. 사실상의 지소미아 갱신이었다. 문재인 대통령과 아베 총리가 2019년 연말 가진 정상회담에서 대화로 문제를 해결해야 한다는 데는 공감했다. 그러나 지소미아 문제에 대해서는 여전히 앙금이 남아 평행선을 그리고 있다. 문재인 정부는 지소미아 폐기결정과 번복과정에서 일본으로부터는 경제보복을, 동맹국 미국으로부터는 불신을 받았다. 국민의 반일 감정은 증폭할 수 있었으나 외교적 실익은 없었다는 평가를 받고 있다.

독도 - 한·일의 영원한 불씨

섬2개와 암초로 이뤄진 독도[064]는 현재 한국이 실효적으로 지배하고 있다. 독도는 울릉도로부터 92km, 일본 시마네현 오키섬으로부터는 157km 떨어져 있다. 주소는 경상북도 울릉군 울릉읍 독도리 1~96(분번 포함 101필지)이다. 동도와 서도 외에 부속도서 89개를 포함한다. 독도 경비대와 주민 2명, 그리고 독도관리사무소 직원이 상주하고 있다.

일본은 1905년 독도를 일본 땅으로 편입하면서 '다케시마'라고 이름 붙였다. 조선 외교권을 빼앗은 일본이 러·일전쟁[065] 중 독도의 전략적 가치를 알아 본 것이다. 일본은 독도가 당시 조선 땅이 아닌 주인 없는 섬이었다고 주장한다. 한국은 고대부터 독도를 울릉도의 부속도서로 여겼다고 반박했다. 한국은 〈세종실록지리지〉 등의 문헌을 독도 영유권의 근거로 내세우고 있다. 메이지 정부가 1877년 내린 태정관지령[066]도 '죽도(竹島·울릉도) 외

---

064 독도 총면적은 187,554㎡(동도 73,297㎡, 서도 88,740㎡)이다. 독도의 좌표는 동도 삼각점 기준으로 북위 37도 14분 22초, 동경 131도 52분 08초이며, 울릉도의 동남향 87.4km에 위치한다. 1999년 신한·일어업협정이 체결되고 일본의 독도 도발이 격화되었을 때 2000년 경상북도는 독도의 행정명칭을 울릉군 '남면 도동'에서 '독도리'로 변경했다.

065 1904~1905년 만주와 한국의 지배권을 두고 러시아와 일본이 벌인 전쟁으로 1904년 2월 8일에 일본함대가 뤼순군항(旅順軍港)을 기습 공격함으로써 발발했다. 러시아는 패배의 결과로 혁명운동이 진행되었고, 전쟁에서 승리한 일본은 한국에 대한 지배권을 확립하고 만주로 진출할 수 있게 되었다.

066 메이지정부 당시 일본 내무성은 울릉도와 독도를 시마네현의 지적에 올려야 되는지의 여부를 질의했고, 이에 태정관은 '질의의 울릉도와 독도는 본방과 관계가 없음을 명심할 것(同之趣竹島外一島之義本邦關係無之義卜可相心得事)'이라는 공문을 내무성에 하달했다. 하달한 태정관지령에는 첨부지도 '기죽도약도(磯竹島略圖)'를 첨부했다. 태정관은 내무성을 통해 이 지령문을 시마네현에 하달한 후 그 해 3월 29일 "죽도 외 일도(竹島外一島)를 판도(版圖, 영토) 외로 정한다"는 제목으로 관보인 〈태정류전〉(太政類典)에 게재했다.

일도(한 섬)'를 일본 영토가 아니라고 적고 있다고 주장한다.

일본은 한국 측 문헌은 '독도'에 대한 것이 아니라고 반박하고 있다. 〈태정관지령〉이 적고 있는 '죽도 외 한 섬'이 독도라는 분명한 증거도 없다고 반박하고 있다. 한국은 대한제국이 1899년 출간한 초등 지리 교과서 대한지지[067] 역시 울릉도 영역에 독도를 포함시키고 있다고 주장한다. 일본은 이를 부인하고 있다.

미국 국립지리정보국(NGA)과 유럽 등에서는 독도를 리앙쿠르 록스 (Liancourt Rocks)로 표기하고 있다. 1849년 프랑스 선박 리앙쿠르호가 독도를 발견한데서 연유한 것으로 알려졌다.

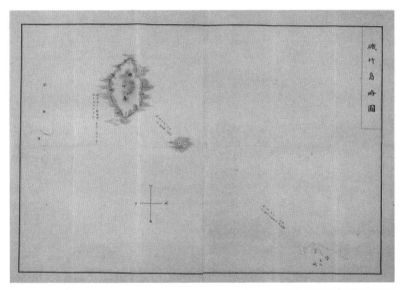

〈기죽도약도〉 태정관지령 첨부지도

---

067 대한지지는 개화기의 초등 지리교과서이다. 국한문혼용체이며, 1899년 초판이 발행되었다. 저자와 연대는 미상이다. 발문에 의하면 "본서는 일본인이 저술한 한국 지리관계 도서를 주로 하고 《동국여지승람》에 나타난 연혁을 참고로 역술하였다"라고 기록되어있으며, "학생들의 편의를 위하여 쉽게 서술하였다"고 되어 있다. '대한전도'가 첨부돼 있는데 경위도 표시가 된 우리나라 최초의 현대적 전도로 추정된다.

프란시스코 강화조약,
분쟁의 단초

샌프란시스코 강화조약[068]은 한국, 일본 어디에도 독도를 명시하지 않아 분쟁의 원인을 제공했다. 5차 초안까지는 독도가 한국영토라고 적고 있었다. 이승만 대통령은 미국에 조약 수정을 수차례 요청했지만 거절당했다. 이 대통령은 1952년 대통령선언[069](평화선 선언)을 선포해 독도가 한국 영토임을 천명했다.

이후 한국은 이른바 '이승만 라인'으로 들어오는 모든 일본어선을 나포하고 총격을 가했다. 1953년 4월 울릉도 주민을 중심으로 독도의용수비대가 결성되었고 1956년 12월부터는 대한민국 경찰이 경비 임무를 맡았다. 일본은 1954년 독도 문제를 국제사법재판소에 제소하자고 한국에 제안했

다. 그러나 한국은 독도 영유권은 논란의 여지가 없는 사안이라며 거부했다. 국제법적으로 한국에 유리하지 만은 않다는 판단도 작용했다. 한국정부는 1981년에 헬리콥터 이착륙 시설 건설을 시작으로 1997년에는 선박 접안시설을 건설했다. 그러나 1990년대

---

068 2차 세계대전을 종식하기 위해 1951년 샌프란시스코에서 48개 연합국과 일본이 체결한 평화 조약. 이 조약을 통해 일본 주권이 회복됐다. 한국은 일본의 전승국이 아니었으므로 강화조약에 참가하지 못했다. 당연히 전시 '손해 및 고통'에 대한 배상청구권을 향유할 수 없게 됐다. 일본은 평화조약에 독도가 한국 땅이라는 명문 규정이 없다는 이유로 독도에 대한 일본 영유권을 주장하고 있다.

069 1952년 1월 18일, 이승만 대통령이 대통령령 '대한민국 인접해양의 주권에 대한 대통령의 선언'을 공포했다. 대한민국과 주변국가간의 수역 구분과 자원 및 주권 보호를 위한 경계선으로 오늘날 배타적 경제수역과도 비슷한 개념이다. 실제 목적은 영해 선포였다. 이대통령은 이 경계선이 한·일 간 평화 유지에 그 목적이 있다고 밝히고, 그에 따라 '평화선'으로 명명하였다. 해외에선 '이승만 라인'으로 불린다.

후반 한국은 일본과 어업협정을 개정하면서 배타적 경제수역 기점을 울릉도로 발표했다. 이 어업협정은 '독도가 아닌 울릉도를 기점으로 정했다' 해서 국내에서 무수한 비판을 받았다. 이후 외교부 방침이 바뀌었지만 이미 신(新)한 · 일 어업협정이 체결된 뒤였다.

　2005년 일본 시마네현 의회는 100년 전 독도를 일본 영토로 편입시키는 것을 고시했던 2월 22일을 '다케시마(竹島)의 날'로 정하는 조례안을 통과시켰다. 일본은 2019년도 방위백서에서 다케시마(竹島, 일본이 주장하는 독도의 명칭) 문제가 여전히 '미해결 상태'라는 입장을 15년째 명시했다. 일본 교과서는 독도를 일본 땅이라고 여전히 기재하고 있다.

남중국해 분쟁

　　　　　　중국은 남중국해 난사군도 내 인공섬 3곳에 최신예 미사일을 배치하고 전파교란시설을 설치했다. 파이어리 크로스 암초, 수비 암초, 미스치프 암초였다.

남중국해 파이어리 크로스 암초섬 위성사진 (2016. 6. 5)

　중국은 이에 대해 주권보호와 안전상 필요한 조치라고 강조했다. 중국은 2013년 이래 암초 7곳을 콘크리트로 매립해 일방적으로 인공섬을 만들었다. 이에 베트남과 필리핀 등 주변국들이 강력히 반발했다. 중국, 대만, 베트남, 필리핀, 말레이시아, 브루나이 6개국은 남중국해를 둘러싸고 영토분쟁[070] 중이다. 각국이 남중국해 해양 지형물에 대한 영유권과 해양 관할권을 주장하고 있다.

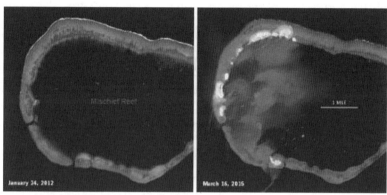

미스치프 암초   수비 암초

남중국해는 원유수송로인 말라카 해협이 위치한 해상교통의 요지이다. 전세계 해양 물류의 약 25%와 원유수송량의 70% 이상이 지나고 있다. 한국 원유수송도 대부분 이곳을 이용한다. 원유는 110억 배럴, 천연가스는 190조 입방미터 가량 매장된 것으로 추정된다. 한마디로 물류와 자원의 보고라 할 수 있다.

샌프란시스코 강화조약과
영유권 분쟁

난사군도는 2차 세계대전까지 베트남

---

070   분쟁 범위는 남중국해 전체(총 면적 1, 249,000km2)를 포괄하며, 스프래틀리군도(Spratlys, 중국명 : 난사/南沙, 베트남
      명 : 쯔엉사군도), 파라셀군도(Paracels, 중국명 : 시사/西沙, 베트남명 : 호앙사), 맥클스필드(Macclesfield Bank, 중국명 :
      중사/中沙), 프라타스(Pratas, 중국명 : 둥사/東沙)를 중심으로 전개되어 왔다. 현재 스프래틀리를 제외한 세 개군도는 중
      국(파라셀, 맥클스필드)과 대만(프라타스)의 일국(一國) 실효지배 하에 있으며, 스프래틀리군도를 둘러싼 갈등이 가장 첨
      예하게 진행되고 있다.

등 인도차이나반도를 식민지배 했던 프랑스가 지배권을 가졌다. 이어 대동아전쟁을 벌인 일본이 동남아를 점령하면서 이곳을 지배했다. 분쟁의 씨앗은 태평양전쟁 종료 후 체결된 샌프란시스코 강화조약이었다. 패전국 일본이 차지했었던 남중국해 해역이 어디에 속할지 조약은 명확히 하지 않았다. 중국은 1953년부터 남해 9단선[071]을 내세우면서 '중국 영해'라고 주장했다. 중국은 특히 베트남과 가장 첨예하게 충돌했다. 이곳에서 1974년, 1988년 2차례에 걸쳐 중국과 베트남이 충돌했다. 전후에 승리한 중국이 파라셀군도와 스프래틀리군도 일부를 점령했고 영유권 분쟁은 한동안 소강상태에 접어들었다. 2011년 5월 중국 순시선이 베트남 국영회사 석유시추선 케이블을 절단했고 베트남은 이례적으로 대규모 항의시위를 벌였다. 분쟁의 재점화였다. 하노이 시민들은 중국 오성홍기를 해적기로 만들어 흔들며 중국을 규탄했다. 베트남과 필리핀은 '전략적 동반자관계'를 구축해 중국에 맞섰다. 미국은 '항행의 자유' 작전을 개시하면서 본격적으로 개입했다. 미국은 국제관습법과 유엔해양법협약에 따른 항행의 자유를 내세우며 타국의 EEZ[072]에서도

남중국해 영유권 분쟁 지역

중국

중국 주장 영유권 '남해 9단선'

파라셀군도

스카버러 암초

필리핀

베트남

남중국해

스프래틀리군도

말레이시아

〈자료: 미국 전략국제문제연구소(CSIS) 등〉

---

071 중국은 남중국해에 산재한 250여 개의 섬·암초·산호초가 모두 자기 땅이며 350만㎢에 이르는 해역의 80%가 중국 관할이라고 주장한다. 이를 지도상에 표시한 게 바로 구단선(九段線)이다. 2000년 전 한나라 때 남중국해와 섬을 발견했다는 역사적 권원을 주장한다. 1947년 당시 국민당 정부가 '11단선'을 그은 게 시초다. 그 뒤 53년 베트남 영토인 통킹만 인근의 선 두 개를 삭제해 구단선이 됐다. 하지만 중국은 구단선의 정확한 좌표를 밝힌 적이 없고, 실선이 아니라 9개의 작은 선으로 듬성듬성 이뤄진 점선 형태여서 모호한 부분이 많다.

072 EEZ(Exclusive Economic Zone, 배타적 경제수역)은 자국 연안으로부터 200해리(370.4km)까지의 모든 자원에 대해 독점적 권리를 행사할 수 있는 유엔 국제해양법상의 수역을 말한다. 1994년 12월에 발효돼 1995년 12월 정기국회에서 비준된 유엔 해양법협약은 연안국의 EEZ 권리를 인정하고 있다.

공해와 마찬가지로 항행의 자유, 상공비행의 자유를 가질 수 있다는 입장을 표명하고 있다. 이는 중국이 해양 패권을 추구하는데 대한 대응과 견제 성격이 크다.

중국은 EEZ 내 외국의 군사 활동은 연안국의 안보이익과 권리를 침해한다며 사전허가를 받아야 한다고 반발하고 있다. 그러나 미국은 보란 듯이 항공모함을 배치하고 난사군도 해역을 휘젓고 다녔다. 미국은 중국이 실효적 지배를 하고 있는 서사군도(파라셀군도) 수역으로 구축함을 통과시키며 무력시위를 벌였다. 중국은 이에 맞서 남중국해에서 대규모 군사훈련을 전개했다. 전략폭격기 훙—6을 발진하고 함대 3대와 군함 100여 척, 잠수함 등을 동원했다. 이곳을 둘러싼 갈등이 증폭되고 중국의 일방적인 군사기지화 움직임이 계속되자 필리핀은 국제상설중재판소에 영유권 문제를 제소했다.(2013)

필리핀이 문제 삼은 핵심은 중국이 주장하는 '남해 9단선'과 중국 인공섬에 대한 법적 지위였다. 3년 뒤 만장일치로 중국패소 판결[073]을 받아냈지만 중국은 수용을 거부했다. 미국은 전 세계가 지켜보고 있다며 판결을 수용하라고 압박했다. 중국은 러시아까지 끌어들여 남중국해에서 또 다시 대규모 해상훈련을 펼쳤다. 중·러 양국 군함 13척, 잠수정과 항공기, 해병대원 수백 명이 참가했다. 중국은 나아가 투자를 미끼로 필리핀, 베트남 등 동남아국가와 우호적 분위기를 만들어갔다. 미국은 인도—태평양 전략에

---

073 국제상설재판소는 판결을 통해 중국이 남부 해안을 따라 '남해구단선'을 설정하고 남중국해 거의 모든 지역에 대해 실질적인 영유권을 주장하고 있는 것은 법적 근거가 없다고 밝혔다. 또 중국 행위는 '해양법에 관한 유엔 헌장'(UNCLOS)에 위배된다고 판결했다. 해양법에 관한 유엔 헌장은 한 국가의 해안선으로부터 12해리까지는 영해로, 200해리까지는 배타적경제수역으로 인정하는 국제 조약이다. 중재재판소는 또 남중국해 내 스프래틀리군도 주변 해역을 중국의 배타적경제수역으로 인정할 수 없다며, 미스치프 암초에 대한 중국의 인공섬 건설 활동이 암초의 환경시스템에 상당한 피해를 입혔다고 지적했다.

따라 일본 군비증강에도 동조하면서 중국을 더욱 압박해갔다. 중국이 일대 일로를 추진하면서 남중국해뿐 아니라 인도양에 걸친 미·중 대립의 전선은 더욱더 넓어져만 가고 있다.

'인도-태평양 전략보고서'는 "미국은 모든 국가의 주권 존중, 항행과 비행의 자유를 포함한 국제법 준수 등의 핵심적인 원칙을 유지할 것을 유지한다"고 강조했다.(미 국무부 2019.11월) 또한 역내 안보가 직면한 위협으로 남중국해 군사거점화를 지목했다. 남중국해를 둘러싼 인접국가 간의 분쟁은 미·중 패권경쟁 양상으로 변했다.

센카쿠 열도 분쟁

센카쿠 열도(尖閣列島·중국명 댜오위다오(釣魚

島))[074]는 현재 일본이 실효지배하고 있으며 일본 오키나와 서남쪽 약 410km, 중국본토 동쪽 약 330km, 대만 북동쪽 약 170km 떨어진 무인도 8개를 일컫는다. 동중국해상에 위치한 무인도 8개를 일컫는다. 동중국해상에 위치한다. 일대에 매장된 천연가스, 석유 등 자원과 해상교통로서의 중요성, 전략적 이해가 복잡하게 얽힌 곳이다. 섬에는 일본인이 살았으나 1940년 무인도가 되었다. 행정적으로 오키나와현은 이 시가키섬에 속해 있다.

그러나 중국과 대만도 각각 영유권을 주장하고 있다. 일본은 주인 없는 땅이었던 이곳을 1885년 선점했기 때문에 자국 영토라고 주장한다. 2차 세계대전 종전 후 '샌프란시스코 강화조약'에 따라 미국이 사실상 일본 영토로 인정했다고 주장한다. 중국은 1895년 시모노세키조약[075]으로 일본에 일시 할양했을 뿐이라는 입장이다. 역사적으로 명나라 시대에 이미 중국이 센카쿠를 가장 먼저 발견했고 댜오위다오라는 이름을 붙여 섬을 이용해왔다고 주장한다. 일본이 2차 세계대전에서 패하고도 점거하고 있는 것은 불법이라고 강조한다. 일본과 중국의 평화우호조약(1978) 체결이후 덩샤오핑은 의도적으로 영유권에 대한 '유보적' 입장을 유지해 왔다. 일본 역시 별도의 입장표명 없이 실효적 지배를 해왔다.

074　센카쿠 열도는 일본 오키나와의 서남쪽 약 410km, 중국 대륙의 동쪽 약 330km, 대만의 북동쪽 약 170km 떨어진 동중국해상에 위치한 8개 무인도(댜오위다오-우오쓰리시마, 베이샤오다오-기타고지마, 난샤오다오-미나미고지마, 지우창다오-쿠바시마, 따펑다오-다이쇼토우 등 5개 도서와 페이라이-도비세, 베이옌-오키노기타이와, 난옌-오키노미나미이와 등 3개 암초)로 구성되어 있으며, 총 면적은 6.32km2이다.

075　청·일전쟁의 전후처리를 위해 1895년 4월 17일 청국과 일본이 일본 시모노세키에서 체결한 강화조약이다. 조선에서 군사적 선제공격에 나선 일본은 청나라와 전쟁을 일으켜 그 전선(戰線)이 만주까지 확대되었으며, 청국이 연패를 거듭하자 미국 중재로 1895년 2월 1일부터 휴전 및 강화를 위해 다음과 같은 협상에 들어간다. ① 청국은 조선국이 완전한 자주독립국임을 인정한다, ② 청국은 랴오둥반도[遼東半島]와 타이완[臺灣] 및 펑후섬[澎湖島] 등을 일본에 할양한다, ③ 청국은 일본에 배상금 2억 냥을 지불한다, ④ 청국의 사스[沙市]·충칭[重慶]·쑤저우[蘇州]·항저우[杭州]의 개항과 일본 선박의 양쯔강[揚子江] 및 그 부속 하천의 자유통항 용인, 그리고 일본인의 거주·영업·무역의 자유를 승인할 것 등이다. 이로써 일본은 한반도를 그 세력권에 넣어 대륙진출의 기반을 확고히 다졌다.

분쟁이 수면위로 떠오른 것은 1992년이었다. 중국이 남사군도, 서사군도 및 센카쿠를 포함한 중국영해법을 발표하면서였다. 중국은 이후 센카쿠를 자국 영토로 선언하고 석유굴삭선 등 조사선을 보냈다. 1997년 중·일 양국의 어업협정 체결 과정에서 센카쿠 열도 영유권문제가 거론되지 않으면서 일단 이 문제는 소강상태에 접어들었다. 이후 일본 해상보안청 순시선이 2008년에는 대만어선과 2010년에는 중국어선과 센카쿠 해역에서 부딪혔다. 영해를 불법 침범했다며 일본이 중국어선과 선원을 억류하면서 문제가 다시 불거졌다. 급기야 양국 전투기가 센카쿠 열도 상공에서 대치하는 일촉즉발의 상황까지 이어졌다. 중국은 나아가 일본에 대한 희토류 수출금지조치로 응수했다. 일본은 2012년 센카쿠 열도 중 3개 섬을 매입해 국유화하는 초강경수를 두었다. 이로 인해 양국 갈등은 최고조에 달했다.

중국은 영토주권에 대한 엄중한 침해라고 강력 반발했고 센카구 열도를 영해 기점으로 선포했다. 센카쿠 열도가 위치한 동중국해에는 여전히 양국 간 군사적 긴장감이 높다. 중국 해양순시선이 센카구 해역에 수시로 진입하고 잠수함까지 잠행하고 있다. 일본은 군사력을 증강하고 오키나와 주변 해역에서 도서탈환 훈련을 실시하고 있다. 센카쿠를 둘러싼 중·일 영유권 분쟁과 관련해 미국은 1996년 어느 쪽 입장도 지지하지 않는다는 성명을 발표한 바 있다. 그러나 트럼프 대통령 취임과 함께 미국은 중국에 공세적 태도로 변했다. 2017년 3월 일본을 방문한 틸러슨 미 국무장관은 센카쿠 열도가 미·일 안보조약 5조에 의한 미군 방위대상임을 분명히 했다. 이후 미국은 일본과 센카쿠 열도 인근에서 군용기를 동원한 연합기동훈련을 전개했다.

센카구 열도는 여전히 우발적 군사충돌 가능성을 배제할 수 없는 상태에 있다. 미국, 일본, 인도, 호주 중심의 인도−태평양 전략과 중국의 해양

진출 전략 '일로'까지 복잡하게 얽힌 상황에서 센카쿠는 중·일 양국 간의 문제로만 그치지 않고 있다. 특히 중국 견제차원에서 미국이 대만과의 전략적 접근까지 추진하면서 이곳의 지정학적 긴장도는 한층 높아지고 있다.

전쟁과 내전 … 테러

미얀마와 아웅산수치 그리고 로힝야 학살

인권의 대모 아웅산 수치 미얀마 국가고문겸 외무장관이 네덜란드 헤이그 국제사법재판소 피고인석에 앉았다.(2019)

미얀마 거주 로힝야족 집단학살 혐의로 미얀마가 제소된데 따른 것이었다. 2016년부터 2년 동안 미얀마 군부와의 충돌로 로힝야족 수천 명이 숨졌다. 70여만 명은 방글라데시로 피난했다. 수치는 로힝야 사태를 방관했다는 비판을 받아왔다. 국제앰네스티는 수치가 수상한 양심대사상을 철회했고 국제사회의 비난은 이어졌다.

아웅산 수치 미얀마 국가 고문, 헤이그 국제사법재판소

로힝야 난민

　수치는 '로힝야 학살'은 미얀마 현실을 모르는 국제사회의 오해라고 주장했다. 아웅산 수치에게는 인권의 상징, 민주화 운동의 아이콘이라는 수식어가 늘 따라다녔다. 미얀마 독립 영웅 아웅산의 딸 아웅산 수치는 1991년 노벨평화상을 수상했다. 그녀는 15년 가택연금에도 굴하지 않고 민주화운동을 이어왔다.

아웅산 수치 지지모임, 헤이그 국제사법재판소

수치의 민주화 역정

1988년 8월 8일 양곤의 대학생들이 군부독재자 네 원[076]에 맞서 시위를 시작했다. 이른바 '8888의 날'이었다. 시민과 승려가 가세하면서 시위는 전국으로 퍼져나갔다. 군인들은 무차별 총격을 가했고 수천 명이 사망했다. 미얀마 국부 아웅산의 딸 아웅산 수치는 투쟁에 합류했고 시위를 이끌었다. 유혈진압 5일 만에 군부는 결국 정치 전면에서 물러났지만 신군부 소 마웅 장군이 쿠데타를 일으켜 다시 정권을 장악했다. 소 마웅 정권은 공약대로 1990년 총선을 치렀다.

결과는 수치가 이끄는 민주민족동맹(NLD)의 압승이었고 군부정당 민족연합당의 참패였다. 군사정권은 돌변해 선거무효를 선언하고 야당 탄압에 나섰다. 국가법질서회복위원회를 통해 민주민족동맹 의원들을 체포하고 정치활동을 제한했다. 다시 가택 연금된 아웅산 수치는 1995년 일단 풀려났다가 2000년 다시 연금됐다. 미얀마 군사정권은 야당을 철저히 배제한 상태에서 2010년 총선을 실시했다. 군사정권은 압승했고 유화책으로 수치의 가택 연금을 해제했다.

수치는 2012년 치러진 의원 보궐선거에서 85% 득표율로 당선됐다. 그가 이끄는 민주민족동맹도 45석 중 43곳을 가져갔다. 2015년 11월 총선에서는 민주민족동맹이 전체 의석의 67% 이상을 확보하며 기염을 토했다. 미얀마 의회는 2016년 첫 민선대통령으로 틴 초를 선출했다. 틴 초는 수치의 개인 운전기사 및 수행비서 역할을 한 최측근이다. 배우자가 외국인일 경우 대통령에 출마할 수 없다는 미얀마 법에 따라 수치는 출마할 수 없었

---

076 미얀마의 군인·정치가. 미얀마 반영(反英)독립운동에 참가했다. 2차 세계대전 초기 일본군과 협력해 영국군과 싸우다가 나중에 아웅산 장군과 함께 영국군에 협력해 일본군에 항전했다. 아웅산 사후 미얀마군 건설의 중심으로 활약했다. 무혈혁명으로 잠정내각의 총리 겸 국방장관, 혁명평의회 의장 겸 국방장관 등에 취임했으나 건강악화와 국민의 평화적 정권교체에 대한 열망으로 사임했다.

고 대신 틴초를 내세웠던 것이다. 수치의 남편은 영국인이다. 수치가 사실상의 대통령 역할을 해왔다. 수치는 '공포로부터의 자유'라는 연설로 특히 주목받았다.

> "부패하는 것은 권력이 아니라 공포다. 권력을 잃는다는 공포가 권력자를 부패하게 하고, 그런 권력이 휘두르는 채찍에 대한 두려움은 그에 굴종하는 사람을 타락시킨다. 최악의 상황은 두려움, 억압, 옳고 그름에 대한 감각을 서서히 파괴해가는 것이다."
>
> - 아웅산 수치, 1990년 사하로프상 수상 연설

로힝야족 사태

료힝야족은 미얀마 서부 라카인 주의 북부 방글라데시 접경지역에 주로 거주하는 민족이다. 미얀마를 포함해 방글라데시, 사우디아라비아, 파키스탄 등에 220만 명 정도가 살고 있는 것으로 추정된다. 안토니오 구테흐스 UN 사무총장은 "로힝야족은 현재 세계에서 가장 박해받는 민족"이라고 표현했다.

미얀마 인구 68%는 버마족이고 90%가 불교도이다. 이슬람계열 로힝야족은 미얀마에서 소수민족이 아닌 불법 이주 외국인으로 취급받는다. 미얀마는 언어와 종교가 완전히 다른 로힝야족에게 시민권을 주지 않고 있다. 로힝야 민족주의자들은 자신들을 8세기 무렵 라카인주에 나타난 중동 지역 무슬림 상인의 후예라고 주장한다. 1,300년 가까이 미얀마 땅에서 살아온 토착 민족 중 하나라는 입장이다.

1824년 1차 미얀마와의 전쟁에서 승리한 영국은 방글라데시 거주 벵골

인을 라카인주로 이주시켰다. 목적은 쌀과 차, 면화 농장 경영이었다. 영국은 버마인들로부터 빼앗은 경작지를 이주 로힝야족에게 불하(拂下)해주었다. 토지소유권 문제는 버마족과 로힝야족의 갈등을 키워갔다. 미얀마는 2차 세계대전이 발발하자 일본군을 끌어들였다.

이는 영국으로부터 독립하기 위해 수치의 아버지 아웅산 장군이 주도한 전략이었다. 영국은 라카인 주에 살던 로힝야족을 무장시켰다. 미얀마 소수민족 라카인족은 로힝야족의 공격으로 2만 명이 숨졌다. 라카인족도 일본의 무기지원을 받아 로힝야족 5천 명을 공격해 죽였다. 이로 인해 양쪽 모두 서로를 원수로 생각했다.

1962년 집권한 네 윈 정권은 로힝야족 탄압을 시작했다. 시민권을 박탈하고 다른 지역에 거주하던 로힝야족을 방글라데시 접경 지역 라카인 주로 강제 이주시켰다. 이후 1990년대 초 로힝야족은 방글라데시로부터 25만 명이 건너왔고 현재 155만 명이 미얀마에 살고 있는 것으로 추정된다. 양측 간 갈등은 최근까지도 계속되었다.

2012년 로힝야족 남성들이 라카인족 여성을 살해하는 사건이 터졌다. 양측 충돌이 발생해 로힝야족 수백 명이 사망하고 난민 20만 명이 발생했다. 2017년 중화기로 무장한 로힝야족 반군 '아라칸 로힝야 구원군'(ARSA)

이 경찰초소 수십 곳을 공격했다. 경찰 30여 명이 사망하고 수백 명이 부상했다.

인권단체 국제 앰네스티는 ARSA가 당시 미얀마 힌두교도 99명을 끔찍하게 살해했다고 주장했다. 미얀마정부와 군은 ARSA를 테러단체로 규정하고 대대적인 토벌작전에 나섰다. 로힝야족은 최소 9천 명이 죽고 64만6천 명이 방글라데시로 피신한 것으로 추정된다. (유엔난민기구) 난민들은 미얀마군이 민간인 학살과 성폭행, 방화, 고문을 자행했다고 주장했다.

유엔과 미국 등 국제사회는 이를 '인종청소'로 규정해 규탄했다. 유엔 총회는 로힝야족과 다른 소수민족에 대한 미얀마의 인권탄압을 비판하고 사태 해결을 촉구하는 결의안을 가결했다.(2019. 12) 표결에서 전체 193개 회원국 가운데 찬성이 134표, 반대가 9표, 기권이 28표로 나타났다. 뿌리 깊은 양측 갈등이 국제사법재판소에서는 어떤 결과로 나타날지 주목받고 있다.

리비아 내전

독재보다 무서운 '권력공백'

　　　　　　　　아프리카 석유 매장량 최대 국가 리비아는 내전으로 인한 유혈사태가 계속되고 있다. 독재자 알 카다피가 2011년 제거된 후 지금껏 통일된 정부가 등장하지 못하고 있다. 최대 군벌 리비아국민군(LNA)이 동부를 중심으로 국토 4분의 3을 장악하고 있다. 유엔 지원하에 서부를 통치하는 리비아통합정부(GNA)와 대치한 상태이다. 주변국과 열강들도 각자 이해관계에 따라 리비아 내 양대 세력을 제각각 편들고 있어

리비아 내전 대치 현황

지중해

트리폴리　　　●벵가지

시르테

리비아

알제리

니제르　　　　차드

200km

■ 통합정부(GNA)
　지지국: 유엔·터키·이탈리아·카타르

■ 국민군(LNA)
　지지국: 러시아·프랑스·이집트·사우디·
　아랍에미리트

■ 기타 군벌

사태가 더 꼬이고 있다. 리비아국민군(LNA)을 이끄는 칼리파 하프타르 장군은 2020년 1월 13일 러시아 모스크바에서 리비아통합정부 대표단과 7시간 동안 협상을 벌였지만 휴전협정 서명 없이 귀국했다. 블라디미르 푸틴 대통령이 중재에 실패한 것이다. 그로부터 이틀 뒤 메르켈 독일총리가 양측을 중재하겠다고 나섰다.

　"메르켈 총리는 미국, 중국, 러시

아 등 11개국 대표를 19일 베를린으로 초청해 내전 수습 방안을 협의했다. 당사자인 국민군의 하프타르 장군과 리비아통합정부 알 사라즈 총리도 참석했다. 참가국은 리비아에 대한 유엔의 무기수출금지조치를 준수하기로 했다. 또 리비아 내전에 개입하지 않고 완전한 휴전이 되도록 지원하기로 했다.” 리비아에서는 2011년 북아프리카 민주화 운동인 ‘아랍의 봄’을 맞아 42년간 권좌에 있던 카다피가 축출됐다. 그러나 환호와 기쁨은 순간이었다. 140여 부족이 군웅할거 했고, 이슬람계와 비(非)이슬람계 갈등도 심각했다. 무법천지가 되면서 2014년쯤에는 무장세력 1,700여 개가 난립했다. 경찰력이 없으니 치안은 엉망이었다. 수출입 통제 없이 아무나 물건을 들여와 유통시켰고 덩달아 마약과 주류 수입도 늘어났다. 거리는 쓰레기로 넘쳐났고 누구나 무기를 소지할 수 있었다. ‘독재’보다 더 무서운 것이 ‘권력의 공백’이라는 말이 그대로 적용되었다.

유엔이 수도 트리폴리를 중심으로 서부에 2015년 이슬람계 중심의 통합정부를 출범시켰다. 통합정부는 동부 지역에는 통치권을 행사하지 못했다. 2014년 무렵부터 국민군을 이끌던 하프타르 장군이 무장단체를 복속시키며 동부를 대부분 장악했기 때문이다. 양측은 한동안 잠잠했다.

2019년 4월 국민군이 통합정부의 심장부인 수도 트리폴리를 향해 진격하면서 리비아는 다시 전쟁터로 변했다. 이후 양측 교전으로 군인 2,000여 명과 민간인 약 300명이 숨지고 150,000명이 피란길을 떠났다. 리비아 사태를 중재하겠다는 서구 열강들의 또 다른 목적은 리비아 원유이다. 리비아산은 유황성분이 적어 중동산보다 품질이 우수하다. 중동에 비해 지리적으로 유럽, 북미와 더 가깝기 때문에 운송비용도 저렴하다.

그러나 반군인 국민군이 리비아 내 대다수 유전을 확보하고 있어 서구 열강은 이들을 무시하지 못한다. 북아프리카 중앙에 위치한 리비아는 아프리카로 향한 관문이다. 유럽 국가들은 리비아 내전이 확대되면 난민들이 대거 지중해를 넘어올 것이라 우려한다. 유럽에 유입된 시리아 난민은 300만 명에 달하는 것으로 추산되는데, 리비아 난민까지 쏟아지면 난민 수용을 둘러싼 유럽 내 갈등이 더 첨예해질 가능성이 높다. 유엔 산하 국제이주기구(IOM)는 2020년 들어 2주 동안에만 리비아 탈출을 시도한 사람이 1,000명을 넘어섰다고 했다.

리비아와 관련된 나라들의 이해가 엇갈리고 있어 휴전 전망은 밝지 않다. 리비아를 식민통치했던 이탈리아는 통합정부를, 아프리카 테러단체 소탕에 앞장선 프랑스는 반군인 국민군을 지원한다. 아프리카에 영향력을 확대하려는 러시아는 일찌감치 하프타르 측 국민군에 첨단 무기를 제공해왔다.

중동 역시 분열돼 있다. 이슬람계 중심의 통합정부를 지원하는 가장 큰 세력은 세계 최대 이슬람 원리주의 단체인 무슬림형제단이다. 무슬림형제단과 가깝고 오스만 제국시절 리비아 북부를 지배했던 터키가 통합정부를 지원해 파병을 시작했다. 반면 무슬림형제단 및 터키와 사이가 나쁜 이집트, 사우디아라비아, 아랍에미리트(UAE)는 국민군 편이다.

시리아 내전

2011년 4월 중동 민주화운동이 일어난 '아랍의 봄'에 시리아에서는 알 아사드 대통령 퇴진을 요구하는 반정부시위가 터져 나왔다. 시리아 내전의 시작이었다. 시리아 집권세력은 소수 시아파였고, 다수는 수니파 였다. 내전은 종파 간 전쟁 성격도 동시에 갖고 있었다. 수도 다마스쿠스를 비롯한 각지 주요 도시에서 수천 명이 시위를 벌였다. 시위 규모가 커져 수만 명에서 최대 10만 명이 참가했고 정부군 발포로 민간인 사망자가 속출했다.

군의 포위 공격이 시작되면서 시위도 무장 폭동으로 성격이 변했다. 무

쓰러지는 하페즈 알 아사드 동상

장반군은 탈영 군인과 민간인 자원군으로 이뤄졌고 정부군과의 충돌이 전국으로 번졌다. 대규모 시위와 강경진압이 악순환하면서 내전 사망자가 1,000명에서 3,000명에 이른다는 보도가 나왔다. 유엔안전보장이사회의 상임이사국 프랑스, 영국과 EU 국가들은 시리아에 대한 UN제재를 촉구했다. 오바마 대통령도 시리아 정권의 강경진압을 공개리에 비난했다. 시리아 내전이 국제전 성격으로 변하고 있었다.

반정부 무장 저항

시리아정부는 살라피 이슬람교도들이 반정부 무장 세력의 중심세력이라고 주장했다. 살라피 이슬람은 '원리주의'로 불리는 이슬람의 정치, 종교운동이다. 알카에다나 이슬람국가(IS)도 이에 속한다. 시리아 정부는 반정부 무장집단이 치안부대 군인 100명을 살해했다고 발표했다. 이란이 알 아사드 대통령의 강경진압 활동을 비밀리에 지원하고 있는 것으로 알려졌다. 시리아 인권단체들은 시위대와 군 사이에 벌어진 충돌로 시위대 사망자가 1,000명을 넘어섰다고 주장했다. 영국, 프랑스 등은 시리아 폭력진압 제재에 대해 유엔안보리 결의를 촉구했지만 중국, 러시아는 제재에 반대했다.

해를 넘겨 2012년 7월, 국제적십자위원회는 당시 상황을 '내전 상황'으로 규정했다. 탈영 장교 출신 리아드 알 아사드 대령이 조직한 반군, 자유시리아군(FSA)이 수도 다마스쿠스에 대해 전면적인 공격을 개시했다. 2013년 들어 레바논 헤즈볼라가 아사드 대통령 지지를 선언하고 본격적으로 전선에 뛰어들었다. 시리아의 전략적 동맹국 러시아와 시아파 국가 이란도 시리아 정부를 지원했다. 반정부군은 카타르와 사우디아라비아의 지원을 받았다. 2013년 7월 기준으로 시리아 정부가 장악한 영토는 줄어들어 30~40%에 불과했고 인구는 60% 수준이었다. 양측 교전으로 사망자는 무려 10만 명을 넘어섰다.

알 아사드와 가톨릭 교황청

8월 21일 다마스쿠스 인근 구타 교외 지역에서 1,300명이 사망했다.(2013년) 사린가스 공격이었다. 미국은 영국, 프랑스 등 서방국가와 함께 시리아 축출을 위한 공습 준비에 들어갔다. 그러나 교황청이 반대했다. 프란치스코 교황은 금식기도까지 하면서 공습을 저지했다. 오바마 대통령은 시리아 공습을 포기했고, 아사드는 "중동의 박해받는 소수종교 집단의 수호자가 되겠다"고 자처했다. 아사드는 이전 교황인 요한 바오로 2세와도 친분이 깊었고 가톨릭교회와 친한 관계를 유지하고 있다.

교황청 반대로 공습이 무산된 다음해 시리아 정부군은 대대적 반격에 나

교황 요한 바오로2세 장례식장의 알 아사드

섰다.(2014년) 미국은 시리아 대신 한창 세력을 넓히고 있던 IS[077]를 공습대상으로 택했다. 그러자 오히려 시리아 반군에 불리한 상황이 되었다. 반군 거점도시 알레포가 시리아 정부군에 함락될 위기에 처하자 프랑스 등 서방은 반군 지원을 검토하기 시작했다.

미국은 아사드 정권 제거로 방향을 잡았다. 미국정부는 시리아 반정부군의 워싱턴 사무소를 시리아 대사관으로 승격하는 조치를 취했다. 이때 시리아 공격에 부정적인 교황청이 프란치스코 교황의 미국 방문계획을 발표했다. 공교롭게도 방문계획 발표직후 알 아사드 정권에 대한 강경 입장을 고수하던 척 헤이글 미 국방장관이 사임하는 일이 벌어졌다.

내전 상황에 IS까지 세력을 확장해가면서 시리아 상황은 더 복잡하게 꼬여갔다. IS는 처음에는 반군과 연대하는 양상이었지만 나중에 둘은 서로 등을 돌렸다. 시리아 정부군은 반군에 더해 IS와도 싸움을 벌이게 되었다.

러시아군 개입

2015년 6월 푸틴 대통령과 프란치스코 교황은 교황청 회동을 가졌다. 3개월 뒤, 러시아는 시리아 홈스 지역을 공습했다. 아사드 정부에 가장 큰 위협인 IS를 공습한다는 명분이었다. 그러나 이 지역은 IS가 아닌 시리아 반군들이 점령한 지역이었다. 알 아사드 대통령을 지원하기 위한 공습이었다. 러시아군 폭격개시 이래 20일까지 모두 370명이 사망했다.

---

077 급진 수니파 무장단체인 이라크-레반트 이슬람국가(ISIL ISIS로 일컬어지기도 함)가 2014년 6월 29일 개명한 단체. 그해 6월부터 이라크와 시리아를 중심으로 세력을 확장했다. 이후 IS는 중동은 물론 유럽에서도 테러를 자행하며 전 세계에 공포를 안겼으나, 2017년 7월과 10월에 걸쳐 각각 이라크 모술과 수도인 시리아 락까를 잃으면서 와해됐다. 이후 2019년 3월 시리아민주군(SDF)에 의해 마지막 근거지인 바구즈까지 상실했다.

알 아사드, 알레포 승리 선언

2016년 알 아사드 정권은 최대 격전지 북부 알레포에서 승리했다고 공식 선언했다. 반군이 알레포 동부 지역을 점령한 지 4년 반 만이었다. 그해 연말 시리아 정부군과 반군은 전면적 휴전에 합의했지만 다음해 초 다시 전투가 개시됐다.

정부군, 독가스 공격

시리아 북부 이들리브주(州) 칸셰이쿤 마을에서 화학무기 미사일 공격으로 어린이 30여 명과 주민 100여 명이 사망했다.(2017년) 이 마을은 반정부 성향 주민이 밀집해 있는 반군 지역이었다. 시리아 정부군 소행으로 추정됐다. 시리아 중부 마을 구타에서 사린 가스 살포 희생자가 발생한지 4년 만이었다. 당시 오바마 대통령이 시리아 공습을 계획했으나 프란치스코 교황 반대로 무산된 바 있다.

트럼프, 시리아 공습

그러나 이번에는 달랐다. 신임 트럼프 대통령은 시리아 군비행장 공습을 명령했다. 화학무기 공격을 감행한 시리아 전투기 발진 비행장이었다. 알 아사드 정권에 대한 미국의 첫 공격이었다. 트럼프 대통령이 시리아 정책을 급격히 틀어버린 것이다. 2018년 미국과 영국, 프랑스는 시리아 화학무기 시설을 정밀 폭격했다. 5월 4일 시리아 정권 후원자인 러시아와 이란, 시리아 반군 지원국 터키는 시리아 안전지대 설치에 합의했다.

　내전 와중에 시리아의 앙숙 이스라엘은 이란 견제를 이유로 시리아 영토를 수시로 공습했다. 7년째 이어온 시리아 사태는 정치, 종교, 국제적 이해관계에 더해 IS와의 전투까지 얽히고설키며 여전히 매우 복잡한 상황이다. 시리아 내전으로 난민 490만 명이 발생했고 34만3천 명이 사망한 것으로 추정된다.

반미 음모론적
시각에서 본 시리아 사태

　　　　　　　　　　반미적 입장에서 시리아 사태를 보는 시각은 어떨까? 카타르는 2009년 시리아 아사드 정부에 카타르-사우디-요르단-시리아-터키를 잇는 유럽행 가스 파이프라인 건설을 제안했다. 미국과 에너지동맹이자 세계 5위의 천연가스 생산국인 카타르는 자국 천연가스를 유럽에 옮기기 위한 비용을 아끼고 싶었다. 당시까지 페르시아 만과 오만 만, 아덴 만을 거쳐 홍해와 수에즈 운하로 돌아가는 해로를 거쳐

야만 했다. 당연히 운송비용이 크고 이란과의 긴장감이 흐르는 호르무즈해협을 지나야 하는 위험부담도 있었다. 카타르가 유럽에 천연가스를 직접 공급할 수 있는 1,500km의 파이프라인이다. 그러나 아사드 대통령은 카타르 제안을 거부하였다. 대신 아사드는 이란-이라크-시리아-레바논-지중해를 통과하는 파이프라인 건설을 계획하고 이란과 협상을 시작했다.

2011년 7월 시리아, 이라크, 이란 석유장관들은 건설 예비협정을 체결했다. 협상과정에서 이라크는 하루 2,500만㎥, 시리아는 하루 2,000만-2,500만㎥의 이란 가스를 구입하는 협정을 체결하였다. 계획대로 진행되면 이란은 2015년부터 유럽에 가스를 공급할 수 있었다. 시리아는 막대한 가스통과료를 취할 수 있었다.

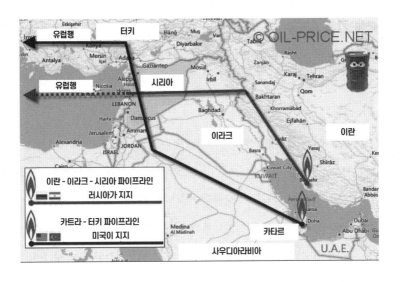

그러나 당시 이란을 제재 중이던 미국은 이들 국가가 연합하는 것을 묵과할 수 없었다. 2012년 11월 미국무부 대변인 빅토리아 눌런드는 "이들의 가스 파이프라인 건설계획은 결코 실현될 수 없다"고 못 박았다. 미국

이 이란의 파이프라인 건설사업을 막는 최선의 방법은 시리아 영토통합을 저지하고, 영토분할을 통하여 경쟁적인 파벌들이 시리아를 분할 통치하도록 유인하는 것이다. 일각에서 제기하고 있는 반미 음모론적 시각에서 바라본 시리아 분쟁 원인이다. 이 때문에 미국과 프랑스, 카타르, 사우디, 터키, 영국이 알 아사드 정권 제거에 힘을 합했다는 주장이다.

카타르와 사우디, 터키가 수니파 지하드 전사를 무장하고 훈련하고 자금을 댔다. 반면 이란과 이라크 등 시아파 국가들은 알 아사드 대통령을 지지하며 무기 지원을 하였고 러시아 역시 전폭적으로 지원했다. 반군과 정부군 전쟁 개시 후 미국은 IS격퇴, 생화학무기 반대를 외치며 적극 개입하기 시작했다. 알 아사드가 구상했던 이란-이라크-시리아-레바논-지중해 통과 파이프라인 건설계획은 시리아 내전으로 사실상 무산됐다. 일부에서는 미국이 지원, 묵인해서 IS가 오히려 세력을 키웠다고 주장하기도 한다. 또 생화학 무기는 아사드 정권이 아닌 반군이 썼다고 말하기도 한다.

알 아사드 시리아 대통령

알 아사드 현 시리아 대통령은 아버지에 이어 정권을 잡은 세습 독재정권이다. 시리아는 1946 독립공화국을 건설했다. 앞서 1920년 다마스쿠스에서 아랍왕국으로 독립을 선언했지만 프랑스 지배로 좌절됐다. 2차 세계대전 중인 1941년 9월에 다시 독립을 선언하고, 전쟁 후 1945년 UN에 가입한 뒤 독립 국가를 이뤘다. 1958년 '아랍연합공화국'이라는 이름으로 이집트와 통합했다. 1961년 9월 이집트 주도 체제에 불만을 품은 시리아 군부와 바트당이 군사쿠데타를 일으켜 아랍연합공화국에서 탈퇴했다. 이후 쿠데타로 정국이 요동치다 1970년 국방장관 하페즈 알 아사드가 정권을 잡았다. 하페즈는 알 아사드 현(現)대통령의 아버지다. 하페즈 알 아사드 총리는 대통령으로 등극한 뒤 2000년 사망할 때까지 일당 독재체제를 유지했다.

하페즈 시절인 1966년 시리아는 김일성의 북한과 수교한 이후 지금까지 긴밀한 관계를 유지하고 있다. 독재자라는 공통점을 가진 김일성과 하페즈 알 아사드는 두터운 친분으로 유명하다. 하페즈는 1974년 평양을 방문해 김일성과 정상회담을 갖고 시리아와 북한이 군사를 비롯해 모든 분야에서 전적으로 협력하는데 합의했다. 북한은 1973년 이스라엘이 시리아와 이집 트가 주축이 된 아랍연합군이 전쟁을 벌였을 때 시리아에 군사지원을 했다. 이후 북한은 탱크와 소총, 대포, 다연장포 등 재래식 무기들을 대거 시리아에 수출해왔다. 34세의 아들 바샤르 알 아사드가 그 뒤를 이어 독재체 제를 유지하고 있다.

쿠르드족의 수난과 분열 그리고 배신

시리아 거주 쿠르드족은 2014년부터 시작된 미국의 IS격퇴 작전에서 큰 역할을 했다. 미국의 무기와 자금을 지원받은 시리아 쿠르드민병대(YPG)는 쿠르드족과 아랍계 민병대의 연합인 시리아민주군(SDF)을 주도하면서 IS격퇴에 큰 역할을 했다. 전사자만 11,000여 명에 이르는 희생의 대가로 쿠르드족이 기대한 것은 독립국가 수립이었다. IS가 완전히 추방된 2019년 이후 쿠르드족은 시리아 영토 1/3에 달하는 시리아 북동부를 장악했다. 독립국가 수립을 코앞에 둔 듯했다.

그러나 트럼프 대통령은 2019년 10월 이곳에 주둔하던 미군 철수를 명

령했다. 이 지역 주둔 미군은 2,000명에서 3,000명 선이었다. 지금까지 터키를 비롯한 주변국으로부터 쿠르드족을 보호하는 방패막이 역할을 해왔다. 미군 철수를 계기로 쿠르드족을 눈엣 가시로 여기는 터키는 즉각 진격해 들어왔다.

시리아 북동부에서 세력을 확장한 시리아 쿠르드민병대(YPG)와 터키 내무장 테러단체 쿠르드노동자당(PKK)의 연계를 차단하겠다는 목적이었다. 공습에 이어 지상군까지 투입된 '평화의 샘' 작전에서 쿠르드족 218명이 사망하고 650여 명이 부상했으며 난민이 속출했다.

터키군 공격받은 시리아 북동부 도시 라스 알-아인

미군 철수 직전 에르도안 터키 대통령은 트럼프 대통령과의 통화에서 시리아 침공계획을 밝혔다. 영국, 프랑스, 독일 등은 터키의 군사작전을 일제히 규탄하며 "공격 중단"을 촉구했다. 국제사회는 트럼프가 쿠르드족을 배신했다고 목소리를 높였다. 트럼프의 강력한 옹호자 린지 그레이엄 연방 상원의원도 "미군 철수는 트럼프 최악의 결정"이라고 비난했다. 자신에 대한 비난여론이 높아지자 트럼프 대통령은 터키의 침공 직전 에르도안 대통령에게 보낸 편지를 공개했다. 편지에서 "터프 가이가 되지마라, 바보가 되지마라"며 침공계획을 번복할 것을 설득했다. 침공 1주일 만에 미국과 터키는 조건부 휴전에 합의했다. '120시간 안에 안전지대에서 시리아 쿠르드 민병대(YPG)가 철수하고 터키군이 안전지대를 관리한다'는 조건이었다. 에르도안 터키 대통령은 터키 내 시리아 난민 300만 명을 안전지대로 이주시킬 계획이라고 밝혔다. 이 계획대로 된다면 시리아 아랍왕국의 쿠르드족은 터키와 시리아 사이에 또 다시 샌드위치 신세가 될 것이다.

터키와 쿠르드족

터키는 쿠르드족의 동향에 늘 촉각을 곤두세우고 있다. 터키 내 쿠르드계는 전체 인구의 20%를 넘는 1,800만 명이다. 이들과 시리아 거주 쿠르드족이 결합하면 터키 안보를 위협할 수 있다는 것이 터키 생각이다. 터키 내 무장 테러단체 쿠르드노동자당(PKK)[078]

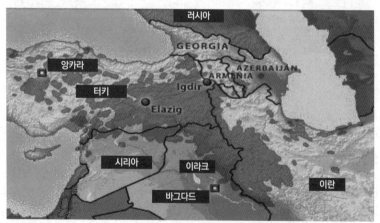

쿠르드족 분포 지역

078 PKK(Partiya Karkeren Kurdistan)는 1978년 터키로부터 분리 독립을 주장하며 창설된 터키 반정부 무장 단체. 2003년 쿠르디스탄 자유민주회의(KADEK)로 명칭 변경. EU는 이들을 테러리스트 단체로 규정. 터키 국내에서는 2004년까지 여성과 어린이를 포함 민간인 3만 명 이상이 사망했고 지지를 거부하는 쿠르드인들까지 살해했다.

은 1984년 이후 터키 남동부에 대한 자치권을 주장하고 있다. 터키정부와 PKK의 충돌로 터키 남동부 지역에서는 사상자 수천 명이 발생했고 난민 100만 명 이상이 발생했다.

역사적으로 쿠르드족의 아유브왕조는 1517년 터키의 전신 오스만 투르크제국에 병합됐다. 이후 400년을 시리아, 터키, 이라크 일대 산악지대인 쿠르디스탄에서 유목민족으로 살아왔다.

비극은 1차 세계대전 때 배태됐다. 영국은 오스만 투르크를 무너뜨리기 위해 쿠르드족을 전쟁에 끌어들였다. 대가는 독립 국가였다. 그러나 종전 이후 영국은 약속을 지키지 않았다. 1920년 연합국과 오스만 투르크가 체결한 세브르조약[079]에 포함돼 있던 '쿠르드족 자치권 부여' 조항이 사라졌다. 세브르조약을 대체한 영국, 프랑스 주도의 로잔조약(1923)[080] 결과 쿠르디스탄은 터키, 시리아, 이라크, 이란, 아르메니아 5개국으로 갈가리 찢어졌다. 영국은 모술을 포함한 키르쿠크 지역을 당시 영국이 위임 통치하던 이라크로 편입시켰다. 대규모 유전이 발견됐기 때문이다. 터키에 1,800만 명, 이란에 약 800만 명, 이라크 약 500만 명, 시리아에 200만 명 정도가 살고 있고 중동과 구소련 아르메니아 등에도 흩어져 있다. 모두 3,700만 명으로 추산된다. 중동 지역에서 아랍계, 터키인, 이란인에 이어 4번째로 많은 인구에도 불구하고 여전히 독립 국가를 이루지 못하고 있다.

---

079 1차 세계대전 종전 직후인 1920년 8월 10일, 프랑스 파리 근교의 세브르에서 연합국과 오스만 제국 사이에 조인된 강화조약. 세브르 조약으로 인해 오스만 제국은 연합국의 위임통치, 아랍국가의 독립으로 식민지 대부분을 상실하게 되었다. 또한 투르크족이 거주하는 본토의 대부분을 연합국에 할양하게 된다. 터키의 내정에 간섭하는 지나치게 가혹한 조약이라 하여 무스타파 케말을 중심으로 조약에 반대하는 민족운동이 일어났으며 그 결과 터키공화국이 수립되었다.

080 1923년 7월 24일 스위스 로잔에서 1차 세계대전 연합국과 터키공화국 사이에 체결된 조약. 세브르조약에 대한 터키의 불만과 개정요구에 따라 연합국은 새로운 강화조약을 체결하기로 하고 스위스의 로잔 지역에서 로잔 회의를 개최했다. 터키는 이 조약으로 1894년 당시 소유했던 영토인 스미르나, 콘스탄티노플, 동트라키아 등을 회복하고 현재의 영토를 확보했다.

이라크와 쿠르드족

1988년 이라크 정부군의 독가스 공격으로 이라크 쿠르드족 5~6,000명이 희생되었다. 1991년 걸프 전쟁 당시 이라크 쿠르드족은 사담 후세인에게 대항했다. 미국과 영국은 쿠르드족을 보호하기 위해 이라크 북부 상공을 이라크군 비행 금지구역으로 설정했고 이 지역에 쿠르드족은 자치구를 만들었다. 자치정부가 위치한 곳은 이라크 동부 유전 지역으로 경제적 이점이 크다. 하지만 쿠루드 자치구는 양대 정당 쿠르드애국동맹(PUK)[081]과 쿠르드민주당(KDP)[082]의 분열로 내분이 일어났다. 1990년대에는 양측 무력충돌로 수천 명이 죽고 자치구도 2개 지역으로 나뉘는 지경까지 이르렀다. 후세인 정권의 가혹한 탄압에 시달렸던 이라크 국내 쿠르드족들은 2003년 이라크 전쟁이 터지자 미군을 환영했다. 미군이 이라크를 공격할 때 이라크 북부에서는 쿠르드족 무장조직이 미군을 선도했다. 후세인의 바트당 정권이 붕괴하자 미국, 영국의 협조로 쿠르드족 독립국 수립이 눈앞에 다가온 듯 했지만 결국 독립을 이루지 못했다.

시리아와 쿠르드족

시리아에서도 2011년 내전이 시작되자 북동부의 쿠르드족이 결집했다. 이듬해 아프린, 자지라, 라카 등을 포괄하는 '로자바'라 불리는 자치지역을 형성했다. 2019년 터키 침공의 타겟이

---

081 1975년 창설돼 이라크 북부를 활동 무대로 하는 쿠르드족 단체. 쿠르드 민주당(KDP)과 PUK가 보유한 무장 민병 조직 규모는 총 80,000명으로 이들은 후세인 제거 후 쿠르드족 자치가 보장되어야 한다고 요구했다. 1970년대 터키의 쿠르드 노동자당(PKK)과 함께 PUK 등이 주도하는 독립운동으로 각국에서 내전이 발발, 약 10년 동안 4만 명 이상이 죽고 난민 2500,000명이 발생했다.
082 이라크 북부 터키 접경지역에서 활동하는 쿠르드족 무장단체로 미국과 영국 공군 보호아래 경쟁 단체 PUK와 함께 이라크 북부지역을 공동 관할, 터키와의 분리 독립보다는 자치를 주장한다.

된 지역이다. 면적이 50,000㎢에 이르고 쿠르드족 여성지도자 일함 에흐메드와 아랍계 지역 정치인 만수르 셀룸이 공동수반을 맡고 있다. 터키 침공 이후 이들이 시리아에 군 파병을 요청하는 바람에 시리아는 어부지리로 이 지역 지배력을 어느 정도 되찾게 되었다.

중동 요충지
– 이용과 배신, 분열

중동의 요충지에 자리 잡고 있고 독립이라는 목표를 이루고 싶어 하는 쿠르드족을 미국, 영국 등 강대국들은 자주 이용했다. 쿠르디스탄이 갈가리 찢어졌듯 쿠르드족은 지난 100년간 적어도 8차례나 이용당하고 배신당했다. IS가 발흥하자 격퇴를 위해 미국에 협력했지만 미국이 철수하면서 또 다시 뒤통수를 맞게 됐다. 강대국뿐 아니라 쿠르드족이 거주하고 있는 중동국가들도 이용하기는 매한가지였다. 1980~1988년에 벌어진 이란–이라크 전쟁에서, 이란 국내에서 반정부 운동을 하는 쿠르드족을 이라크가 지원하고, 이라크 국내에서 반정부 운동을 하는 쿠르드족을 이란이 지원했다. 터키가 이라크 쿠르드 거주지역에서 터키 분리 독립 극렬 무장단체 PKK 소탕작전을 수행할 때 터키는 이라크 내 쿠르드족을 적극 활용했다. 이런 역사에서 짐작할 수 있듯 이란 내 쿠르드 – 이라크 내 쿠르드 – 터키 내 쿠르드의 반목과 대립도 상당히 심하다. 각각의 거주 국가에서는 나라 없는 소수민족으로 극심한 차별과 탄압을 받고 있다. '비극의 민족'이라는 이름이 생길 만했다.

비극의 원인

쿠르드족의 비극의 원인은 복합적이다.

첫째, 터키의 지정학적 중요성이다. 미국이 중동 철수전략에 따라 쿠르드자치구에서 군대를 빼내면서 터키 편을 든 모양새가 됐다. 미국은 쿠르드보다는 터키를 선택할 수밖에 없다. 터키는 전통적으로 소련 남하를 저지해온 미국의 전통적 동맹국이자 NATO 회원국이다. 이란과 러시아를 견제하는 차원에서도 터키는 중요한 지정학적 비중을 갖고 있다. 중동 최강의 무력을 갖고 있고 경제적으로도 중요한 위치를 차지한다.

둘째, 석유자원이다. 1차 세계대전에 승리한 영국은 쿠르드족의 땅 모술을 떼어내 자국이 위임 통치하던 이라크에 편입시켰다. 모술에서 막대한 원유매장 가능성을 보았기 때문이다.

셋째, 중동의 침묵이다. 로잔조약으로 열강들은 쿠르드족의 땅에 임의로 국경선을 그었다.

중동국가들은 팔레스타인, 아랍인의 영토를 차지한 이스라엘에게는 분노했다. 그러나 똑같이 영토를 빼앗긴 쿠드르족에게는 침묵했다. 각 나라에 쿠르드족이 소수민족으로 일정 영토를 차지해 살고 있기 때문이다. 독립을 허용할 수 없다는 입장은 불변이다.

넷째, 쿠르드족의 강한 민족성이다. 강인한 기질의 쿠르드족은 여전히 고유 언어와 문화, 민족적 정체성을 유지하고 있다. 끝없이 분리 독립을 요구하고 있다. 이슬람 해방의 영웅 살라딘의 후예로 용맹함을 자랑하는 쿠르드족이다. 이런 상황에서 독립국가 수립은 요원해 보인다. 강대국 간섭 외에도 그동안 사분오열 지내온 시간이 적지 않아 독립을 한다 해도 통일된 목소리와 체제를 만들기가 쉽지 않을 것이다. 국제사회 공인아래 팔레스타인 같은 자치구를 형성하는 것이 현실적 대안이라는 목소리가 높다.

미국, 이란 솔레이마니 혁명수비대 쿠드스 사령관 제거

2018년 5월 미국이 이란 핵합의를 탈퇴한다고 일방적으로 선언한 직후 폼페이오 미 국무장관은 이란 혁명수비대 정예부대 쿠드스군의 가셈 솔레이마니 사령관을 지목했다. 솔레이마니가 이라크, 시리아를 돌아다니며 문제를 일으키고 있다며 "그와 그의 조직이 대가를 치르도록 해야 한다"고 강하게 비판했다. 이란을 압박해 중동 내 무력행위를 제한할 것을 국제사회에 호소했다. 그로부터 1년 7개월이 흐른 2020년 1월 3일, 미국은 이라크 바그다드에서 드론 공습으로 솔레이마니를 전격 제거했다. 제거 이후 트럼프 대통령은 솔레이마니가 많은 미국인을 살해할 음모를 꾸미고 있었다면서 "오래전에 제거됐어야 했다"고 말했다.

이란 최고지도자 하메네이와 친(親)이란 이슬람 시아파 세력들은 '피의 보복'을 거론하며 거세게 반발했다. 솔레이마니는 이란 종교지도자 하메네이나 로하니 대통령보다 더 영향력이 큰 최고 실세라는 것이 국제사회의 판단

미군 공습으로 제거된 가심 솔레이마니 사령관

이다. 이란 군사행동의 총 설계자인 그는 20년 전 쿠드스군 사령관으로 취임한 이후 시리아 내전과 이슬람국가 격퇴전에 참여해왔다. 2018년부터는 이라크에서 주로 활동하면서 현지 시아파 민병대를 이끌면서 미국에 맞선 중동 지역 내 군사령관 역할을 해왔다. 이라크, 시리아뿐 아니라 레바논 헤즈볼라와 예멘의 후티반군 등 친(親)이란 시아파 무장세력을 지원해온 배후였다. 미국의 공적 1호인 셈이다.

솔레이마니 제거 직후 미국, 이란발(發) 3차 세계대전이 터지는 것 아니냐는 긴장감이 흘렀다. 프랑스 등 유럽과 친(親)이란 국가 중국, 러시아 그리고 이라크 등 중동국가들은 긴박하게 움직였다. 미국은 82공수사단 소속 병력 3,500명을 추가배치한데 이어 미 특수전사령부의 핵심병력인 75 레인저연대 1개 중대 특수전 병력을 배치했다.

솔레이마니 제거작전에 투입된 드론 MQ-9 리퍼

이란 혁명수비대는 드디어 피습 5일 만에 이라크의 아인 알 아사드 미군 공군기지에 탄도미사일 보복 공격에 나섰다. 이란 국영방송은 미사일 15 발을 발사했고 미군 80명이 죽었다고 보도했다. 전쟁 일보직전의 숨 막히는 긴장감이 흘렀다. 이란 공격 다음날 트럼프 대통령은 기자회견에서 '사상자가 전혀 없다'며 군사력 사용대신 강력한 경제제재를 이어가겠다고 밝혔다. 군사력을 사용하지 않겠다고 트럼프가 한 발 물러나면서 극한대치 상황은 일단 벗어났다. 이유가 있었다. 이란은 공격 1시간 전에 마흐디 이라크 총리에게 계획을 미리 통보했고 공격 지점도 미군 밀집지역이 아니었다. 자리프 이란 외무장관은 공격직후 '솔레이마니 살해에 대한 이란의 자위적 방어조치는 끝났다'며 '긴장 고조나 전쟁을 원치 않는다'고 덧붙였다.

미국과 이란의 득실

대선을 앞둔 트럼프 대통령은 미국에 가장 위협적인 존재를 전격 제거하는 결단력을 보여줬다. 미국 국민의 생명을 지키기 위해서는 전쟁까지 불사할 수 있다는 강력한 인상을 국민에게 심어줬다. 3차 세계대전 우려까지 팽배했지만 이란이 한 발 물러서면서 전쟁 부담으로부터 벗어났다. 이란 역시 미국이라는 초강대국과 맞상대하기는 부담스러웠다. 경제가 최악인 상황에서 전쟁은 파탄으로 가는 길이라는 것을 이란 당국은 알고 있었다. 엎친데 덮친 격으로 이란이 우크라이나 여객기를 오인 사격해 격추시킨 것으로 드러나면서 국제사회 비판이 쏟아졌다. 솔레이마니 제거작전 이후 주춤했던 반정부 시위는 다시 격화했고 정부에 대한 비판이 다시 분출하고 있다. 2019년 말 경제난 속에 이란정부가 휘발유가격을 50% 올리고, 유류보조금을 삭감한 뒤 시작된 시위였다. 미국 경제제재로 이란의 2019년 실업률은 16.78%까지 치솟았다.

이란에서 확고부동한 최고 정권실세였던 솔레이마니 제거이후 벌어질 권력투쟁도 주목받고 있다. 어쩌면 솔레이마니로 인해 숨죽여왔던 제2의,

제3의 솔레이마니가 부상하면서 이란 정체성이 바뀔 수도 있다. 권력투쟁 과정에서 미국과 연대하는 인물이 나올 수도 있고, 기존의 동맹국 러시아나 중국과 연대하는 인물이 나올 수도 있다. 이란 내부 권력투쟁에 주변 강국까지 얽히게 되면 복잡한 고차방정식으로 변하게 된다. 솔레이마니 제거 후폭풍이 생각보다는 크지 않았다. 사실상의 독재자 역할을 해온 솔레이마니의 제거를 반기는 이란 내 세력이 있기 때문이 아닐까?

IS 이슬람국가

2019년 10월 IS수괴 아부 바크르 알 바그다디가 사망했다. 미군 특수부대 공격을 받던 중 자살폭탄으로 스스로 목숨을 끊었다. 그의 목에는 오사마 빈 라덴과 같은 액수의 현상금 2,500만 달러가 걸려있었다.

아부 바크르 알 바그다디

공격 장면을 지켜본 트럼프 대통령은 "세계 테러 1순위 지도자를 심판했다"며 사망을 공식 선언했다. 아부 바크르 알 바그다디는 1999년 〈유일신과 성전〉[083]을 결성한 아부 무사브 알 자르카위의 심복이었다. 자르카위

---

083 이슬람 극단주의 테러조직. 아부 무사브 알 자르카위가 이끌던 수니파 계열의 단체로 IS(이슬람국가)의 전신이다. 자르카위가 조직원들을 직접 선별, 훈련했다. 2004년 5월 유대계 미국인 닉 버그를 참살한 것을 시작으로 민간인을 납치, 살해한 뒤 그 영상을 외부에 공개했으며 한국인 김선일도 희생자였다.

이슬람국가가 내세운 국기

가 미군에 의해 목숨을 잃은 2006년 알 바그다디는 IS를 조직해 본격적인 활동을 시작했다.

IS는 이슬람근본주의를 표방하는 극단적 수니파 테러단체다. 후세인 대통령 몰락이후 권력을 잡은 시아파에 반발해 등장한 세력이었다. 내세운 목적은 이라크와 시리아에서 수니파 칼리프 제도를 부활시키는 것이었다. 주로 이라크와 시리아를 거점으로 활동했으며 한때 준(準)국가단계까지 급성장했다. 민간인 학살과 성범죄, 약탈행위 등 극악한 행위로 사이비 이슬람 폭력집단이라는 평가를 받았다. 한때 이라크와 시리아 내륙, 아프가니스탄과 예멘 일부까지 차지했었다. 2012년 말까지 세력이 커져 2,500명으로 증가했다. 바그다드 일부와 안바르주(州), 니나와주(州) 등 이라크 지역을 점령했다. 시리아 내전 상황에서 데이르에조르와 락까, 알레포 대부분과 홈스 동부를 점령했다. 2013년 4월 이름을 이라크. 레반트 이슬람국(ISIL) 또는 이라크. 시리아 이슬람국(ISIS)으로 고쳤다. 알카에다[084]와는 2014년 갈라섰다. 2014년 6월29일 칼리프가 통치하는 새로운 이슬람국 건설을 공식 선언했다. 공식 명칭은 'IS'(이슬람국가 : Islamic State)였다.

초대 칼리프가 미군 공격과정에 숨진 아부 바크르 알 바그다디였다.

IS는 국가 군대급의 지휘체계와 전략을 갖춘 것으로 평가받았다. IS는 초

---

084 2001년 발생한 9.11테러의 배후로 널리 알려진 이슬람 국제 테러단체로, 오사마 빈 라덴이 1988년 결성하였다. 오사마 빈 라덴은 러시아군이 아프가니스탄을 침공했을 때 아랍 의용군으로 참전했으며 1991년 걸프전쟁 이후 반미세력으로 전환했다. 이슬람국가들의 영향력 확대를 위해 각종 테러에 자금을 지원해왔다.

기에 점령지역 내 은행과 상점을 약
탈했다. 모술 중앙은행에서 4억2
천9백만 달러를 강탈하기도 했다.
이슬람디나르라는 이름의 자체 화
폐를 발행했다. 2014년 무렵 IS는
15,000명의 병력규모를 갖추었다.
외국인 자원군 3,000명과 이라크인
6,000명, 시리아인 최대 5,000명으

로 구성됐다. 이라크군에 지원한 UH-60블랙호크와 화물 항공기 등 미군
무기와 장비, 차량, 군복까지 노획했다. IS는 정부와 군사시설에 대한 공격
뿐 아니라 민간인과 인질 학살도 자행했다. 인질 살해방법은 주로 참수였
다. 살해장면을 촬영해 선전과 대중결집, 새 대원모집에 활용했다. 2014년
10월에는 '노예제' 부활을 선언했다. 여성과 어린이 인신매매를 포함한 노
예제를 인정한다는 내용이다. 실제로 소수민족 야지디족[085]이 거주하는 이
라크 신자르를 점령한 뒤 여성과 어린이를 전투원들에게 전리품으로 나눠
줬다. 어린이를 즉결처분하거나 무기 운반, 자살폭파범으로 이용하고 있
다고 UN은 지적했다. 시아파 정권인 알 아사드의 시리아에 맞서 초기에는
시리아 반군 자유시리아 등과 행보를 같이 했지만 머지않아 둘은 갈라섰
다. 시리아 북동부 쿠르드민병대와도 맞섰다.

　　IS는 세계 도처에서 테러를 일으켰다. 프랑스 파리에서만 테러 7차례를

---

085 야지디족(Yazidis)은 이라크 북부 남쿠르디스탄에 거주 하는 소수종교 민족 집단이다. 2010년대에 야지디족 인구는 약 70
　　만 명이었다. 이라크 지역에 500,000명, 시리아와 아르메니아, 러시아 카프카스 지방, 독일에 각각 4~6만 명, 조지아에 약
　　2만 명 정도가 분포한다. 야지디족은 고유 언어가 없으며, 쿠르드어를 쓰지 않는 소수 야지디족은 아랍어 등을 사용한다.
　　이라크와 시리아 지역을 장악한 IS는 야지디족에 대한 인종청소를 시도했다. 2014년 8월 이라크 북서부 신자르 지역을 장
　　악한 IS는 이곳에 살던 야지디족 남성 5,000명을 학살하고, 수많은 여성을 납치해 성노예로 삼았다.

자행해 130명을 살해했다. 브뤼셀, 맨체스터, 이스탄불 등의 총기와 폭탄 테러의 배후를 자처했고 희생자 수만 500명에 가까웠다. 2014~2015년에 걸쳐 시리아-이라크의 과반을 점령하면서 급격히 세력이 커졌다. 2014년 부터 미국, 영국, 프랑스 등은 대대적 공습에 나섰고 러시아와 중국도 이를 지지했다. 시리아 알 아사드 정권을 후원하는 시아파 국가 이란 역시 IS 에는 적대적이었다. IS는 2017년 모술과 팔루자, 하위자 등의 주요 지역을 상실하면서 급격히 쇠퇴했다. 미군 지원을 받은 시리아민주군(SDF)[086]이 IS 근거지 락까를 점령하는 등 이라크 전역에서 지배력을 상실해 소멸단계에 들어섰다. 2019년 초 시리아 민주군이 최후 거점을 점령하면서 국가로서 의 IS는 완전히 사라지고 점조직화된 잔당만 남았다.

아프가니스탄 전쟁
– 그 지리한 끝은?

2019년 12월 미국과 아프가니스탄 무장반군조직 탈레반 간의 평화협상이 다시 시작됐다. 9월 초 트럼프 대통령의 '협상 사망' 선언 이후 3개월 만이었다. 2001년 9.11테러[087]로 발발한 아프가니스탄 전쟁은 20년 가까이 여전히 진행 중이다. 미국 역사상 최장기 전쟁이다. 전쟁에서 사망한 국제 연합군은 약 35,000명이고, 그 중 미군은

---

086 시리아 내전에서 이슬람 국가(IS)에 대항해 싸웠던 아랍인, 시리아인, 쿠르드족 등의 연합세력. SDF의 주적은 IS로서, 락까 등 IS의 전략요충지에서 IS를 패퇴시켰다.

087 2001년 9월 11일 발생한 미국 뉴욕의 110층 세계무역센터(WTC) 쌍둥이 빌딩과 워싱턴의 국방부 건물에 대한 항공기 동시 다발 자살테러 사건이다. 이슬람 테러단체가 민간 항공기 4대를 납치한 뒤 벌인 사건으로 90여 개국 2,800~3,500여 명이 생명을 잃었다. 미국인들은 이 사건을 '제2의 진주만 공격'으로 불렀다. 미본토가 외부 공격을 받은 것은 처음이었다고 부르기도 하지만, 미국 건국 이래 본토의 중심부가 외부의 공격을 받은 것은 처음이다. 미국은 오사마 빈 라덴과 그의 조직 알 카에다를 주요 용의자로 지목했다. 그해 10월 아프가니스탄에 대한 공격이 시작됐다.

2,300명 이상이다. 아프간 민간인은 32,000명 이상이 사망했다고 유엔 보고서는 밝혔다.(2019) 미 국방부는 그동안 투입된 예산을 7,300억 달러(약 870조 원)로 추정했다. 2000년 9.11테러 직후 미국은 알 카에다 수장 오사마 빈 라덴을 책임자로 지목했다. 탈레반이 장악하고 있는 아프가니스탄 정권에 빈 라덴 인도를 요구했지만 거부당했다. 미국은 9.11테러 다음 달 7일 영국과 함께 아프가니스탄 공습을 전격 감행했다. 걸프만과 아라비아해에 집결해 있던 양국 항공모함에서 폭격기들이 이륙했다. 이지스함과 핵 잠수함들이 토마호크 크루즈 미사일을 발사했다. 당시 아프가니스탄 북부에는 1996년부터 반(反)탈레반 세력인 북부동맹088이 저항하고 있었다. 미국과 동맹국들은 지상군 투입대신 북부동맹을 이용했다. 미국 지원을 받은 북부동맹은 15,000명의 병력을 동원해 마자르 이 샤리프와 헤라트, 카불을 점령하고 2달 만에 탈레반 본거지 남부 칸다하르를 함락했다.

오사마 빈 라덴

088 1996년 아프가니스탄 탈레반 집권이후 구성된 반(反)탈레반 연합체. 러시아, 우즈베키스탄, 인도, 이란, 우즈벡 등 민족과
종파가 다른 9개의 소수세력으로 구성돼 있다. 미국의 아프가니스탄 공습으로 탈레반 정권은 일시적으로 붕괴됐고 2001
년 12월 구성된 아프가니스탄 과도정부에서 북부동맹이 내각의 핵심요직을 맡게 되었다.

탈레반은 동부 파키스탄 국경으로 달아났다. 2002년 6월 하미드 카르자이 대통령의 아프가니스탄 과도정권이 출범했다. 그러나 북부동맹은 복잡한 연합체였고 일치된 강력한 힘을 발휘하지 못했다. 인종적으로 러시아, 우즈베키스탄, 인도, 이란 등의 지원으로 여러 종족이 결합한 군벌이었다. 군벌은 과도정부 통제에 따르지 않았고 군벌 간 전투도 끊이지 않았다. 정부군은 5,000명에 불과했지만 군벌의 민병대는 20만 명에 이르렀다. 이런 혼란 와중에 탈레반이 다시 세력을 찾기 시작했다. 파키스탄 국경 주변 지역에서 여전히 지지를 받았고 아편재배와 광산 등으로 매년 수억 달러를 챙겼다. 정부군은 수도 카불만 지키는 치안대에 불과했다.

2003년 미국이 이라크와 전쟁을 시작하면서 아프간은 상대적으로 미국 관심에서 멀어졌다. 탈레반은 이 기회를 놓치지 않았다. 파키스탄 접경지대를 기반으로 빠른 속도로 전력을 증강하면서 게릴라 반격전을 펼쳐나갔다. 2003년 10월 유엔안보리는 국제안보지원군(ISAF) 임무를 아프가니스탄 전역으로 확대하도록 승인했다. 50여개국 5,500명 규모로 북대서양조약기구(NATO) 지휘아래 있었다. 국제안보지원군은 아프가니스탄 국토 전체를 4개 주요 구역으로 나눠 치열한 전투를 치렀다.

2009년 취임한 대통령 오바마는 '선택과 집중 전략'을 택했다. 이라크에서 병력을 빼내 탈레반이 주요 지역을 장악한 아프간에 집중하기로 한 것이다. 이때부터 연합군 전사자 수는 기하급수로 증가하기 시작했다. 2001년 침공 이래로 2012년까지의 미군 전사자 수가 2,356명에 이를 정도였다. 2011년 미국 특수부대가 9.11테러 배후로 지목된 오사마 빈 라덴을 파키스탄에서 사살했다. 미국 내부에서는 전쟁피로감으로 반전여론이 비등하고 나토군은 점차 발을 빼는 분위기였다.

탈레반 전사

  결국 2013년부터 미국은 탈레반과 협상을 시작했다. 탈레반에 포로로 잡혀있던 버그달 병장과 관타나모 수감 탈레반 포로 5명 교환을 계기로 협상은 무르익었다. 2014년 오바마 대통령은 연내 아프간 전쟁 공식 종료 계획과 미군 철수안을 발표하기에 이른다. 그 많은 사상자와 엄청난 물량의 결과가 '오사마 빈 라덴 사살'뿐이라는 비판이 이어졌다. 그러나 오바마 대통령은 임기 내 미군 철수계획을 전면 백지화하고 아프간 주둔 미군 8,400명을 남기겠다고 입장을 바꿨다. 오바마가 오락가락하는 사이 탈레반 세력은 전국 영토 37%에 영향을 미칠 만큼 강성해졌다. 2016년 기준으로 아프간 전체 407개 군(郡) 가운데 33개 군의 통제권을 완전히 장악했고 116개 군에서 통제권을 놓고 정부와 힘겨루기를 했다.

  새로 취임한 트럼프 대통령은 '새 아프간 전략'을 발표했다.(2017년) 트럼프는 주둔 미군 철수 등의 시한 제시 대신 테러세력에 대한 승리를 강조했다. 8,400명 수준인 미군 증원과 테러세력에 대한 적극적 공격도 시사했다. 이슬람국가(IS)가 소멸된 시점에 맞춰 이라크 주둔 미군 병력과 장비가 아프가니스탄으로 이동했다. A-10 지상 공격기, B-52H 전략폭격기 등을 동원한 공습은 대폭 늘어났다. 동시에 트럼프 행정부, 아프가스탄정부는 탈레반과의 평화협상을 추진하기 시작했다. 2018년 초 아슈라프 가니 아프가니스탄 대통령은 내전 종식을 위한 평화협상 개시를 위해 탈레반을 합법단체로 인정할 수 있다고 밝혔다. 탈레반도 앞서 아프간 주둔 외국 병력이 철수하면 평화회담을 할 수 있다고 말했다. 미국은 평화회담 지지입장을 냈다. 지리멸렬한 논의 끝에 미국과 탈레반은 2019년 9월 협상에 합의했다고 밝혔다. 아프간에 주둔 중인 미군 14,000명 중 1단계로 5,400명을 20주 안에 철수하고 미군기지 5개도 폐쇄한다는 조건이었다. 탈레반은 아프간을 테러기지로 사용하는 외부 테러세력들을 허락하지 않기로 합의했다.

문제는 탈레반과 미국의 협상테이블에서 현재의 아프간정부는 배제됐다는 점이었다. 아프간정부는 반군 탈레반의 지위를 국제적으로 인정한 것이라고 분개했다. 탈레반 주도의 차량 폭탄 공격으로 미군 사망자가 나오자 협상이 중단되는 등 우여곡절 끝에 협상은 다시 재개됐다. 20년 가깝게 이어진 지리한 전쟁에 퍼부은 돈과 희생에 비해 미국은 딱 부러지게 내세울 만한 성과가 없다. 베트남 전쟁의 재판이라고 불리는 이유이다. 아프가니스탄은 그 험준한 지형과 그에 기반한 게릴라 전술로 최강대국 영국, 소련, 미국을 차례로 사실상 패퇴시킨 기록을 갖게 됐다. '제국의 무덤'이라 불리는 이유다.

탈레반

탈레반은 수니파 이슬람 원리주의 정치 군사 단체이다. 그들은 1994년 아프가니스탄 동남쪽 파슈툰 지역의 학생, 즉 '탈레브'(Talib) 25,000명으로 시작했다. 2016년부터 하이바툴라 아크훈자다가 이끌고 있다. 모하메드 오마르 지도아래 나머지 무자헤딘[089] 군벌 세력을 약화시키며 아프가니스탄 전역으로 세력을 확대했다. 탈레반은 1996년 마침내 수도 카불에 입성, 부르하누딘 라바니 친소련정권을 무너뜨렸다. 1996년부터 2001년까지 탈레반은 아프가니스탄의 3/4을 사실상 장악했으며 엄격한 이슬람 통치를 실시했다. 특히 여성과 아동에 대한 인권침해로 국제사회의 비난을 받았다. 여성의 고등 교육과 취업, 자유로운 외출을 규제하고 부르카 착용을 의무화하는 등 극단적 원리주의를 추구한다. 1998년에는 미 대사관 폭탄테러 배후로 지목된 사우디 출신의 오사마 빈 라덴에게 은신처를 제공해 아프가니스탄 전쟁의 원인이 되었다. 2001년에는 세계 문화유산 '바미안 석불'[090]을 파괴해 세계를 경악케 했다. 미국과 영국의 공습 이후 북

---

089 아프가니스탄의 무장 게릴라 조직. 1979년 소련이 아프가니스탄을 침공한 이후, 산악지방을 근거지로 반정부활동을 하면서 알려졌다. 1989년 소련군이 철수할 때까지 10년간 미국·파키스탄·사우디아라비아 등의 지원을 받으면서 소련군에 대항했다. 1992년 친소 괴뢰정권 나지불라(Najibullah) 정권을 몰아내고 정권을 잡았으나 내부 분쟁이 끊이지 않았다. 집권 4년 만인 1996년 반군인 탈레반에게 빈 라덴 역시 아프간사태 때에는 무자헤딘의 일원으로 소련에 대항해 싸우기도 하였다. 수도 카불을 빼앗기면서 다시 무장 게릴라 조직 활동을 했고 북부동맹의 일원으로 참가했다. 오사마 빈 라덴 역시 아프간사태 때는 무자헤딘의 일원으로 소련에 대항해 싸웠다.

090 아프가니스탄 카불 북서 힌두쿠시 산맥의 소분지에 세워진 석불. 3~5세기에 만들어진 높이 53m 불상과 35m 벽화로 유명하다. 2001년 탈레반이 석불을 파괴했다. <왕오천축국전>을 쓴 신라인 혜초도 이곳을 찾았다.

부동맹이 탈레반을 압박 공격해 결국 권좌에서 물러났고 대부분 남부 파키스탄 접경지대로 달아났다.

탈레반이 로켓탄으로 파괴한 바미안 석불

이들이 유입되면서 파키스탄에도 탈레반 조직이 만들어졌다. 파키스탄

탈레반은 국경 지역 와지리스탄주에서 시작해 북서변경주로 세력을 넓혔다. 파키스탄 정부로부터 2009년 율법 통치를 인정받은 스와트 지역에서 탈레반은 금욕적 생활을 강요했다. TV시청은 물론 음악 감상과 여성 교육을 금지했다. 사소한 법위반에도 태형이나 참수형을 당했다. 탈레반이 협정을 어기고 파키스탄 수도 이슬

라마바드로 진격하자 파키스탄정부는 대대적 소탕작전에 나섰다. 정부군은 스와트 계곡에서 탈레반을 몰아내고 와지리스탄까지 장악했다고 발표했다. 아프가니스탄 탈레반은 세력을 다시 회복해 2019년 아프가니스탄의 실질적인 대표자격으로 미국과 평화협상을 벌였다.

소말리아 내전

2020년 새해를 불과 나흘 앞두고 소말리아 수도 모가디슈에서 자살 폭탄테러로 최소 79명이 사망했다. 무장세력 알 샤바브[091]가 일으킨 테러였다. 소말리아 주둔 미군은 3차례 반격 공습으로 알 샤바브 조직원 4명을 제거했다. 1991년부터 현재까지 내전 상황인 소말리아의 현주소이다. 소말리아는 국민 85%가 소말리아족인 사실상 단일민족국가이다. 석유 매장량은 60억 배럴로 추정되고 중동 석유가 통과하는 해상 수송의 요충이다. 식민지배 시절 소말리아는 3개 지역으로 구성돼 있었다. 오늘날 지부티로 불리는 프랑스령 소말리아, 소말리랜드로 불렸던 영국령 소말리아, 소말리아로 불렸던 이탈리아령 소말리아였다. 영국령 소말리아, 즉 소말리랜드는 1960년 독립해 35개국의 승인을 받았다. 이로부터 5일 후 이탈리아령 소말리아도 독립해 소말리아공화국으로 출범했고 앞서 독립한 소말리랜드를 강제 합병했다.

소말리아 내전의 비극은 모함멛드 시아드 바레 소말리아 대통령으로부터 시작된다. 1969년 바레가 쿠데타로 집권해 소말리아공화국 대통령으로 취임했다. 바레는 소말리족이 하나의 국가아래 뭉쳐야 한다는 대(大)소말리

---

091 소말리아의 극단주의 테러 조직. '알 샤바브'는 아랍어로 '젊음' 또는 '청년'을 뜻한다. 알 샤바브는 이슬람법정연합(ICU)이라는 이름의 근본주의 조직의 청년 분과로 출발했으며, 2006년 독립했다. 조직원은 총 3천~7천 명 정도인 것으로 추정된다. 자폭테러와 동영상을 이용한 선전, 해외 조직원 모집 등 알카에다의 전술을 그대로 사용한다.

주의를 기치로 내걸었다. 에티오피아 오가덴 지방에 살던 소말리인들은 이에 부응해 1977년 에티오피아로부터 독립운동을 벌였다. 소말리아는 이들에 대한 군사지원을 실시하고 에티오피아군과 전투를 벌였으나 참패했다. 전쟁패배로 소말리아 경제가 파탄나면서 바레의 정치적 입지가 약해졌다. 또 다른 갈등요소는 마레한 부족 출신 바레의 부족 차별정책이었다.

이에 반발해 3대 부족 하비에와 더로드, 이사크족은 1980년대 초부터 바레 정권에 대항했다. 1990년 부족 연합세력 통일소말리아회의(USC)는 결국 바레 정권을 붕괴시켰다. 그러나 권력을 둘러싼 내분이 일어났다. 엎친데 덮친 격으로 옛 영국령 소말리랜드 지역이 소말리아로부터 독립을 선언했다.(1991) 본격적인 내전이 시작되었다. 내전에 가뭄까지 겹치면서 30만 명이 굶어죽었다.

1992년 유엔은 미국 주도의 다국적군을 파견했지만 군벌 아이디드를 중심으로 격렬한 저항이 지속되었다. 모가디슈전투에서 미군 18명이 전사하고 73명이 부상한 뒤 미국은 철수를 결정했다. 유엔도 1994년까지 사실상 임무에 실패한 채 대부분 철수했다. 2004년 유엔 주도로 주요 부족 지도자들이 과도연방정부를 구성하고 선거를 치르기로 했다. 그러나 이슬람민병대인 '이슬람법정연합'이 세력을 넓히면서 다시 내전 상태로 빠졌다. 이슬람법정연합은 치안이 악화된 시가지 등에서 이슬람 성직자들의 지도하에 율법에 의한 자경단 역할을 수행하는 집단이었다. 이들은 국민의 지지 속에 무력을 바탕으로 소말리아 남부를 제압했다. 이에 2006년 기독교국가 에티오피아는 국경안보를 명목으로 소말리아에 개입하였다. 배후에는 이슬람정권이 들어서길 우려한 미국이 있었다. 미국과 에티오피아, 아프리카 연합평화유지군은 이슬람법정연합을 패퇴시켰다. 하지만 여기에서 갈라져 나온 강경 폭력세력 '알 샤바브'가 다시 세력을 넓혀갔다.

소말리아 수도 모가디슈

　내전 와중에 소말리아는 2012년 과도연방정부 체제를 끝내고 새 헌법 아래 하산 셰이크 모하무드를 새 대통령으로 선출했다. 알 샤바브는 남부 소말리아 대부분을 차지했고 여전히 정부군에 대항하고 있다. 국토의 30%를 장악하고 있는 알 샤바브는 아프리카연합평화유지군, 미군, 민간인, 주변국 등을 대상으로 테러공격을 지속하고 있다. 미국 아프리카사령부는 2016년에는 14건, 2017년에는 35건의 정밀타격을 실시하였다. 트럼프 대통령은 취임후 소말리아를 '적대행위가 만연한 지역'으로 규정했다. 공습을 크게 늘여 2018년 한 해 동안 헬기와 드론을 이용해 45회 공습을 실시했다.

소말리아 해적

무정부 상태에서 소말리아 경제는 완전히 붕괴했다. 이 시기에 발흥한 것이 아덴만의 소말리아 해적 세력이다. 아덴만은 중동원유가 수에즈 운하를 통해 유럽으로 가는 주요 통로이다. 유조선을 포함해 선박출입이 빈번한 해역이다. 해적들은 당초 어업 종사자로서 스스로의 안전을 위해 자발적인 해안경비대로 시작했다. 그러나 소말리아 해안을 장악한 군벌들이 이들을 지원하면서 본격적인 해적세력으로 변질했다. 대부분의 해적은 20세에서 35세 정도로 소말리아 북동쪽에 위치한 푼틀란드 출신이다. 최소 5대 해적집단이 있고 각각 1,000명 정도의 무장병력이 있을 것으로 추정된다.

유엔안보리는 2008년 6월 해적퇴치를 위해 외국군대의 소말리아 영해 진입을 허용하는 결의안 1816호를 채택했다. 대한민국은 해적차단과 테러방지, 한국 선박 보호목적으로 2009년부터 아덴만에 청해 부대를 파병했다. 대한민국 총 해운 물동량의 29%가 아덴만을 통과한다. 소말리아는 30년 가까운 무정부상태에서 극단주의 세력과 무장 해적 세력이 똬리를 틀고 있는 '실패국가'의 전형으로 자리매김하고 있다. 초강대국 미국의 군사작전도, 유엔의 노력도, 아프리카연합의 대응도 통하지 않는 무법지대로 변했다.

체첸과 러시아 침공

2004년 2월 모스크바 지하철 폭탄 테러로 30명이 죽고 100명 이상이 부상했다. 불과 3달이 채 되지 않아 체첸 수도 그로즈니에서 또 다시 폭탄 테러가 발생해 카디로프 대통령이 사망하고 100여 명이 다쳤다. 러시아로부터 독립하고자 하는 체첸 무장조직에 의한 테러였다. 체첸은 이슬람 유목민 '나흐족'이 살던 지역이었다. 러시아 남부 카스피해 서쪽에 위치한 공화국으로 19,300km² 면적에, 인구는 130만 명이다. 주민 대부분은 이슬

체첸 전사로 구성된 러시아부대

람교도라서 그리스정교가 주를 이루는 러시아에 이질감을 느끼고 있다. 전통적으로 상무정신이 강한 산악지대 전투 민족으로 정평이 나있다.

체첸은 1859년 러시아제국에 강제 합병됐다. 구소련은 체첸을 자치공화국으로 편입했고 (1936년) 체첸인들은 대규모 저항을 했지만 소련군이 강제 진압했고 120,000명이 학살당했다. 2차 세계대전 말기 스탈린은

체첸인 500,000명을 시베리아와 카자흐스탄으로 강제 이주시켰다. 독립을 위해 독일 점령군에 협조했다는 이유였다. 이 과정에 체첸인 230,000여 명이 사망했다. 1991년 구소련 해체 무렵 애초부터 반(反)러시아 감정이 강했던 체첸은 독립을 선언했다. 당시 체첸 대통령은 두다예프였다. 체첸 독립을 좌시할 수 없었던 러시아는 체첸 내부에서 반(反)두다예프 쿠데타가 일어난 것을 계기로 1994년 체첸을 공격했다.(1차 체첸전쟁) 체첸 지역은 연간 260만 톤의 원유를 생산하고 카스피해 원유를 러시아로 공급하는 송유관이 통과하고 있어 러시아와 이해관계가 깊었다. 체첸 독립은 러시아 남서부 국경지대 21개 소수민족들의 자치공화국에 영향을 줄 수도 있는 사안이었다. 이 분쟁으로 두다예프 대통령이 사망했지만 러시아군은 체첸 수도 그로즈니 함락에 1달 넘는 시간이 걸렸다.

전쟁이 장기화되면서 양측은 평화협정을 맺었다.(1996년) 사실상 러시아의 패배였다. 러시아 내부에서는 평화협정에 대한 불만이 존재했다. 체첸에

북캅카스산맥의 러시아 자치공화국

서도 샤밀 바샤예프 등 강경파들이 인질 테러 등을 자행하며 대(對)러시아 투쟁을 지속했다. 체첸군은 다게스탄공화국을 점령한 뒤 신생독립 회교국 '체첸–다게스탄공화국' 건설을 공포하기에 이르렀다. 1999년 모스크바와 상트페테르부르크 도심에서 잇따라 폭탄공격이 벌어졌다. 러시아는 희생자 200여 명이 발생한 이 테러를 체첸군의 소행으로 판단했다. 러시아는 1차 체첸 전쟁에 대한 설욕전을 벌이듯 체첸 국경지역 반군 거점에 무차별 공습을 감행했다.(1999년) 2차 러시아–체첸 전쟁이었다. 수도 그로즈니가 다시 점령되고 체첸 반군 22,000명 중 절반 이상이 사살됐다. 체첸 반군의 테러 활동이 지속되었지만 세력은 점차 약해졌다. 푸틴 대통령은 체첸에 친(親)러시아 정권을 수립하겠다는 방침을 내걸었다. 자치를 인정하는 대신 체첸이 러시아 일부임을 명시한 공화국 헌법을 제정하게 했다. 현재 체첸공화국은 람

잔 카디로프가 2006년부터 총리에 이어 대통령을 맡고 있다. 체첸 분리주의에 강경태도를 갖고 있으며 푸틴 대통령의 신임을 받고 있다, 러시아는 2009년 체첸에서의 반테러 작전 종결을 선언했다. 무명에 가까웠던 푸틴이 러시아 실권자가 되는 데는 체첸공격을 진두지휘한 공이 컸다.

중국 소수민족

세계 3위의 면적을 갖고 있는 14억 인구 중국에는 다양한 민족이 살고 있다. 한족 외에 55개 소수민족 1억2천만 명이 살고 있다[092]. 일부 소수민족은 한민족이 지배하고 있는 중국으로부터의 독립을 원하고 있다. 대표적인 민족이 티베트족과 위구르족, 네이멍구의 몽골족이다.

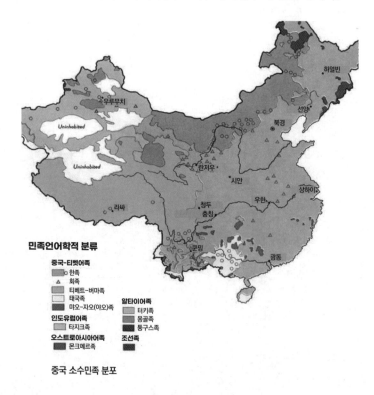

민족언어학적 분류

중국-티벳어족
- 한족
- 회족
- 티베트-버마족
- 태국족
- 먀오-자오(야오)족

인도유럽어족
- 타지크족

오스트로아시아어족
- 몬크메르족

알타이어족
- 터키족
- 몽골족
- 퉁구스족

조선족

중국 소수민족 분포

092 중국국가통계국 '15년

티베트

중국 시짱(西藏) 자치구를 중심으로 한 티베트족 인구는 500만 명 남짓이다. 시짱에 340만, 나머지는 중국 남서부 지역에 주로 흩어져 살고 있다. 티베트는 7세기 초 최초의 통일국가 토번[093]을 세웠다. 전성기를 누리던 티베트는 원나라와 청나라에 잇따라 복속됐다[094].

이들 나라는 티베트의 정교일치 체제를 용인해 느슨하게 통치했다가 신해혁명[095]으로 혼란한 틈을 타 티베트인들은 각지에서 봉기해 중국군을 몰아냈다. 그러나 중국 국민당정부나 공산당 모두 티베트 독립을 인정하지

티베트 라싸 포탈라궁

---

093 7세기 초에서 9세기 중엽까지 활동한 티베트왕국. 7세기 손챈감포왕 말기부터 국가체제를 정비하여 강대한 나라를 이룩하였다. 822년 당과 평화조약을 맺은 불교국가 실현에 주력했으나 846년 붕괴하였다.

094 1240년, 몽골은 티베트를 치고 복속시켰다. 티베트 승려 파스파는 몽골의 파스파 문자를 만들기도 하였으며 몽골에 티베트 불교를 전파하였다. 티베트는 원의 속국이긴 하였지만 자치를 하는 등 많은 혜택을 받았다. 몽골의 주된 종교는 티베트 불교가 되었다.

095 1911년(辛亥年)에 일어난 중국의 민주주의 혁명. 쑨원을 대총통으로 하는 중화민국이 탄생했다. 청 말기 서구 열강의 침입에 무기력한 상황에서 중국 전역에서 봉기가 일어났다. 청나라 타도와 입헌군주제 추진을 주장하는 개화세력을 중심으로 1911년 우창[武昌]에서 봉기하여 쑨원의 삼민주의를 이념으로 하는 중화민국 정부를 설립했다.

않았다. 2차 국공내전096이 끝나고 1950년 중국 인민해방군 수만 명이 티베트로 밀고 들어가 강점했다. 티베트인들은 유엔, 인도, 영국 등에 지지를 호소하며 저항했지만 소용없었다. 1959년 티베트 수도 라싸에서 독립을 요구하는 폭동이 일어났다. 중국병사 2,000명이 사망했고 중국정부의 무력진압은 강경했다. 티베트인 80,000명 이상이 피를 흘린 것으로 알려졌다. 종교지도자 14대 달라이라마는 추종자 100,000명과 함께 인도로 망명해 임시정부를 수립했다.(1959년) 비폭력 저항운동을 벌여온 14대 달라이라마는 1989년 노벨평화상을 수상했다.

미국은 티베트 문제를 중국 민주주의와 인권문제에 결합시켜 대(對)중국 정책에 반영하고 있다. 중국은 강력 반발하고 있다. 위구르족이나 네이멍구 등 자치구 소수민족에 영향을 미칠 수 있기 때문이다. 중국정부의 적극적인 이주 정책으로 수도 라싸 인구의 절반은 한족(漢族)이다. 티베트의 실권과 경제권은 한족이 차지하고 있다. 민족감정과 빈부격차에 대한 불만이 커져갔고 2008년 라싸에서 다시 대규모 시위가 벌어졌다. 진압과정에서 19명이 숨졌고 한족에 대한 반감은 줄지 않았다.

미국 하원 외교위원회는 티베트의 종교적 자유와 인권 확대를 지지하는 법안을 통과시켰다.(2019년 12월) 달라이라마를 부정하고 중국정부 주도의 후계자를 세우려는 중국 관료에 대한 경제 제재와 미국 입국금지 내용을 담고 있다. 앞서 미 의회는 홍콩시위와 신장위구르족 인권 문제와 관련해서도 중국 압박 법안을 잇달아 통과시켰다. 중국정부는 인구 95%가 농노였던 티베트인들을 1950년 해방시켰고 티베트를 발전시켰다며 항변한다. 지

---

096 2차 세계대전이 끝나고 미국 지원을 받은 장개석의 국민당과 소련 지원을 받은 모택동의 공산당이 다시 전투를 벌였다. 2차 국공내전의 시작이었다. 초기에는 국민당이 우세했지만 모택동의 인민해방군이 상승세를 타면서 1949년 베이징에 입성하고 이어 국민당 정부 수도 난징까지 점령하면서 전역을 차지했다. 1949년 10월 1일, 모택동은 중화인민공화국을 선포하고, 장개석은 타이완으로 쫓겨나게 된다.

난 70년 동안 티베트 연평균 성장률이 9%에 가깝고 평균수명도 대폭 늘어났다고 말한다. 티베트는 2018년 GDP가 9.1%로 귀저우(貴州)성과 함께 중국에서 가장 높은 지역이다. 티베트 망명정부라 할 수 있는 달라이라마의 임시정부가 여전히 국제적인 목소리를 높이고 있다. 이에 내응하는 티베트 내부의 독립열기 역시 식지 않고 있다. 여기에 미국이 중국 내 소수민족 인권문제까지 거론하면서 중국의 심기는 매우 불편하다.

2019년 한 해를 뜨겁게 달구었던 홍콩시위의 여진은 여전하다. 새해벽두 대만 차이잉원 총통 재선은 '하나의 중국'이라는 중국의 대원칙을 거스르고 있다. 분리 움직임에 대한 중국 대응은 더욱 강경해질 것이다.

신장위구르족
… 끊임없는 테러 독립운동

신장자치구의 위구르족 100만~180만 명이 강제수용소에 구금돼 고문, 폭행에 시달리고 있다고 파이낸셜타임스가 보도했다.(2019년 12월) 중국 당국은 수용소는 단순 교육시설에 불과하다고 설명하고 있다.

위구르 강제수용소 위성사진

이주 정책에 따라 대거 옮겨왔던 한족주민들은 급속하게 빠져나가고 있다. 한족 이주 정책으로 인구 500,000명으로 성장했던 신장 제2의 도시 쿠얼러 인구는 반 이상 줄어들었다. 위구르족을 강제수용소에 마구 구금한 탓에 노동력이 부족해지고 경제가 침체되고 있기 때문이다.

신장위구르 지역의 인구 구성비는 위구르인 835만(45%), 한족 749만(41%), 카자흐인 125만(7%)이다. 이슬람교를 믿고 있는 위구르족은 인종적으로 한족과 가장 이질적이다. 소수민족 가운데 저항이 가장 거세고 무장 독립운동을 이어가고 있다. 1991년 구소련의 붕괴는 위구르족을 자극했다. 소련 붕괴와 함께 중앙아시아 이슬람국가들은 대거 독립했기 때문이다.

위구르족은 독립운동을 시작했지만 성과는 없었다. 위구르족의 분리 움직임은 점차 폭력적으로 변해가면서 폭동사태가 벌어졌다. 1997년 2월에는 우루무치에서 연쇄버스폭발사건이 발생한 이외에 카자흐스탄 국경에 가까운 이닝 시에서도 많은 사람이 희생된 충돌이 있었다. 2009년 위구르족은 대규모 독립 시위를 벌였다. 197명이 사망하고 1,721명이 부상했다고 중국정부가 밝혔다. 망명 위구르 조직 '세계위구르회의'는 당시 살해당한 위구르인은 최대 3,000명에 이른다고 주장했다. 이후 위구르족의 이슬람 극단주의 테러리즘이 이어졌다. 1990년대 초 조직된 무장테러단체 '동투르키스탄이슬람운동'이 여전히 활발하게 활동하고 있다. '동투르키스탄'은 위구르족이 1944년 세웠던 독립국가 명칭이었다. '탈레반', '알 카에다' 등과 연관돼 있는 것으로 알려졌다. 현재는 중국 국외로 추방된 레비야 카디르가 위구르족의 독립운동을 주도하고 있다.

위구르 여성 독립운동가 레비야 카디르

2007년 이후 위구르족 테러 일지

- 2007년 1월 5일 - 중국 공안, 동투르키스탄이슬람운동(ETIM) 테러훈련기지 급습, 18명 사살.

- 2008년 3월 7일 - 위구르족 10대 여성, 우루무치발 베이징행 민간여객기 테러공격 시도.

- 2008년 8월 4일 - 신장위구르자치구 카스(喀什)에서 무장경찰 향해 수류탄 투척, 17명 사망, 15명 부상.

- 2008년 8월 10일 - 신장위구르자치구 쿠처(庫車)현 연쇄 폭탄테러. 테러범과 경찰 등 10여 명 사망.

- 2009년 2월 25일 - 신장위구르자치구 출신 남녀 베이징 도심에서 아들과 함께 분신자살 시도.

- 2009년 7월 5일 - 신장위구르자치구 수도 우루무치에서 분리 독립 요구 유혈 시위. 중국정부 발표 197명 사망, 1,721명 부상

- 2009년 9월 - 신장위구르자치구의 한족 대상 '주사기 테러' 발생.

- 2010년 8월 19일 - 신장위구르자치구 아커쑤(阿克蘇)시 교외 폭발물 실은 삼륜차 인파로 돌진. 21명 사상.

- 2011년 6월 29일 - 위구르인 6명 신장위구르자치구 허톈(和田) 공항 항공기 납치 시도.

- 2011년 7월 18일 - 신장위구르자치구 허톈(和田)시 경찰파출소 습격. 14명 사살.

- 2011년 8월 31일 - 신장위구르자치구 카스(喀什·카슈가르)시 연쇄 흉기 테러로 19명 사망.

- 2012년 2월 28일 - 신장위구르자치구 카스시 예청(葉城)현에서 흉기 테러로 시민 13명 사망, 용의자 7명 사살.

시진핑 집권이후

- 2013년 6월26일 - 신장위구르자치구 투루판(吐魯番)지구 루커친(魯克沁)진 관공서 습격, 35명 사망.

- 2013년 10월28일 - 베이징시 텐안먼(天安門) 위구르 일가족 차량 돌진 사건 발생, 40여 명 사상(5명 사망).

- 2014년 1월24일 - 신장위구르자치구 아커쑤(阿克蘇)지구 신허(新和)현 경찰 공격, 12명 사망.

- 2014년 3월1일 - 윈난(雲南)성 쿤밍(昆明)시 쿤밍철도역에서 흉기 테러 발생, 170여 명 사상(29명 사망).

- 2014년 4월 30일 - 신장위구르자치구 우루무치 기차역에서 자폭테러가 발생해 80여 명 사상(3명 사망). 테러 직전 시진핑 주석 신장 방문 끝내고 베이징으로 떠남.

- 2014년 5월 22일 - 신장위구르자치구 우루무치 인민공원 인근 차량폭탄테러, 최소 125명 사상(31명 사망).

신장지역에 위구르족이 들어온 것은 9세기 무렵이었다. 13세기 원나라가 정복한 뒤 중국 역대 왕조 지배하에 있었다. 중국과 서쪽에서 밀려오는 이슬람세력의 치열한 충돌지점이었다. 1727년 청나라와 러시아가 '카흐터 조약'을 체결하면서 신장 지역의 위구르족은 중국 소수민족으로 흡수되었다. 19세기 들어 청나라에 대한 반란이 수시로 일어났다. 1944년 위구르족은 독립국 '동투르키스탄'을 세웠다. 4년 뒤 중국 공산당의 인민해방군이 들어와 점령했고, 1955년 신장위구르자치구로 선포됐다.

위구르족 인권탄압과 관련해 미국 연방하원은 2019년 말 위구르법을 통과시켰다. 인권탄압에 관여한 신장자치구 당서기 천취안궈 등 중국 인사들의 비자를 제한하고 자산을 동결하는 내용이다. 트럼프 대통령이 홍콩인권법에 서명한 뒤 나온 미 하원의 가결에 중국은 거세게 반발했다. 신장위구르자치구는 동서 길이 2,000㎞, 남북 폭 1,600㎞, 면적 160만㎢로 중국 전체 영토의 6분의 1을 차지한다.

중국 31개 성 · 시 · 자치구 가운데 가장 큰 지역이다. 일대일로(一帶一路)의 핵심 육상 거점이다. 에너지 자원의 보고로 중국 전체 석유의 30%, 천연가스의 34%, 석탄의 40%가 매장돼 있다. 2017년 12월에는 매장량 10억 톤급의 엄청난 유전이 발견됐다. 매장량 1,900만 톤에 달하는 아연광이 발견된 곳이기도 하다. 중국 중앙정부는 2000년대 들어 위구르자치구의 에너지 자원을 파이프와 전력망을 통해 동부해안지역으로 운송하는 '서기동수097' 사업을 진행하고 있다. 중국 당국의 위구르족 인권탄압에 대해 국제사회의 감시는 더 높아지고 있다. 비례적으로 위구르족 등 소수 민족에 대한 중국 감시의 눈은 더 날카로워지고 있다.

097 西氣東輸 : '서쪽(西)의 천연가스(氣)를 동쪽(東)으로 운송한다(輸)'는 뜻이다.

네이멍구

　　　　　　　　　네이멍구 몽골족은 한 목동의 죽음에
항의하며 2011년 처음으로 대규모 시위를 벌였다. 한인 운전사가 몰던 트
럭이 자치구 탄광회사 앞에서 항의 시위 벌이던 목동을 치어 현장에서 숨
지게 했다. 목동은 목초지대에서 행해지는 무분별한 광산개발에 항의하던
중이었다. 사고 해결과정에서 운전자가 인종차별적 발언을 한 것으로 알려
지면서 몽골족의 분노를 불러왔다. 수도 후허하오터 등 각지에서 반(反)중
국 시위가 이어졌다. 1981년 한족 수십만 명을 집단 이주시키겠다는 계획
에 반발해 대규모 항의시위를 벌인 이후 최대 규모로 알려졌다.

　전통적으로 네이멍구에서는 티베트나 위구르자치구에 비해 분리독립운
동이 활발하지 않았다. 사태가 심상치 않게 흘러가자 중국정부는 운전사에
게 사형을 선고하는 등 신속하게 움직였다. 후허하오터, 퉁랴오, 츠펑, 시
린하오터 등 4개 도시에 계엄을 선포했고 정부 청사와 대학, 중심부에 군

대와 무장경찰을 배치했다.

　네이멍구는 19세기 후반부터 한족 농민들이 대거 이주해왔다. 전체인구 2,300만 명 중 한족이 약 79%이고, 몽골족이 약 17%를 차지하고 있다. 2차 세계대전 중 일본 괴뢰국 만주국 지배를 받았고 일본 패망과 함께 중국에 편입됐다. 앞서 외몽골은 중국에서 독립해 1924년 몽골인민공화국을 선포했다. 중국정부의 자원개발로 목초지역이 사라지면서 몽골 유목민들은 직격탄을 맞았다. 지하수 고갈과 분진피해가 이어지면서 몽골족의 불만은 커져갔다. 위구르에 비해 몽골족이 사는 네이멍구 지역은 안정된 편이다. 시진핑 국가주석은 2018년 시작된 5년 임기의 전국인민대표대회 대표의 소속 지역으로 네이멍구를 선택할 정도로 공을 들이는 지역이다.

이스라엘과 예루살렘

트럼프 대통령은 2017년 12월 예루살렘을 이스라엘 수도로 인정한 다고 공식 선언했다. 다음해 이스라엘 주재 미국 대사관은 국제공인 수도 텔아비브에서 예루살렘으로 이전했다. 빌 클린턴 대통령 재임기인 1995년 미국 상·하원 의회는 이미 '예루살렘 대사관법'을 통과시킨 바 있다. 예루살렘을 이스라엘 수도로 인정하고 늦어도 1999년 5월까지는 미 대사관을 이전해야 한다는 내용이다.

예루살렘 미 대사관 개관 2018. 5.14

그러나 클린턴, 부시, 오바마 대통령은 실행을 미뤄왔다. 팔레스타인을 비롯한 중동 아랍국가들의 심기를 자극할 수 있었고 유럽을 비롯한 국제사회 대부분이 반대했기 때문이다. 미국의 대사관 이전에 이어 온두라스와 호주, 루마니아도 예루살렘으로 대사관을 이전할 것을 검토 중이다. 예루살렘은 기독교, 이슬람교, 유대교 공히 성지로 받들고 있는 특수한 성격을 갖고 있다.

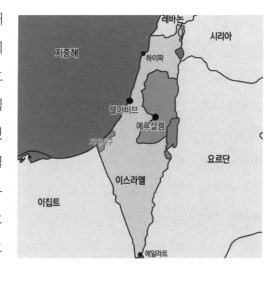

트럼프의 선포에 팔레스타인 무장 정파 하마스는 "지옥문을 연 결정"이라며 강경 대응을 예고했다. 안토니우 구테흐스 유엔 사무총장은 "예루살렘 지위는 이스라엘과 팔레스타인의 협상에서 결정돼야 한다"며 긴급 반대 성명을 냈다. 유엔안보리는 트럼프 대통령의 선언을 무효로 하는 결의안을 표결했지만 상임 이사국 미국의 반대로 부결됐다.(2017.12.18.)

이스라엘의 예루살렘 수도 선언은 1950년으로 거슬러 올라간다. 1차 중동전쟁에서 승리한 이스라엘이 동서로 분할된 예루살렘 서쪽을 차지한 직후였다. 1967년 3차 중동전쟁 승리한 뒤 이스라엘은 나머지 동예루살렘도 군사적으로 점령했다. 그러나 소유권과 수익권을 갖고 사실상 권리를 행사하는 쪽은 팔레스타인 아랍인들이었다. 1980년 이스라엘은 예루살렘을 (완전하고 통합된 수도라고 선포했다. 이때부터 이스라엘과 팔레스타인의 갈등은 더욱 깊어져 폭력양상으로 변했다.

팔레스타인의 민중봉기 인티파타는 피의 보복을 불렀다. 1993년 양자

간 평화협정098이 맺어졌다. 서로를 인정하고 동예루살렘은 미래 팔레스타인 인정부가 통치하기로 했다. 그러나 샤론 리쿠드당 당수가 경찰 10,000여 명의 호위아래 성전산을 기습 방문했다.(2000) 이스라엘의 영원한 수도 예루살렘을 양보할 수 없다는 입장이었다. 팔레스타인 과격파의 폭탄 테러 공격과 시위가 다시 시작됐고 지금까지 이어지고 있다. 이스라엘군의 대응도 더불어 강경해졌다.

트럼프 대통령은 이스라엘이 1967년 3차 중동전쟁에서 시리아로부터 빼앗은 골란 고원에 대해 이스라엘의 주권 인정을 촉구하기도 했다.(2019) 미국은 이어 유엔 팔레스타인 난민구호기구에 대한 지원을 줄이고, 팔레스타인해방기구의 미 워싱턴DC 사무소도 폐쇄했다. 트럼프 대통령의 친(親)이스라엘 정책은 아랍은 물론 국제사회의 반발을 초래하고 있다.

이스라엘과 팔레스타인

미국의 예루살렘 대사관 개관식이 진행된 날(2018. 5.14), 이스라엘군은 팔레스타인 가자지구에 대한 진압작전을 펼쳤다. 팔레스타인 당국에 따르면 시위대 41명이 숨졌다. 미 대사관 이전과 맞물려 발생한 대규모 유혈사태는 이스라엘과 팔레스타인, 나아가 아랍국과의 갈등을 여실히 드러냈다.

이스라엘과 팔레스타인 사이의 대립은 끝을 알 수 없는 유혈참사를 이

---

098 1993년 9월 13일 워싱턴에서 클린턴 대통령 앞에서 아라파트 PLO수반과 라빈 이스라엘 총리가 팔레스타인 자치 협정에 서명했다. 1, 2단계에 걸쳐 가자와 요르단강 서안에서 이스라엘이 철군하고 3단계로 동예루살렘 문제, 국경 확정과 이스라엘 정착촌 처리를 마무리한다는 협정이었으나 3단계는 아직도 진행 중이다.

팔레스타인과 이스라엘의 영토 변화

-팔레스타인평화연대
www.pal.or.kr

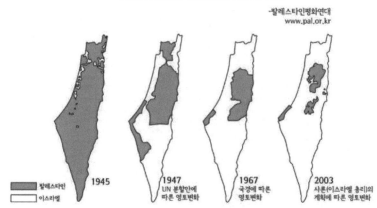

팔레스타인
이스라엘

1945

1947
UN 분할안에
따른 영토변화

1967
국경에 따른
영토변화

2003
샤론(이스라엘 총리)의
계획에 따른 영토변화

어왔다. 이스라엘은 1948년 영국 통치를 받던 팔레스타인 영토에서 건국
했다. 유엔 총회 결의에 따른 것으로 팔레스타인 땅 56%를 차지했다. 서기
70년 로마와의 전쟁에서 패해 역사에서 사라진 뒤 근 1,900년 만이다. 전
세계를 디아스포라로 유랑하던 유대인의 소망은 옛 땅에 자신들의 나라를
건국하는 것이었다. 건국은 19세기 말부터 시작된 이스라엘 회복운동, 시
오니즘과 함께 구체화됐다. 영국은 1차 세계대전 중 이스라엘 건국을 지지
하는 서한[099]을 유대인에게 보냈다.

전쟁수행을 위해 유대인들의 자금이 필요했고 미국 내 유대인을 움직여
미국을 1차 세계대전에 끌어들이기 위한 목적이었다. 그러나 이는 2년 전
있었던 영국의 '맥마흔 선언'과 정면으로 배치되는 약속이었다. '맥마흔 선
언'은 아랍인들이 영국 편에 서서 참전하면 팔레스타인을 포함한 아랍인의
독립국가 건설을 지지하겠다고 약속한 내용이었다.

---

099 1차 세계대전이 끝나가던 1917년 11월2일, 아서 밸푸어 영국 외무장관은 유대인 금융 재벌 로스차일드 가문의 월터 로스
차일드에게 보낸 공개서한에서 오스만튀르크 영토였던 팔레스타인에 유대인들의 민족적 본거지가 세워지는 것에 동의한
다고 밝혔다. 유대인들은 시온주의(유대인 국가 건설 운동)가 '공인' 받은 것으로 간주했다.

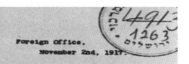

Foreign Office,
November 2nd, 1917.

Dear Lord Rothschild,

I have much pleasure in conveying to you, on
behalf of His Majesty's Government, the following
declaration of sympathy with Jewish Zionist aspirations
which has been submitted to, and approved by, the Cabinet.

"His Majesty's Government view with favour the
establishment in Palestine of a national home for the
Jewish people, and will use their best endeavours to
facilitate the achievement of this object, it being
clearly understood that nothing shall be done which
may prejudice the civil and religious rights of
existing non-Jewish communities in Palestine or the
rights and political status enjoyed by Jews in any
other country"

I should be grateful if you would bring this
declaration to the knowledge of the Zionist Federation.

벨푸어 외무장관이 월터 로스차일드에게 보낸 편지 (1917.11.2)

영국의 일관성 없는 중동정책은 향후 이스라엘-팔레스타인 분쟁의 빌미를 제공하게 되었다. 1918년 유대인들은 팔레스타인 면적의 2%인 5,180km²를 소유하고 있었다. 2차 세계대전 종전 이후 유대인은 60여만 명으로 늘어났다. 팔레스타인 지역 전체 인구의 32%였다. 2차 세계대전 중 600만 명에 달하는 유대인이 나치 독일에 학살당한 일로 자신의 국가를 세우려는 소망은 더욱 커졌다. 미국이 팔레스타인을 아랍국과 유대국으로 나누는 안을 유엔에 제출했고, 유엔 총회는 1947년 이를 가결했다.

영국은 당시 이스라엘 건국에 소극적이었지만 결국 이 지역에 대한 위임통치를 포기하고 모든 문제를 유엔에 넘긴다고 발표했다. 아랍 측의 거부 속에 진행된 이스라엘 건국의 국제적 용인이었다.

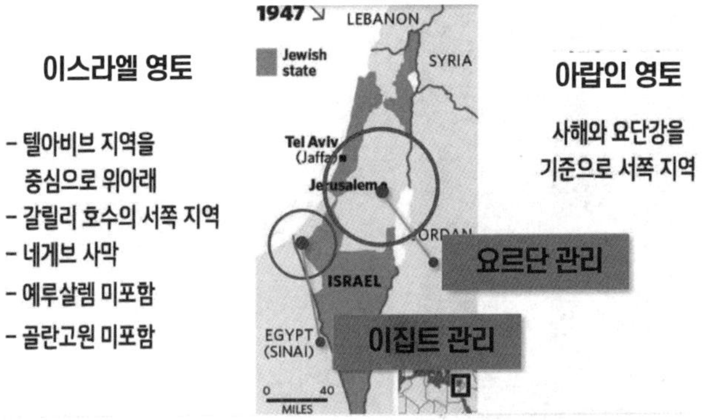

이스라엘-팔레스타인 분할안 (1947)

잇따른 중동전쟁

이스라엘 독립선언 후 영국군이 철수하자마자 중동전쟁이 발발했다. 이스라엘과 아랍 5개국[100]이 팔레스타인 통치권을 둘러싸고 1차 중동전쟁을 벌였다.(1948~1949)

미국 무기 원조를 받은 이스라엘이 압도적 승리를 거뒀고 영토를 70%까지 대거 확장했다. 100만 명에 이르는 팔레스타인 아랍인이 주변 아랍 여러 나라에 흩어졌다. 이후 팔레스타인해방기구, PLO가 결성되고(1964년) '이스라엘 말살'과 '팔레스타인 국가건국'을 헌장에 명시했다. PLO는 이스라엘에 대한 테러공격을 감행했다. 시리아는 이스라엘의 식수원 갈릴리 호수를 고갈시키기 위한 목적으로 호수의 수원지 헐몬산에 댐건설 계획을 세웠다. 범아랍주의 선봉을 자처하던 이집트는 시나이반도에 대군을 투입했다. 이스라엘 선박의 아카바만 통과도 일방적으로 금지했다. 이스라엘은 댐을

100 시리아, 레바논, 이라크국, 이집트, 요르단

건설하려 했던 무장조직 근거지 시리아를 선제적으로 공격했다.(1967년) '6일 전쟁'이라고도 부르는 3차 중동전쟁 발발이었다.(1967년 6월 5일~10일)

이스라엘을 공격해온 요르단과 이집트 공군기지를 잇따라 급습해 궤멸시켰다. 이스라엘은 전쟁 개시 6일 만에 시나이반도와 요르단강 서안, 시리아 국경의 골란고원을 점령하고 휴전협정

1차 중동전쟁 움라시라시(현재의 에일라트)
점령 이스라엘군

을 맺었다. 사망자 수는 이스라엘 800명선, 아랍 연합국 20,000여 명이었다. 3차 중동전쟁의 패배로 이스라엘을 벼르고 있던 이집트의 선제공격으로 4차 중동전쟁이 발발했다.(1973) 전쟁 중 아랍석유수출국기구(OAPEC)는 석유 생산을 제한하고 미국, 영국, 서독 등에 수출을 금지해 전 세계는 심각한 오일쇼크[101]를 겪었다.

이스라엘은 1967년 이래 점령하고 있던 수에즈 운하 지대를 뺏겼다. 미국과 소련 양국 조정으로 정전협정을 맺었다. 미국 중재로 이집트는

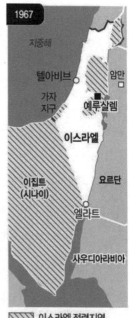

1967

지중해

텔아비브

암만

가자
지구

예루살렘

이스라엘

이집트
(시나이)

요르단

엘라트

사우디아라비아

이스라엘 점령지역
1967년 '6일 전쟁'으로
요르단강 서안, 가자지구,
예루살렘 전역 차지

---

101 1차 오일쇼크: 1973년 10월6일부터 시작된 중동전쟁이 10월17일부터 석유전쟁으로 비화됨으로써, 세계 경제는 2차 세계대전 이후 가장 심각한 불황에 직면했다. OAPEC는 원유 고시 가격을 17% 인상했고, 이스라엘이 점령지에서 철수하고 팔레스타인의 권리가 회복될 때까지 매달 전달에 비해 원유 생산을 5%씩 줄인다고 선언했다. 석유의 정치적 무기화였다.

이스라엘을 인정하고, 이스라엘군은 시나이 반도로부터 철수하는 평화조약을 맺었다.(1978년) 중동 평화가 찾아오는 듯했지만 1982년 이스라엘은 레바논을 침공했다. 레바논이 팔레스타인 게릴라의 기지를 제공했다는 이유였다. 5차 중동전쟁이었다.

이스라엘 건국 과정과 미국

2차 세계대전 직후 미국 내에서는 중동과 이스라엘 문제에 대해 여러 관점이 병존했다. 그러나 얼마 지나지 않아 미국과 이스라엘의 '특수 관계'(special relationship)는 최우선 순위로 자리 잡았다. 미국인들은 전통적으로 유대인에 친밀감을 가졌고 금융 분야에서 두각을 드러낸 미국 내 유대인의 능력도 한몫했다.

미국 내 유대인들의 정치적 활동은 이미 2차 세계대전 중에 시작됐다. 유대인들은 정치조직과 종교, 노조, 미디어 분야에 적극 참여하면서 근저부터 움직였다. 프랭클린 루즈벨트(Franklin Roosevelt, 1933~1945) 대통령은 유대인의 활동을 지지했다. 후임자 트루먼 대통령도 2천년 난민 상태의 유대인입장을 동정했다. 유대국가 건설에 대해 처음에는 부정적이었던 트루먼은점차 이스라엘 건국을 지원하는 쪽으로 선회했다. 유대인은 마침내 1948년 5월 14일 텔아비브에서 이스라엘 건국을 선포했다. 2,000년 전의 역사적 연고권이 건국의 근거였던 셈이다.

중동 평화회담

중동하면 떠오르는 단어는 '세계의 화

약고'이다. 그 핵심이 이스라엘과 팔레스타인이다. 이스라엘과 팔레스타인과 관련된 최초의 평화협상은 1978년 조인된 캠프 데이비드 협정이다.

캠프 데이비드 협정 (1978. 9. 17)

4차 중동전쟁(1973년) 이후 이집트와 이스라엘이 맺은 합의였다. 이스라엘은 시나이반도에서 철수하고 팔레스타인은 서안과 가자지구에 자치정부를 수립하기로 했다. 대신 서안과 가자지구 관할권은 이스라엘이 갖는 것이었다. 이스라엘은 이곳에 유대인 정착촌 건설을 시작했고 양측 합의하에 새로운 걸림돌이 되었다.

이라크의 쿠웨이트 침공으로 시작된 걸프전쟁(1990~1991)은 중동정세에 변화를 가져왔다. 이라크 침략에 대한 입장이 엇갈리면서 아랍은 분열했다. 사우디아라비아, 시리아는 쿠웨이트 입장을 지지했고 요르단과 PLO는 이라크를 지지했다.

이라크가 패배하자 아라파트 PLO의장은 심각한 정치적 타격을 입게 된다. 미국은 완벽한 승리로 중동에서 확고한 입지를 다지게 됐다. 국제관계와 중동정세, 이스라엘과 팔레스타인의 입지 변화를 계기로 평화회의가 열

걸프전쟁, 이라크를 비행 중인 미국 전투기

렸다. 이스라엘, 시리아, 레바논, 요르단, PLO가 스페인 마드리드에서 한 자리에 앉았다.(1991년) 우여곡절 끝에 이스라엘과 팔레스타인은 워싱턴에서 역사적인 중동 평화안 '오슬로 협정'에 서명하게 되었다.(1993년) 오슬로 협정의 슬로건은 '영토와 평화의 교환'이었다. 이스라엘 주권의 인정과 팔레스타인의 자치권 확대가 주요 내용이었다.

오슬로협정 (1993)

이듬해 더 포괄적인 중동 평화협상이 진행되고 양측은 전쟁 종식을 선언했다. 이스라엘 라빈 총리와 페레스 외무장관 그리고 아라파트 PLO의장은 노벨평화상을 공동 수상했다. 평화의 행진이었다. 그러나 라빈 총리가 유대인 극우파 청년의 총탄에 사망하면서 중동평화에 위기가 닥쳐왔다. 평화협정을 반대하는 하마스와 이슬람 지하드 등 팔레스타인 과격 단체의 유혈 테러도 계속됐다. 강경파 네타냐후가 집권하면서 오슬로 평화협정 이행은 위협받기 시작했다.(1996년)

1999년 조기 총선에서 라빈의 평화정책기조를 이어받은 노동당 에후드 바라크가 집권하면서 평화정책은 다시 탄력을 받게 되었다.

2000년 이스라엘이 요르단강 서안에서 추가 철수했다. 이에 따라 요르단강 서안 및 가자지구의 42%가 팔레스타인 자치 정부의 직간접적인 관할로 이양되었다. 그러나 양측 간의 유혈 충돌은 그치지 않아 2003년까지 이스라엘인 700여 명과 팔레스타인인 2000여 명이 목숨을 잃었다.

2003년 미국 중재로 이스라엘 아리엘 샤론 총리와 팔레스타인 자치정부 마흐무드 압바스 총리는 폭력종식과 평화를 위한 목적으로 테이블에 앉았다. 3단계 평화안 로드맵이 합의되었다. 1단계로 팔레스타인측은 폭력을 중단하고, 이스라엘군은 2000년 9월 이후 점령한 팔레스타인 자치구에서 철수한다. 2단계로 2003년 팔레스타인은 헌법을 제정하고 잠정적인 국경으로 국가를 건설한다. 3단계로 2004~2005년에 걸쳐 예루살렘에 관한 처리 문제를 결정하여 항구적인 국경을 확정한다.

부수조항에 따르면 이스라엘이 서안 지역으로부터 철수하더라도, 안보를 위해 영공, 수자원, 도로에 대한 통제권을 계속 유지하고 현존 이스라엘 정착촌을 인정한다고 한다. 또 분리 장벽도 팔레스타인인들의 테러 활동에 대항하는 안보의 차원에서 합리화될 수 있는 것으로 받아들여졌다. 그러나 팔레스타인 과격파는 합의안에 불만을 가졌고, 2006년 이슬람주의 운동의 하마스가 다수당이 되면서 양측 협의는 사실상 물 건너갔다.

2년 뒤 이스라엘은 팔레스타인 하마스에 전격 군사공격을 가했고, 하마스도 로켓 공격으로 반격했다. 22일에 걸친 전투로 팔레스타인 1,285명, 이스라엘인 13명이 숨졌다. 이후로도 양측의 협의와 결렬, 무력 충돌은 지속되고 있다. 동예루살렘의 지위와 점령지역 내 이스라엘 정착촌 처리 문제, 팔레스타인 자치정부의 성격 등에서 여전히 입장 차이가 크다. 이스라엘과 팔레스타인은 여전히 물과 기름처럼 갈등과 긴장 속에 '100년 전쟁'을 이어오고 있다.

팔레스타인 자치지역과
유대인 정착촌

팔레스타인 아랍인들의 자치지역은 이스라엘 중앙부를 차지하는 요르단강 서안(West Bank)과 지중해에 면한 가자지구이다.

요르단강 서안은 3차 중동전쟁 때 이스라엘이 점령했다. 요르단강 서안은 면적 5,640km²로 팔레스타인인 300만 명이, 가자지구는 363km²에 190만 명이 살고 있다. 엄청난 인구밀집 지역이다.

이스라엘은 가자지구와 요단강 서안에 유대인 정착촌을 건설했다. 가자지구 정착촌에 살던 유대인 8,500만 명은

요단강 서안의 이스라엘 정착촌

2005년 철수했다. 그러나 안보상 요지인 요르단강 서안에는 오히려 정착촌을 확대하고 있다.

동예루살렘과 서안의 100여 개 정착촌에는 팔레스타인의 2배 가까운 56만 명의 유대인이 살고 있다. 팔레스타인의 자치지역에 자리 잡은 유대인 정착촌은 분쟁의 원인이다.

요단강 서안은 이스라엘이 1967년 '6일 전쟁'으로 불리는 3차 중동전쟁으로 점령한 곳이다. 이스라엘은 요르단 등 주변국의 공격 가능성과 팔레스타인의 테러가 상존하기 때문에 점령지에 대한 군사통제가 불가피하며 이를 위한 정착촌 건설은 정당하다고 강조하고 있다.

역사적으로 서안 팔레스타인자치구에 위치한 베들레헴과 여리고, 벧엘, 세겜, 헤브론 등은 모두 유서 깊은 이스라엘 땅인 만큼 권리가 있다고 주장하고 있다. 또 1993년 팔레스타인과 맺은 오슬로 평화협정을 통해 서안 60%는 이스라엘정부와 군의 완전한 통제 아래 있게된 만큼 이 지역 정착촌 건설은 불법이 아니라고 말한다.

UN을 비롯한 국제사회는 서안의 이스라엘 정착촌 건설은 불법이라는 입장이다. 2016년 유엔안보리는 정착촌 건설은 명백한 국제법 위반이라며 건설 중단을 촉구하는 결의안을 채택했다. 당시 정착촌 건설에 비판적이었던 오바마 대통령은 기권했다. 당선인

이스라엘 정착촌 장벽과 감시탑

신분이었던 트럼프 대통령은 자신이 취임한 이후로는 UN이 달라질 것이라며 불편한 심기를 드러냈다.

이스라엘 정착촌을 둘러싼 국제적 갈등은 계속 이어져 왔고 미국정부 입장도 오락가락했다. 1978년 지미 카터 행정부는 유대인 정착촌이 국제법에 어긋난다는 결론을 내렸다. 그러나 1981년 로널드 레이건 대통령은 이전 정부의 결정에 동의하지 않으며 불법이 아니라고 말했다. 트럼프 행정부 들어 예루살렘을 이스라엘의 수도로 선포하는 등 미국과 이스라엘의 관계는 더욱 긴밀해지고 있다. 마이크 폼페이오 미 국무장관은 2019년 '모든 법적인 부분을 면밀히 검토하고 사실과 역사, 환경을 근거로 판단할 때 정착촌 건설은 국제법에 어긋나지 않는다'고 못을 박았다.

자원과 셰일혁명

셰일혁명 - 미국의 석유패권

2019년 9월 사우디아라비아 최대 규모의 정유시설 아브카이크 단지와 쿠라이스 유전이 무인기와 미사일 공격으로 초토화됐다.

미사일과 드론공격으로 불타고 있는 사우디 아부카이크 유전 (2019. 9.14)

아브카이크 단지 하루 원유 처리량은 700만 배럴이다. 사우디 전체 산유량의 70%, 전 세계 생산의 7%였다. 1978~1979년 이란 혁명당시 하루 감산량 560만 배럴이나, 1973년 1차 오일쇼크 당시 감산량 430만 배럴보다 많은 수준이었다. 공격직후 당장 국제 유가 상승 우려가 터져 나왔고 한때 장중 19%까지 치솟았다. [102] 그러나 기우였다.

---

102 9월16일 싱가포르거래소 브렌트유 선물은 장 초반 배럴당 11.73달러 오른 71.95달러로 19% 넘게 치솟았다. 런던 ICE 선물거래소에서 브렌트유는 배럴당 12.35% 상승한 67.66달러에 거래됐고 뉴욕상업거래소(NYMEX) 10월 인도분 서부 텍사스산 원유(WTI) 가격도 장 초반 배럴당 63.34달러로 전장보다 15% 이상 급등하며 거래를 시작했다.

세계 원유가격은 2주 만에 다시 제자리로 돌아갔다. 사우디아라비아를 비롯한 중동 원유는 더는 '게임체인저'가 아니었다. 배경은 '셰일혁명'과 함께 세계 최대 산유국이 된 미국의 에너지패권이었다.

2008년 무렵 미국 북부 노스다코타 베켄 지역에서 셰일혁명은 시작됐다. 미국 채굴업자 조지 미첼이 20년 가까운 도전 끝에 셰일가스와 오일을 상용화하는데 성공했다. 셰일가스(Shale gas)는 오랜 세월 모래와 진흙이 수평으로 쌓여 단단하게 굳은 퇴적암(셰일)층에 매장되어 있는 가스를 말한다. 주로 탄화수소가 풍부한 셰일층에서 개발되는데, 메탄(70%~90%)과 에탄(5%), 콘덴세이트(5%~25%) 등으로 구성된다. 셰일가스는 전통가스와 달리 가스가 새어 나올 수 없는 암반층에 갇혀 있어 당시까지는 개발이 어려웠다. 지하 3km에 매장된 셰일가스를 조지 미첼이 1998년 개발한 프래킹 공법(수압파쇄법)과 수평시추법을 적용해 채굴하면서 경제성을 충족했다. 프래킹 공법이란 모래와 화학 첨가물이 섞인 물을 높은 압력(500~1,000기압)으로 셰일층에 뿜어 암층에 균열을 만든 뒤 천연가스를 뽑아내는 방식이다. 수평시추법은 지표에서부터 가스와 석유가 있는 지하 3km 깊이까지 수직으로 관을 삽입한 후 시추관이 셰일층에 도달하면 진입 각도를 꺾어 가스층에서 가스를 채굴하는 기술이다. 기존의 수직시추법에 수압파쇄법(프래킹 공법)과 수평시

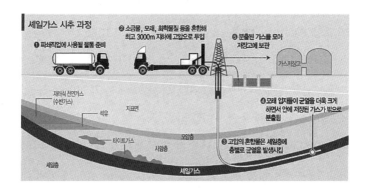

미국 텍사스주 퍼미언 분지 셰일오일 유정시설

추법을 적용하여 채굴하게 되면서 셰일혁명이 시작됐다.

미국 텍사스주 서부에 위치한 퍼미언 분지 매장 셰일오일은 600억~700억 배럴로 추정된다. 세계 최대 매장량의 사우디아라비아 가와르 유전에 버금가는 규모다. 시장 가치로는 3조3000억 달러에 달한다. 2018년 미국 원유 생산의 59%, 약 650억 배럴이 셰일오일로 추정된다.

미국의 하루 산유량은 1,200만 배럴로 1,100만 배럴의 사우디아라비아를 따돌리고 1위로 올라섰다. 미국 에너지정보국(EIA)은 2020년부터 미국이 에너지 순수출국이 될 것이라고 전망했다. 67년 만이다. 세계 1위 경제대국 미국이 국제 유가의 '게임체인저' 타이틀까지 차지했다.

OPEC로 대표되는 중동석유가 더 이상 미국정책을 좌우하는 요소가 아니다.

중국은 셰일가스 증산과 이용 확대를 목표로 2018년부터 셰일가스 LNG 플랜트 운영을 시작했다. 풍부한 셰일매장량과 자본을 갖춘 캐나다 또한 시추 기술의 지속적인 발전으로 빠르게 발전하고 있다. 셰일 자원을 가장 많이 보유한 러시아는 경제성 문제로 개발에 소극적이다. 통계에 따르면 세계 원유생산량 중 미국 비중은 2003년 9.5%에서 2019년 17%로 치솟았다. 반면 중동은 30%에서 25.7%로 하락했다.

전통적으로 중동정세를 최우선시 하던 미국의 대외정책에도 변화가 따랐다. 1980년 카터 전 대통령이 '페르시아 만이 미국의 사활적 이익'이라고 말했듯 중동은 미국 외교정책 1순위였다. 1970년대 오일 쇼크로 큰 고통을 받았던 에너지 소비대국 미국으로서는 유가 안정이 가장 중요했기 때문이다. 그러나 셰일혁명으로 충분한 원유를 확보한 미국에게 중동은 더 이상 핵심 이익이 아니다. 미국의 군사전략에서도 이를 알 수 있다. 중동 지역 주둔 미군숫자가 한때 250,000명이 넘었지만 이제 15,000명 정도에 불과하다.[103] 30년 이상 페르시아만에 상주하던 미 항공모함 2척은 이제 1년의 반 이상 다른 지역을 돌아다닌다. 항모가 상주할 때 드는 비용은 연평균 8,000억 달러였다. IS격퇴를 위해 시리아 북부에 파견했던 미군 철수까지 명령했다. 미국의 셰일혁명으로 40년 만에 세상이 달라졌다. 미국 이익을 최우선으로 내세우며 '미국을 다시 위대하게'라고 외치는 트럼프 대통령의 등장은 이를 가속화했다. 트럼프는 대선 후보 당시 "미국의 적국이 더 이상 에너지를 무기로 사용할 수 없는 세상을 상상해 보라. 멋지지 않은가"라고 외쳤다. 그러면서 자신이 임기를 마칠 때면 미국은 완전한 에너지 독립을 성취할 것이라고 말했다. 실제로 2017년 취임이후 에너지 독립에 박차를 가해왔다.

멕시코만 연안의 석유 시추를 위해 국유지를 경매에 붙였고, 북극 인근 국립 야생동물보호구역에서도 시추를 허용했다.

세계 유가 전망

셰일혁명과 함께 가채매장량의 전 세계적인 증가로 세계유가는 장기적으로 안정적 상태를 유지할 전망이다. 석

---

103 『21세기 미국의 패권과 지정학』(The Accidental Superpower), 『셰일혁명과 미국 없는 세계』(The Absent Superpower), 피터 자이한

유자원 고갈로 인류가 에너지쇼크 상태에 빠질 것이라는 전통적 주장은 이제 힘을 잃어가고 있다. 세계 에너지 전략가 대니얼 예긴[104]은 "19세기 석유산업이 시작된 이래 전 세계 생산 석유량은 약 1조 배럴인데, 현재 남아 있는 석유 자원은 적어도 5조 배럴로 추정된다"고 주장한다. 전지구적 차원의 원유공급이 증가하고 대체에너지 개발이 확산되면서 원유에만 의존했던 중동 산유국들도 탈석유정책을 추구하고 있다.

사우디는 2023년까지 100조 원 예산을 투입해 원자로 16기를 건설할 계획이고, 요르단, 모로코, UAE 등 다른 중동국들도 원자력 에너지 확보에 주력하고 있다. 태양광 발전에 유리한 사막지형 특성으로 태양광 발전도 급증하고 있다. 여러 측면에서 유가가 안정적일 수밖에 없는 환경으로 변화하고 있다.

우한코로나 직격탄 맞은 유가 …
그리고 불똥 튄 셰일오일

그러나 2020년 들어 '우한코로나'라는 전 세계를 뒤흔든 일대 사건이 터지면서 유가 역시 영향 받았다. 세계의 공장이자 최대 원유소비국인 중국 제조업이 사실상 올스톱되고, 바이러스가 글로벌 차원으로 확산되면서 전 세계 제조업과 경기 역시 위축됐다. 원유소비 축소가 뒤따랐다. 하루 1,450만 배럴을 사용하던 중국 원유소비가 대폭 줄면서 유가하락을 이끌었다. 팬데믹 상황이 지속될 때 전 세계 하루 석유소비량

---

104 대니얼 예긴 : 세계 에너지 산업과 국제 정치의 권위자로 하버드 경영대학과 존 F. 케네디 행정대학원에서 강의했다. 현재 케임브리지에너지연구협회 회장을 맡고 있다. 저서 『황금의 샘』은 퓰리처상을 수상했으며 PBS, BBC의 미니시리즈로 제작되었다. 세계화와 해결 과제를 다룬 『Commanding height: The Battle for the World Economy』, 냉전시대의 기원을 다룬 고전적 역사서 『Shattered Peace』가 있다.

이 1억 배럴에서 900만 배럴로 10%가 감소할 것이라고 국제에너지기구(IEA)는 예측했다. 원유 수요 감소는 2009년 금융위기 이후 11년 만에 처음이다.

3월 말 뉴욕상업거래소에서 5월 인도분 미국 서부텍사스산 원유는 배럴당 24달러로 거래를 마쳤다. 1월 초 가격 61달러의 반에도 못 미치는 가격으로 2002년 이후 최저수준을 기록했다. 배럴당 10달러까지 떨어질 수 있다는 극단적인 전망도 나오고 있다.

저유가행진의 시작이 중국발 코로나쇼크였다면 가속화의 터널은 중동의 맹주 사우디와 자원부국 러시아가 깊이 파들어 갔다. 3월 들어 중국의 원유소비가 급감하고 유가하락이 가시화되자 석유수출국기구(OPEC)와 주요 산유국은 감산협의에 들어갔다. 2위 산유국 사우디아라비아와 3위 러시아가 의견대립을 보이면서 협의는 결렬됐고 감산에 반대하던 사우디가 오히려 증산에 돌입했다. 사우디는 배럴당 10달러 가격으로도 이익을 뽑을 수 있다. 사우디와 러시아의 궁극적 목적은 세계 원유산업의 게임체인저로 등장한 '미국 셰일산업의 몰락'이라는 분석이 나오고 있다.

미국은 셰일혁명 결과 2019년 세계 1위 산유국 그리고 원유 순수출국으로 도약했다. 2010년 당시 배럴당 100달러까지 치솟았던 국제유가는 미국 셰일혁명 여파로 폭락을 거듭해왔다. 30달러 선까지 떨어졌다. 크림반도 사태를 거치며 미국과 유럽의 경제제재까지 받게 된 원유수출국 러시아로서는 설상가상 원유가까지 떨어지면서 디폴트 직전까지 몰렸었다.

러시아 재무구조를 유지할 수 있는 원유가는 42달러 선이다. 사우디아라비아는 워낙 생산비용이 낮고 그동안 비축된 외환보유고 5,000억 달러로 버티고 있었지만 배럴당 30~40달러가 계속될 때 타격을 받기는 마찬가지다. 2016년 사우디와 러시아는 이른바 'OPEC+'를 결성해 역사적 감산에 돌입했고 셰일혁명 상황에서 가까스로 유가를 지지해왔다. 이런 상황에서 푸틴이 미국 셰일산업의 숨통을 끊어놓겠다며 마지막 승부수를 던졌고, 사우디아라비아도 암묵적 동의를 하고 있다는 해석이 나오고 있다. 미국 셰일 유정의 15% 정도만 35달러 이하에서도 원가 경쟁력을 가진 것으로 분석된다. 채굴 단가가 높아 배럴당 가격 20달러로는 수지를 맞출 수 없다는 것이 정설이다. 셰일업계는 유가 폭락 이전부터 매출보다 지출이 많은 재정적 어려움에 직면해 왔다고 월스트리트저널은 분석했다.[105]

미국 에너지산업은 100만 명 이상을 고용하고 있어 미국 셰일산업이 타격을 받으면 미국 실업률 저하에 이어 경기침체까지 올 수 있다고 금융가는 전망하고 있다. 셰일 회사는 일단 감산에 돌입했고 직원감축과 굴착 취소 등 자구노력을 하고 있다.

트럼프 대통령이 특히 강조하면서 추진하고 있는 에너지 강국의 목표아래 셰일산업에 대한 미국정부의 지원이 어떻게 이뤄질지 귀추가 주목된다. 한편, 팬데믹 상황은 저유가로 누릴 수 있는 모든 이익을 상쇄할 뿐 아니라 오히려 더 악화시키고 있다. 1970년대 고유가 오일쇼크를 겪은 경험으로는 저유가 상태는 수입국에게 호재로 작용할 것이라는 게 일반적 판단이다. 유가가 내리면 원재료가격과 물류비가 줄고 기업투자가 증대한다. 유가와 연동해 일반 생활 물가도 내리면서 가계 소비도 여유가 생긴다. 특히 항공산업은 저유가의 수혜산업이다.

항공산업은 여객이나 화물운송 운임보다는 항공유 선물거래로 인한 차익이 큰 이익을 가져다주기 때문이다. 항공사 매출비용 중 유류비는 통상 비용의 30% 선으로 높은 비중을 차지하고 있다. 하지만 코로나로 인해 국

---

105 월스트리트저널: "수년간 셰일업계의 낮은 수익률에 지친 월가는 지금 도와줄 의향이 없고 조사대상 29개 셰일기업들은 지난 10년 동안 매출보다 지출이 1,120억 달러 많았다."

내외 이동이 대폭 줄어들고 금지되면서 오히려 항공산업이 최대 피해산업이 되었다. 이처럼 우한코로나 쇼크는 소비와 지출 등 모든 생활패턴을 완전히 바꾸고 경제패러다임까지 바꾸는 미증유의 사태를 가져왔다.

제2의 팍스 아메리카나

미국은 그동안 석유수입에 연평균 3,350억 달러를 써왔다. 이 돈이 미국 국내경제에 투하되면 제2의 '팍스 아메리카나'가 올 것이라는 전망이 나온다. 국제외교정책 측면에서도 다양한 전략을 구사할 수 있는 여건이 조성됐다. 구 소련시절 미국과 자웅을 겨뤘던 러시아 재정 절반은 원유와 가스수출에 의존한다. '게임체인저' 미국이 의도한다면 세계 유가를 주무를 수 있다. 유가하락을 유도하면 러시아 숨통을 조일 수 있다는 뜻이다. 세계 최대 에너지 소비국 중국 역시 자유롭지 못하다. 특히 인도-태평양 전략으로 중국 포위가 가시화되면서 최대 원유수입로 말라카해협까지 위협받고 있다. 에너지 최대 부존국가 미국의 독주 시대가 다시 도래하고 있다.

셰일오일 총매장량 : 3,450억 배럴

국가	매장량
러시아	750억 배럴
미국	580억 배럴
중국	320억 배럴
아르헨티나	270억 배럴
리비아	260억 배럴

셰일가스 총매장량 : 7299조 입방 피트(cu ft)

국가	매장량
중국	1115조 cu ft
아르헨티나	802조 cu ft
알제리	707조 cu ft
미국	665조 cu ft

4차 산업혁명

− 정보통신과 디지털

암호화폐 - 화폐혁명인가 사기인가?

사이버 상으로만 거래되는 전자화폐의 일종이다. 컴퓨터 등에 정보 형태로 남아있고 실물은 없다. 디지털화폐, 가상화폐로도 불린다. 금전적 가치가 전자적 형태로 저장된 것으로 볼 수 있다. 최초의 가상화폐 비트코인[106]은 2009년 사토시 나카모토라[107]는 필명의 프로그래머가 개발했다. 초기 비트코인 가치와 얽힌 일화가 있다. 2010년 5월 미국 플로리다 잭슨빌에 사는 라즐로라는 사람이 피자가게에서 1만 비트코인으로 피자 두 판을 살 수 있었다.

당시 온라인 거래 기록

---

106   정부나 중앙은행, 금융회사의 개입 없이 온라인상에서 개인과 개인이 직접 돈을 주고받을 수 있도록 암호화된 가상화폐 (암호화폐)로, 2009년 개발되었다. 컴퓨터에서 정보의 기본 단위인 비트(bit)와 동전(coin)의 합성어로 실제 생활에서 쓰이는 화폐가 아니라 온라인 거래상에서 쓰이는 가상화폐이다. 비트코인을 만드는 과정은 광산업에 빗대어 mining(캔다)이라고 하며 이러한 방식으로 비트코인을 만드는 사람을 마이너(miner), 즉 광부라고 부른다.

107   7년 동안 '나카모토 사토시'란 가명으로만 알려진 비트코인 개발자는 호주 사업가 겸 컴퓨터 공학자 크레이그 스티븐 라이트(45)라고 BBC와 이코노미스트가 보도했다. 보도에 따르면 비트코인재단 이사인 경제학자 존 마토니스 등 비트코인 주요 관계자들과 핵심개발팀 역시 그의 주장을 확인했다.

비트 코인

당시 피자 두 판 가격은 40달러였다. 1비트코인의 당시 가격이 0.004달러였던 셈이다. 현재 1비트코인 가격을 8,000달러로 잡을 때 200만 배 올랐다. 현재 비트코인은 1,600만 개가 발행된 것으로 추정된다. 총 발행량은 2,100만 개로 제한돼 있다.

일정 주기에 발행됐다면 다음 주기 발행 한도는 반감된다. 지나친 가치 급등락을 막기 위한 공급량 조절 방편이다. 2009년 비트코인 개발이후 현재까지 1,000종류가 넘는 암호화폐가 개발됐다. 그 중 실제 거래되는 암호화폐는 약 500개다. 일반 화폐 가치는 국가의 중앙은행이 정하지만 암호화폐 가치는 처음 개발한 사람이 만든 규칙에 따라 정해진다. 현재 암호화폐 취득방법은 직접 개발, 개발회사에 대한 선투자 혹은 개발된 가상화폐 채굴, 거래소에서의 구입이다. 초기에는 채굴과 거래가 활발하지 못했다. 일반 화폐처럼 신뢰를 담보해줄 중앙은행 같은 기관이 존재하지 않고 시스템 자체의 신뢰성이 확보되지 않았기 때문이다. 비트코인에 대한 해킹이 불가능하다는 것은 2013년에 확인됐다. 이후 채굴과 거래가 활발해지기 시작했다. 현재 암호화폐 체제는 비트코인과 이더리움이 주도하고 있다.

암호화폐거래소

최초의 암호화폐거래소는 2010년 설립된 마운트곡스이었다. 암호화폐거래소 홈페이지에 들어가 회원 가입을 하면 거래소가 월릿(지갑)을 발급해준다. 이 월릿을 통해 실물화폐와 암호화폐 교환거래가 이뤄진다.

독일과 일본은 2015년과 2017년에 각각 비트코인을 지급결제 수단으로 인정했다. 즉, 암호화폐의 가치척도, 가치저장, 교환수단 기능이 받아들여진 것이다. 이때부터 거래가 급등했고 가치는 급격히 상승했다. 한국은 전자금융거래법상 결제수단으로 인정하지 않고 있었다. 그런데 2018년 대법원이 판결로 비트코인 몰수를 확정했다. 사실상의 지급결제 수단으로 받아들여진 것으로 해석할 수 있다.

암호화폐 전문 미디어 더블록(The Block)에 따르면, 2019년 상반기 기준으로 전 세계 주요 암호화폐(가상화폐) 거래량을 조사한 결과 미국(24.5%), 일본(10%), 한국(6.5%), 인도네시아(4.5%) 순으로 조사됐다.

법적으로 거래가 금지된 중국은 정확한 데이터 확보가 어려워 순위에서 제외했다. 각 국가의 거래소 방문횟수, 즉 트래픽은 북미와 유럽 등 선진국이 가장 높은 것으로 나타났다.

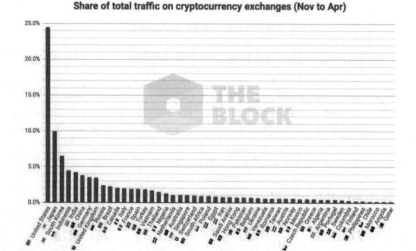

Share of total traffic on cryptocurrency exchanges (Nov to Apr)

출처:더블록 홈페이지 캡쳐 (2019.5.31)

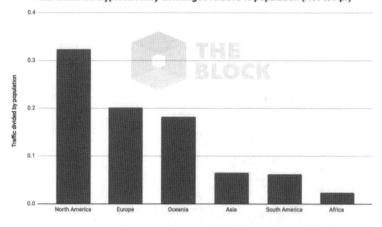

출처 : 더블록 홈페이지 캡처 (2019. 5. 31)

블록체인
– 만인에 공유하는 자료

암호화폐의 핵심기술은 블록체인(Bloc Chain)이다. 일반 화폐의 금융거래는 특정 은행의 장부에 집중돼 있다. 반면 블록체인 기술의 암호화폐 디지털 거래기록은 참여한 모든 이들의 개별 장부에 분산돼 있다. 거래 관련자 모두에게 공개되어 기록을 공유한다는 뜻이다. 거래가 일어날 때마다 분산된 장부가 서로 대조되기 때문에 위조, 변조가 사실상 불가능하다. 조작하려면 분산된 장부를 동시에 해킹해서 작업해야 한다. 예를 들어 분산 장부의 수가 몇 개에 불과하다면 가능할 수 있지만 수백만, 수천만 개라면 동시 해킹은 불가능하다. 오히려 금융기관에 보관되어 있는 장부 하나를 해킹하기가 쉽다. 암호화폐 블록체인 기술의 보안성이 높을 수밖에 없다. 2014년 세계 최초의 최대 거래소 마운트곡스가 해킹당해 암호화폐 4억7천3백만 달러어치를 도난당했다. 그러나 거래소가 해킹당한 것이지 암호화폐 블록체인이 해킹 당한 것이 아니었다. 일정 자격 요건을 갖춘 거래소만을 허가해주는 대책이 필요한 이유이다.

마운트곡스 해킹에 대한 시위 (2014)

국제회계기준위원회[108]는 2019년 암호화폐를 화폐나 금융자산으로 분류할 수 없다고 결론 내렸다. 재화와 용역의 교환수단으로 사용될 수는 있지만 회계처리상 현금에 해당되지 않는다고 판단한 것이다. 그러나 블록체인을 기반으로 한 암호화폐의 효율성과 투명성, 안전성은 여전히 주목받고 있다. 블록체인이 은행권 핵심보안기술로 부상하고 있다. 글로벌 은행과 금융기관들은 속속 블록체인을 도입하고 있다. 미국 65개 글로벌 금융기관은 블록체인 연구 개발 컨소시엄 R3CEV[109]를 구성했다. 골드만삭스, JP

---

108 국제회계기준위원회(International Accounting Standards Board)는 국제적으로 통일된 재무회계기준을 제정할 목적으로 1973년에 결성된 국제 민간단체이다. IASB가 정한 국제회계기준은 법적 강제력은 없으나, 유럽연합(EU)을 비롯한 많은 나라들이 이 기준을 따르고 있다. 미국, 영국, 프랑스, 독일, 일본, 한국 등 104개국이 회원국이다.

109 블록체인 기술 개발업체 R3를 중심으로 글로벌 금융회사들이 참여하는 세계 최대 블록체인 컨소시엄. 골드만삭스, 바클레이즈, JP모건, UBS 등 전 세계 50여개 금융기관이 참여 중이다. R3CEV는 블록체인 기술을 금융 업무에 적용할 수 있는 시스템을 개발하고 있다. 한국금융기관으로는 KB국민은행과 신한은행, 우리은행, KEB하나은행, NH농협은행 등 시중은행 5곳이 참여하고 있다.

모건, 모건스탠리, UBS 등이 참여했다. 한국에서도 KEB하나은행과 신한은행 등 5개 시중은행이 이름을 올렸다.

페이스북 창업자 저크 버그도 암호화폐에 꽂혀 암호화폐 '리브라'를 도입할 계획이다. 하루 사용자 20억 명이 넘는 페이스북이 암호화폐에 본격적으로 뛰어들 경우 국가체계로부터 독립적인 사실상의 글로벌 민간 중앙은행이 될 수 있다. 유럽의회는 블록체인에 우호적인 보고서를 EU 집행위원회에 제출했다. 유럽은행 총재 라가르드는 장기적으로 가상화폐가 중앙은행 법정통화와 금융중개기관을 대체할 것으로 예상했다.

미 · 중 암호화폐 패권전쟁

블록체인 기술개발과 암호화폐에 가장 심혈을 기울이고 있는 국가는 중국이다. 중국 중앙은행인 인민은행은 세계 최초의 중앙은행 암호화폐를 발행할 것으로 알려졌다. 2014년부터 이미 디지털화폐 발행에 관한 연구단체를 설립하고 기술적, 법률적 쟁점에 대한 검토를 시작한 것으로 알려졌다. 올해(2020년)부터는 '암호법'[110]이 실시됐다. 암호법은 2019년 10월, 중국 제13차 전국인민대표대회 상무위원회의에서 통과됐다. 제18차 중앙정치국회의에서 시진핑 주석이 "블록체인 기술과 산업의 혁신적 발전을 촉진할 것"을 강조한 이틀 후였다. 암호법 실시로 중국이 세계 암호화폐 시장을 주도하는 것이 아닌가 하는 조심스런 전망도 나오고 있다.

---

110 암호체계를 국가 기밀정보를 관리하는 핵심암호와 기밀정보를 보호하는 일반암호, 정부의 정보 인프라와 시민들에 관련된 정보에 대한 상용암호 등 3가지로 나누었다. 암호화폐는 상용암호에 속해 있으며 추후 디지털화폐발행에 필요한 블록체인 기술을 본격적으로 도입할 전망이다.

이에 대응해 미국 연준(FRB)도 '페드 코인', 즉 연방준비은행 암호화폐 개발 움직임을 보이고 있다. 세일라 베어 전 미국연방보험공사 대표는 미국 상원에 출석해 연준이 암호화폐를 주목해야 한다며 중요성을 강조했다.[111] 연준이 급속히 성숙해가는 암호화폐 기술에 앞서가지 않으면 민간부문에 의해 금융체계가 무너질 수 있고 통화에 대한 장악력도 상실할 수 있다고 경고했다. 리브라뿐만 아니라 기축통화인 달러를 우회하려는 시도 또한 연준의 암호화폐 구상을 재촉하는 요인으로 관측된다.

물론 미국에서는 암호화폐의 미래를 여전히 부정적으로 보는 시각이 대부분이다. 달러 기축통화국, 미국으로서는 암호화폐가 글로벌 금융과 경제 질서를 통째로 흔들 수 있다는 의구심이 있기 때문이다. 트럼프 대통령은 페이스북의 '리브라' 계획에 경계를 나타내며 암호화폐는 돈이 아니라고 강조했다. 트럼프는 "미국에는 진짜 통화가 하나밖에 없고 어느 때보다 강력하고 신뢰성이 있다. 세계 어디에서도 지금까지 가장 지배적이었으며 앞으로도 그런 위상을 유지할 그 통화는 바로 달러다"라고 목소리를 높였다.

111 세일라 블레어, 미 상원 청문회 2019. 10. 25

미 의회 역시 부정적이어서 리브라를 발행하겠다는 페이스북 창업주 저커 버그를 불러 청문회를 실시했다. 페이스북은 예정대로 2020년 리브라를 출범할 계획이다.

국가차원의 개입, 사실상 불가

암호화폐 거래에 대한 국가차원의 개입은 사실상 불가능하다. 기존 화폐와 달리 익명성을 갖고 있어서, 누구에게 얼마를 줬는지, 준 사람과 받은 사람 이외 제3자는 일체 알 수 없다. 당연히 상속세, 증여세 등의 과세가 불가능하다. 따라서 불법행위에 악용될 우려가 상존한다. 자금세탁과 불법해외송금, 마약거래, 무기밀매, 불법단체지원, 탈세, 뇌물 등에 악용될 수 있다.

BIS 지급결제 및 시장인프라위원회(BIS CPMI)와 함께 스테이블 코인 워킹그룹을 운영하는 G7은 이를 우려하는 보고서를 발표했다. 전문가들은 암호화폐는 이미 세계적인 대세로 자리 잡고 있다고 전망한다.[112] 각국 중앙은행 역시 경쟁력 있고 효율적인 암호화폐 중심 흐름으로 가고 있다. 암호화폐를 이용한 단기 안정화 통화정책 등도 펴나갈 것으로 예측된다. 암호화폐발행국이 외환보유액 효과로 신(新)경제대국으로 부상할 가능성이 있다. 향후 1천여 종류를 넘는 암호화폐가 어느 정도로 압축되고 수렴되어 몇 개가 남아날 것인가가 주목된다.

112　라가르드 국제통화기금(IMF) 총재는 2018년 11월 14일 싱가포르 핀테크 페스티벌에서 한 연설에서 각국 중앙은행이 암호화폐 발행을 고려해야 하는 시점이란 입장을 내놨다. 지금은 유럽은행 총재로 임명된 라가르드 당시 IMF 총재는 "우리가 디지털 화폐를 발행할 가능성을 고려해야 한다고 본다"고 말했다. 그러면서 중앙은행이 보증하는 암호화폐가 지폐를 대체하는 싸고 효율적 수단이 되면 금융 접근성, 안전, 결제의 프라이버시를 제고하는 데 도움이 된다고 설명했다.

기축통화 달러

브레튼우즈 체제[113]

　　　　　　　　　　2차 세계대전이 끝나가던 1944년 미국
은 브레튼우즈 협정에 따라 달러 금본위제(金本位制)[114]를 실시했다. 정해진 양의
금과 달러를 바꿔주는 제도로 달러화가 기축통화자격을 인정받게 되었다. 35
달러를 금 1온스와 교환할 수 있었다. 브레튼우즈 체제의 시작이었다. 독점적
으로 금태환을 실시하게 된 미국 달러화는 세계 각국 화폐의 기준이 되었다.

　영국 파운드화, 독일 마르크화, 일본 엔화 등은 달러와의 환전비율로 표
시되었다. 그 결과 각각 화폐는 달러를 통해 금과 간접적으로 연결되었다.
종전 당시 미국이 전 세계 금의 70%를 보유하고 있었기에 가능했다. 전쟁
직후 유럽 국가들의 재정은 최악이었다. 재건을 위해 화폐발행은 필요했고
결과적으로 달러와 연계된 각국 화폐를 미국이 보증해준 것이나 다름없었

113　1944년 7월 미국의 브레튼우즈에서 1930년 이래의 각국 통화가치 불안정, 외환관리, 평가절하경쟁, 무역거래제한 등을
　　시정하여 국제무역의 확대, 고용 및 실질소득증대, 외환의 안정과 자유화, 국제수지균형 등을 달성할 것을 목적으로 체결
　　된 브레튼우즈 협정에 의하여 발족한 국제통화체제를 말한다. 고정환율과 금환본위제를 뼈대로 한다. 이를 위하여 각 국에
　　필요한 외화를 공급하는 국제통화기금(IMF)과 전후 부흥과 후진국 개발을 위한 국제부흥개발은행(IBRD)이 창설되었다.
　　1971년 미국이 달러화의 금 태환을 정지하자 와해되었다.
114　화폐단위의 가치와 금의 일정량의 가치가 등가관계(等價關係)를 유지하는 본위제도이다. 역사적으로는 19세기에 영국을
　　중심으로 발전된 것이다. 금본위제는 화폐와 금의 결합 강도에 따라 금화본위제, 금지금본위제, 금환본위제로 대별된다.
　　금화본위제는 화폐와 금의 결합이 가장 강한 형태로 금의 자유주조 및 용해, 수출입의 자유가 인정되는 제도이다. 금지금
　　본위제는 국내에서는 은행권이 화폐의 중심적인 역할을 담당하고 금은 대외결제수단으로 사용되는 제도이다. 금환본위제
　　는 화폐와 금의 결합이 가장 약한 형태로 금과 교환이 가능한 다른 나라 화폐, 즉 금환을 대외준비자산으로 준비하게 된다.

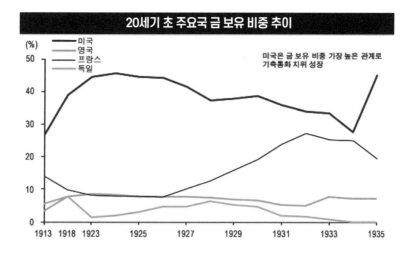

다. 미국은 소련과의 경쟁 시대에서 유럽 재건을 외면할 수 없었다.

세계 경제가 회복되면서 달러금본위제의 한계가 드러나기 시작했다. 경제 규모가 커지면서 세계 각국의 달러 수요가 폭증했고 달러 유통이 급격하게 늘어났다. 달러화는 넘쳐났다. 달러 가치는 떨어졌다. 그러나 금본위제를 유지했기 때문에 35달러를 미국 중앙은행에 가져가면 금 1온스로 바꿔줘야 했다. 실물인 금 보유량은 한계가 있다. 달러 가치가 떨어지면서 국제거래에서 달러를 받으려 하지 않았다. 달러 발행을 줄일 수도 없었다. 달러가 줄어들면 국제거래는 동맥경화에 걸리게 되기 때문이다.

1950년대 들어 유럽, 일본 등의 달러 보유고는 늘어났지만 달러 가치는 떨어졌고 미국 금은 계속 빠져나갔다. 베트남 전쟁은 미국 재정에 직격탄을 날렸다. 더 이상 금본위제를 지탱할 여력이 없었다. 이른바 '트리핀의 딜레마'[115]에 빠지게 된 것이다. 1971년 닉슨 대통령은 결국 금태환 정지를

---

115 트리핀의 딜레마(Triffin's dilemma)란 기축통화 발행국은 기축통화의 국제 유동성을 유지하기 위해 국제수지(경상수지) 적자를 지속해야 하는데, 이럴 경우 기축통화에 대한 신뢰도가 하락할 수밖에 없어서 신뢰도를 유지하기 위해 긴축정책을 펴면 경기 침체를 불러 역시 기축통화에 대한 신뢰를 떨어뜨릴 수밖에 없는 딜레마에 빠지게 된다는 이론이다. 1960년대 미국에서 수년간 경상수지 적자가 이어지면서 이 같은 문제가 대두했다. 이 현상을 설명한 당시 미 예일대 교수 로버트 트리핀의 이름을 따서 만든 용어이다.

선언했고 금본위제는 사실상 막을 내렸다. 이후 세계 화폐시장은 기본적으로 변동환율제에 의해 굴러가게 되었다. 변동환율제는 환율 기준을 고정시키지 않고 외환시장에서 외환의 수요와 공급 관계에 따라 자유변동이 인정되는 외환제도를 말한다.

기축통화 – 시뇨리지 이익

기축통화란 국제외환시장에서 금융거래 또는 국제결제의 중심이 되는 통화이다. 세계 각국의 통화 가운데 매우 한정된 국가의 통화만이 기축통화로 인정받고 있다. 기축통화 발행국이 되기 위한 사실상의 조건이 있다. 모든 나라를 압도하는 군사력을 기반으로 국제사회의 지도자적인 입장에 있어야 한다. 지도자적인 국가란 자유와 인권의 민주적 가치를 최우선으로 하는 국가이다. 전쟁으로 국가 존립이 위협받지 않아야 한다. 다양한 재화와 서비스를 생산하고 통화가치가 안정되어야 한다. 또 고도로 투명하고 자유로운 외환시장과 금융, 자본시장이 갖춰져야 하고 대외거래에 대한 규제가 없어야 한다.

미국 달러화와 영국 파운드와 EU 유로화, 일본 엔화 등이 기축통화로 통용된다. 미국 달러화가 대표적이고 달러화는 거의 모든 국제거래의 기준이 되고 있다. 전 세계 무역량의 약 64% 이상이 달러로 결제되고 있다. 그 뒤를 잇는 유로화는 20% 가량이며, 일본 엔화와 영국 파운드화가 합쳐서 8.5% 수준이다. 특히 석유 거래 대금은 US 달러로만 결제한다. 석유 대금으로 지불되는 달러 머니를 페트로달러(petrodollars)라고 부르는데 이란과 베네수엘라는 2005년 이후 유로를 석유대금으로 받기 시작했다.

원자재나 생산품 가격의 기준도 보통 달러화로 표시된다. 유일 초강대국 미국의 지위로 인해 달러화는 거의 금과 같은 가치저장 기능을 갖고 있다. 더불어 기축화폐를 소유함으로 누리는 실질적 이득도 있다. 바로 화폐제조 이익(시뇨리지 효과, Seigniorage effect)이다. 간단히 말해 미국 1달러 지폐 한 장을 찍어내는데 10센트의 비용이 들어간다고 하면 차액 90센트가 화폐제조 이익이다.

미연방준비제도(FRB)는 미국이 기축통화 달러 발행으로 누리는 시뇨리지가 연간 110억~150억 달러에 달한다고 추정하고 있다. 화폐제조 이익은 기축통화국 미국의 특권이라고 할 수 있다. 19세기 중반 이후에는 국제금융 중심지였던 영국의 파운드화가 대표적인 기축통화였다. 최근 들어 미국 재정적자 등으로 달러화에 대한 신인도가 예전 같지 않아 기축통화 지위가 흔들리고 있다.

2008년 터져 나온 리먼 브라더스 사태는 세계 금융을 공포로 몰아넣었다. 세계 4위의 미국 투자은행 리먼 브라더스가 파산하면서 글로벌 금융위기로 이어졌다. 부채규모 6,130억달러(약 711조 원)로 역사상 세계 최대 규모의 파산이었다. 미국 금융시장의 도덕성까지 심대한 타격을 입었다. 그러나 달러화의 독보적인 위치를 대체할 만한 화폐는 여전히 없다.

유로화는 어떨까? EU의 경제 규모는 미국에 버금가고 세계적 영향력 역시 여전하다. 그러나 정치, 경제, 역사적 배경이 각각 다른 유럽 국가들의 연합인 EU의 유로화는 안정성에서 확신을 주지 못한다. 특히 영국의 브렉시트로 유로의 위치가 흔들리고 있다. 일본은 아베 정권 들어 경기회복세를 보이고 있지만 일본 엔화는 2등급 국제결제통화 정도의 위치로 볼 수 있다.

중국 위안화의 도전?

GDP 2위 중국의 위안화는 기축통화

지위를 획득할 수 있을까? 현재로서는 쉽지 않다는 것이 국제사회의 평가이다. 중국 외환보유고는 2019년 현재 3조1천억 달러로 세계 최대이다. 미·중 무역분쟁 와중에도 여전히 세계 최대 수출국이다. 중국이 위안화 위상을 높이려는 노력을 하고 있다. 홍콩 금융기관을 통해 위안화로 표시된 중국공채를 발행하고, 무역 상대국에게 위안화 결제를 요구하고 있다. 일부 남미 국가, 동남아시아 국가와 통화스와프협정을 체결했다. 특히 2016년 SDR(Special Drawing Rights)[116] 통화 바스켓에 위안화를 포함시키는데도 성공했다.

통화 바스켓에 들어간다는 것과 기축통화 지위를 갖는다는 것은 다른 개념이다. 최근 미국이 해제했지만 중국은 환율조작국으로 지정되기도 했다. 자국 이익을 위해 정부가 외환시장에 개입해 환율을 조작한다는 의미이다. 중국 당국은 외화 해외 유출을 막기 위해 2016년부터는 자본이동 통제에 나서기도 했다.

기축통화 지위를 얻기 위해서는 투명하고 자유로운 자본금융체제가 전제되어야 한다. 중국은 여전히 중앙정부, 공산당으로부터 자유롭지 못한 상태이다. 2019년 들어 폭발한 홍콩시위도 부정적 영향을 줬다. 홍콩은 중국의 국제금융허브와 해외자본 유치창구 역할을 해왔다. 앞서 언급한 기축통화 화폐발행국의 조건에서도 중국은 많이 부족하다. 이런 기준으로 볼 때 중국이 기축통화국이 되기 위해서는 넘어야 할 산이 많다.

---

116 IMF의 특별인출권을 말하는 것으로 IMF가맹국이 규약에 정해진 일정조건에 따라 IMF로부터 국제유동성을 인출할 수 있는 권리. 국제통화체제로서, 1960년대 후반 파운드위기와 달러불안을 계기로 IMF는 SDR을 제3의 통화로 해서 국제유동성을 부여하고 국제통화로서의 기능을 발휘하게 했다. 1999년 유로화 도입으로 달러화, 유로화, 파운드화, 엔화의 4대 통화 체제가 되었고, 이후 2016년 10월 중국 위안화가 편입되어 5대 통화 체제로 변경되었다.

화웨이 사태 - 해킹의 배후?

미·중 무역전쟁 와중인 2018년 12월, 세계 최대 중국 통신전자업체 화웨이 부회장을 캐나다 당국이 체포했다. 화웨이 창업자 런정 페이의 딸 멍완저우였다. 혐의는 미국의 대(對)이란제재 위반 등이었다. 체포 이후 미국은 멍완저우 송환을 요청했지만 아직은 전자발찌를 찬 채 캐나다 자택에 구금된 상태에서 재판을 받고 있다. 화웨이 위장 자회사인 스카이콤(Skycom)이 2013년 이란 통신사에 수출 금지 품목을 판매했고 이 과정에서 자금을 이란으로 불법 유출했다는 것이다. 중국은 발칵 뒤집혔고 강력히 반발했다.

체포되는 멍완저우

미국은 화웨이가 중국 사이버 해킹의 중심에 있다고 의심하고 있다. 화웨이는 '중국 제조 2025'(Made in China 2025) 전략[117]의 핵심 산업이다. 런정 페이 회장은 중국 인민해방군 통신장교 출신이다. 화웨이의 주요 사업은 네트워크와 통신장비, 스마트폰 등이다. 인공지능(AI), 사물인터넷(IoT), 자율주행자동차 등 4차 산업혁명 분야의 핵심 기술인 5세대(5G) 통신 분야에서 선두주자다. 2012년 이후 매년 30%의 이익증가율을 기록하고 있다. 170개국에 통신장비를 판매하는 등 통신장비 분야에서 시장 점유율은 22%로 세계 1위를 차지하고 있다. 스마트폰 판매에서는 미국 애플을 제치고 삼성전자에 이어 세계 2위이다. 2017년 기준 매출액은 925억 달러로 포천이 선정한 글로벌 기업 72위를 기록했다. 런정페이는 1.4%의 지분만 소유하고 있으며 나머지 98.6%는 직원 노조의 소유다. 이사회는 공개되지 않고 주주 정보도 베일에 쌓여있다. 이런 이유로 화웨이의 실질적인 운영주체가 중국 공산당이라는 것은 공공연한 사실이다.

트럼프 대통령은 2019년 '정보통신 기술·서비스 공급망 확보' 행정명령[118]에 서명했다. 미국 기업들이 국가안보를 위협하는 외국산 장비를 사용하지 못하게 하는 내용이다. 화웨이와 ZTE 등 중국 통신업체를 겨냥한 것이다. 트럼프는 미국 기업들의 거래금지 블랙리스트에 화웨이를 올렸다. 구글, 퀄컴, 텔 등은 즉각 화웨이와 거래를 중단했다. 구글을 사용할 수 없고 유튜브를 볼 수 없는 스마트폰은 빈 깡통이나 다름없다. 화웨이 중고 스마트폰 가격이 유럽과 동남아에서 헐값에 거래되는 등 화웨이는 직격탄을 맞

---

117 오는 2025년까지 중국의 정보기술·우주항공·바이오의약품 등 10대 핵심 제조업을 양적 성장에서 질적 성장으로 변화시키겠다는 정책.

118 2019년 5월 15일 트럼프 대통령이 서명.발동한 행정명령. 정식 명칭은 "정보통신 기술 및 서비스 공급망 확보에 관한 행정명령"(Executive Order on Securing the Information and Communications Technology and Services Supply Chain)이다. 미국의 국가 안보를 침해하고 미국 기업의 기술 유출을 시도하는 타국 IT 분야 기업들에 대한 미국 기업의 거래를 전면 금지하는 내용이다. 미·중 무역전쟁의 일환인데, 해당 행정명령 직후 중국 화웨이와 계열사가 제재대상에 올랐다.

앗다. 와이파이, 반도체, 메모리카드 표준을 결정하는 국제기구도 화웨이를 퇴출했다. 무선 기술 표준을 정하는 와이파이연맹이 중국 참여를 잠정 제한했고 SD 메모리카드 업계 표준을 결정하는 SD협회에서도 배제 당했다. 국제반도체표준협의기구(JEDEC)도 화웨이가 미국 제재에서 벗어날 때까지 회원 자격을 정지하기로 했다. 영국, 일본 기업들도 미국 주도의 반(反)화웨이 동맹에 동참하고 있다.

미국은 일찍이 중국의 사이버 침투에 대한 의심과 우려를 해왔다. 미 의회는 트럼프 행정부가 들어서기 훨씬 전인 2012년 보고서에서 화웨이가 미 국가안보에 위협이 되고 있다고 밝혔다. 2017년, 미 국가안보보고서는 '화웨이는 중국 공산당의 수족으로 미국의 기밀을 훔치고 있다'고 표현했다. 그 다음해 미국 FBI, CIA, NSA 등 미국 3대 정보기관은 중국 화웨이와 ZTE 폰을 쓰지 말라고 공식 권고했다. 화웨이는 "장비와 서비스는 선진 안보절차를 따르며 세계 170개국 어디에서도 백도어 존재가 입증된 적은 없다"며 소송을 제기하는 등 강력 반발했다. 미·중 양국의 1단계 무역협상 합의안에도 화웨이에 대한 블랙리스트 해제문제는 포함되어 있지 않다. 미국정부의 압박에는 화웨이가 차세대 통신기술의 핵심 5G의 기술표준이 되는 것을 막는 것과 동시에 군사안보 측면에서의 정보유출 차단이라는 목적이 있다.

미·중 사이버전쟁

2012년 10월 중국 선양의 한 비행장에서 검은색 전투기가 10분간 굉음을 내며 하늘을 갈랐다. 보는 이들은 미국 스텔스 전투기 F-35가 어떻게 중국 본토에서 비행하는가 의아해했다.

그러나 이 전투기는 첫 시험비행에 성공한 중국 스텔스 전투기 '젠-31'이었다. F-35의 판박이였다. 흡사한 외형 때문에 중국이 미국 F-35 설계도를 해킹으로 훔친 게 아니냐는 의심을 받았다. 다음해 2013년 미 국가안보국 기밀문서를 통해 중국이 2007년부터 록히드마틴을 수차례 해킹한 사실을 밝혀냈다. F-35 설계도 핵심기술을 빼내간 뒤 젠-31 개발에 성공한 것이다. 패트리엇 미사일, 글로벌 호크 무인기 등 미국 첨단 무기설계도 20여 건도 해킹 당한 것으로 드러났다

젠-31

F-35

중국의 사이버해킹은 오바마 행정부시절부터 미·중 간 주요 쟁점이었다. 미국 FBI는 2015년 "화웨이 등은 미국 정보통신 인프라를 휘젓고 다니면서 정보를 탈취, 변경하는 악의적인 기능을 갖고 있다"고 보고했다. 미국방부와 금융기관, 기업과 언론 등에 대한 조직적인 해킹 배후가 중국이라는 것이 미국 판단이다.

미국정부는 화웨이 제품에 이른바 '백도어'(back-door)가 심어져 있다고 지적해 왔다. 실제로 2016년 미국에서 화웨이 스마트폰에서 백도어가 발견된 적이 있다. 백도어는 미인증 사용자가 무단으로 시스템에 접근해 메시지, 연락처, 통화 기록, 위치 정보 등을 알아내는 '뒷문' 통로를 뜻한다. 그

러나 중국 역시 미국의 전 세계적인 사이버해킹을 지적하며 강력히 반발하고 있다.

중국 국가 컴퓨터망 응급기술처리 협조센터(CNCERT)는 '2018년 중국 인터넷망 안전 상황' 보고서를 통해 중국에 대한 인터넷 공격을 미국이 가장 많이 하고 있다고 주장했다. 2018년 미국에 설치된 바이러스와 인터넷 통제서버 14,000여 대가 중국 지역 서버 334만여 대를 통제한 건수가 전년 대비 90% 급증했다고 강조했다. 오바마 정부의 광범한 민간인 사찰을 2013년에 폭로한 에드워드 스노든 전 중앙정보국(CIA) 직원은 미국의 대(對)중국 해킹을 폭로하기도 했다. 미국은 중국, 러시아, 북한 등의 사이버해킹에 대응하기 위해 국가안보국 NSA산하에 사이버보안부를 신설, 출범시켰다.(2019년 10월) 뉴버거 NSA 신임 사이버 보안부장은 중국이 지적재산 도용과 사이버 간첩행위를 주로 벌이고 있다고 지적했다. 유엔과 미국 경제제재로 고통을 받고 있는 북한은 가상화폐 탈취 목적의 해킹에 주력하고 있다고 판단하고 있다. 인공지능과 인터넷 발달은 기존의 재래식 전쟁과 테러 외에 사이버해킹을 통한 전산망무력화에 성큼 다가서게 했다.

미국 VS 이란 사이버전쟁

이란 혁명수비대가 2019년 6월 미국 무인 드론기를 격추했다. 미국은 반격할 계획이었고 트럼프의 명령만 기다리고 있었다. 그러나 미국의 군사공격은 10분 전에 취소됐다. 대신 이란에 대한 사이버공격이 진행됐다. 미국 사이버사령부가 이란 정보기관과 '혁명수비대'(IRGC)의 컴퓨터 시스템을 해킹했다고 AP통신은 보도했다. 미국 해킹으로 이란 미사일 발사 시스템이 무력화된 것으로 알려졌다.

2009년과 2010년 미국이 심은 악성코드 스턱스넷은 이란 나탄즈 지하 핵시설을 공격했다. 철통같은 보안과 방호벽으로 둘러싸인 우라늄 농축 비밀 핵시설인 나탄즈는 사이버공격으로 가동률이 한때 30%로 떨어졌다. 원심분리기 대부분이 타격을 받아 운전을 정지할 수밖에 없었고, 이란 핵보유 계획은 차질을 빚을 수밖에 없었던 것으로 알려졌다. 스턱스넷은 미 국가안보국과 이스라엘이 공동 개발한 것으로 알려졌지만 공식적으로는 개발자가 밝혀지지 않았다. 이란도 가만있지 않았다. 3년 뒤 이란의 대규모 반격으로 월스트리트 금융기관이 피해를 입은 것으로 알려졌다.

전쟁 양상이 달라지고 있다. 거미줄처럼 얽혀있는 전 세계 인터넷망은 재래식 무기보다 더 치명적인 공격을 가능하게 했다. 원천적 공격 불능으로 만들 수 있는 선제적 사이버 공격이 차세대 전쟁의 키워드가 되었다. 사이버 공간을 중심으로 소리 없는 전쟁이 치열하게 벌어지고 있다.

스마트폰 - 정보혁명을 한 손에

人마트폰은 인터넷 통신과 정보검색 등 컴퓨터 지원기능을 추가한 지능형 단말기다. 모바일 운영 체제를 갖춘 휴대전화의 총칭이다. 통화와 문자만 가능했던 기존의 플립폰, 피처폰과 구분된다. 인터넷기반의 문자서비스, 카메라, 녹음, 음악재생, 영상재생, 지도, GPS기반 네비게이션, 금융전자결제 등 앱만 있으면 기능이 무궁무진하다. 한마디로 손에 들고 다니는 통신 가능한 컴퓨터라 할 수 있다. 기존 컴퓨터가 가진 시공간 한계를 극복한 혁명으로 받아들여졌다. 운영체제(os)는 아이폰의 iOS와 구글의 안드로이드 시스템이 양분하고 있다.

최초의 스마트폰은 사이먼폰

초기 스마트폰은 IBM이 1992년 만들어낸 사이먼폰이다. 휴대전화, 무선호출기, PDA, 팩스의 기능을 합쳐놓은 다용도 휴대기기로 판매 가격은 899달러였다. 당시로서는 엄청난 고가였다. LCD 터치 스크린 형태로 오늘날 스마트폰과 같은 개념이다. 그러나 앱(App)같은 프로그램 설치가 불가능하다는 점에서 스

최초의 스마트폰 사이먼폰(IBM)

블랙베리 스마트 폰

마트폰의 범주에 넣을지 논란이 있다.

1999년 출시된 블랙베리(BlackBerry)는 스마트폰 등장을 예상케 하는 전환적 제품이었다. 이메일 사용이 가능한 블랙베리는 개인보다는 기업을 주 타깃으로 했다. 마이크로소프트의 Office 응용 프로그램 파일이나 PDF의 열람, 편집 기능을 갖추기도 했다. 현재 개념의 최초 스마트폰은 애플이 2007년에 발표한 iPhone이다. 스티브 잡스 애플 CEO는 '애플이 휴대전화를 다시 발명할 것'이라고 선언했다. 아이팟과 휴대전화, 획기적 인터넷 통신기기 3가지를 합한 획기적인 제품이라며 아이폰이 바로 그것이라고 말했다. 기존의 스마트폰은 스마트폰이라 할 수 없는 초보적인 수준이라고 폄하했다. 아이폰의 등장은 그의 공언대로 혁명의 시작이었다. 스타일러스나 버튼이 아닌 손가락만으로 터치하는 멀티터치기능은 스마트폰개념을 완전히 바꾸어놓았다. 손안에서 이뤄지는 인터넷 통신은 컴퓨터 개념조차 바꾸어 놓았다.

한국의 삼성전자, 중국의 화웨이가 스마트폰 시장에 뛰어들었다. 아이폰이 닦아놓은 스마트폰 기반의 고속도로에 뛰어든 후발주자들이었다. 삼성전자의 추격은 무서웠다. 2019년 들어 한국 삼성전자는 갤럭시 폴더블폰을 출시해 접이식 스마트폰 시대를 열었다. 중국 화웨이도 뒤를 이어 접이식 스마트 폰 Mate X 를 발표했다.

메이커 별 세계 스마트폰 시장

점유율(미국 조사 회사 Strategy Analytics)

　　　　　　　　스마트폰은 2013년부터 기존의 플립폰, 피처폰 보급률을 앞섰다. 피처폰의 제왕 노키아는 고전을 면치 못하다 MS에 인수되는 운명에 처했다. 2019년 현재 전 세계 휴대전화 보급수는 50억 대이고 이 중 스마트폰은 절반인 25억 대인 것으로 조사됐다. 국가별 스마트폰 보급률은 한국이 95%로 1위를 달리고 있고, 이스라엘 88%, 네덜란드 87% 등이다. 미국은 81%, 일본은 66%를 차지하고 있다.

　　스마트폰 제조사 시장점유율은 2019년 예상치로 한국 삼성전자가 21.3%로 1위를 기록했다. 뒤를 이어 중국 화웨이 17.7%, 미국 애플 아이폰이 13.6%, 중국 샤오미가 8.6%를 차지했다. 기존 양강 삼성과 애플 점유율이 크게 줄고 중국 제조업체 화웨이, 샤오미 등이 급상승했다. 화웨이의 경우 미·중 무역분쟁으로 수요가 줄어들 것으로 전망했지만 오히려 전년대비 늘어났다. 중국 내수시장에 대한 공격적 마케팅의 결과로 추측된다.

세계 스마트폰 시장 점유율

■ 2018. 1분기　　■ 2019. 1분기

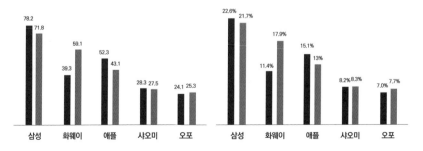

사회에 미친 영향,
포노사피엔스(Phono Sapiens)

2015년 영국 주간지 이코노미스트는 '포노사피엔스'(Phono Sapiens)란 용어를 처음 사용했다. 인류를 뜻하는 생물학 단어인 호모사피엔스 'Home Sapiens'와 '스마트폰'(Smart Phone)을 합성한 단어다. 스마트폰이 가져온 인류 삶의 급격한 변화를 상징적으로 표현했다. 마치 장기처럼 뗄레야 뗄 수 없는 인체의 일부분이 되어가고 있다는 말이다. 스마트폰을 들여다보면서 걸어가다 어딘가에 부딪치거나 싱크홀에 빠져 사망하는 웃지 못 할 일이 생기고 있다.

기존의 오프라인 쇼핑몰은 온라인 쇼핑몰에 자리를 내주고 있다. 손에 든 스마트폰으로 언제 어디서나 손쉽게 상품을 주문하고 배송 받을 수 있는 세상이다. 구글, 페이스북, 아마존 같은 플랫폼 기업은 물론, 우버 같은 스마트폰 기반 기업들이 폭발적으로 성장했다. 전 세계를 휩쓸고 있는 암호화폐 열풍도 스마트폰의 영향이 컸다. 실내에서 보는 지상파 TV보다 스마트폰을 통해 유튜브를 더 많이 보면서 TV산업까지 직격탄을 맞고 있다.

스마트폰은 범죄수사에도 크게 영향을 미치고 있다. 수사기관이 제일 먼저 하는 일은 범죄 용의자의 스마트폰을 들여다보는 일이다. 스마트폰에 모든 일정과 메시지, 검색기록, 위치이동, 물건 거래기록 등이 남아있기 때문이다.

커뮤니케이션 양상도 급격히 변화했다. 이슬람세계를 뒤흔든 자스민 혁명의 시작은 소셜미디어였다. 튀니지 한 소도시 노점상 청년의 분신소식이 스마트폰의 트위터와 페이스북을 통해 퍼져나갔다. 결과는 23년 이어온 튀니지 독재의 붕괴였다. 뉴 밀레니엄의 시작은 스마트폰의 탄생과 궤를 같이한다. 전지구적, 전 분야에서 폭풍 같은 혁명, 돌이킬 수 없는 격변을 가져왔다.

우버, 미래는 자율주행차와의 결합

우버는 이동을 원하는 승객과 이용가능한 차량을 연결해주는 모바일 기반 차량공유업체이다. 택시회사가 그 회사에 속한 기사로 서비스를 제공하는 기존의 택시업과는 다른 개념이다. 우버는 모바일앱을 통해 승객과 운전기사를 연결해주는 역할만 한다. 이용요금의 80%는 운전기사가, 20%는 우버가 가져간다. 스마트폰에 우버앱을 깐 뒤 결제용 신용카드를 등록하기만 하면 서비스를 이용할 수 있다. 요금은 날씨와 시간, 요일, 그리고 수요자 수에 따라 차등적으로 책정된다. 예를 들어 눈이나 비가 오는 날, 심야시간대는 가격이 올라가고 평일 낮은 가격이 내려가는 식이다.

우버 창업자 트래비스 캘러닉

우버블랙과 우버X 두 종류의 서비스가 있다.

우버블랙은 고급 콜택시 서비스로 일반 택시에 비해 가격이 2배가량 높다. 우버 X는 일반인들이 기사로 참여할 수 있어 가격이 저렴하다. 우버 창업자는 트레비스 캘러닉이다. 2009년 개릿 캠프와 함께 우버를 창업했다.

'모바일폰 버튼 하나로 쉽게 택시를 부를 수 없을까'로 시작된 스타트업이었다. 애플 아이폰으로 시작된 스마트폰 혁명과 우버의 아이디어는 맞아떨어졌다.

차량을 소유한 모든 일반인이 기사가 될 수 있다는 구상으로 현재의 우버가 탄생했다. 미국에서 리프트가 후발주자로 등장해 라이벌로 급성장했다. 차량공유택시업은 세계적 트렌드가 되고 있어 중국은 디디추싱, 인도는 올라, 싱가포르는 그랩, 유럽은 블라블라카 등이 성업 중이다.

우버의 기업 가치

구글벤처스가 2013년 우버에 2억5천만 달러(약 3,000억 원)를 투자한 이후 투자유치에 잇달아 성공했고 기업가치는 급성장했다. 2019년 5월 뉴욕증시 상장 당시 시가 총액은 700억 달러(약 84 조 원)를 넘었다. 창업 10년 만에 63개국 700여 개 도시에서 주행 50억 회를 완료했고 우버 기사는 300만 명을 넘어섰다. 전 세계 5조7천억 달러(약 6,880 조 원) 시장을 목표로 한다.

기존 택시업과의 충돌 – 논란

우버는 기존 택시업체와 충돌할 수밖에 없었다. 워싱턴 DC를 비롯해 런던, 밀라노, 베를린 등 주요 도시는 우버에 반발하는 택시기사들의 파업으로 몸살을 앓았다. 일반인들이 택시업을 하는 것은 무면허 영업이라는 주장이다. 우버는 기존의 인허가 회사 및 기사들과도 함께 일하고 있다고 반박하고 있다.

이탈리아 로마에서 벌어진 우버 반대시위

우버의 미래와 자율주행자동차

우버는 마이크로 모빌리티 운송수단

인 킥보드부터 자동차, 헬기를 활용한 우버엘리베이트[119]까지 영역을 넓히고 있고 음식배달[120]까지 손을 뻗치고 있다. 우버가 목표하는 것은 '물류의 아마존'이다. 지역교통망과 상권, 물류까지 해결하겠다는 야심찬 목표를 세우고 있다. 우버는 2019년 분기당 1조 원씩의 손실을 냈다. 그런데도 우버 등 차량공유택시업에 대한 열기는 식지 않고 있다.

2019년 3월 상장한 우버의 라이벌 공유택시업체 리프트 시가 총액 역시 264억 달러, 약 31조 원을 기록했다. 현대자동차 시가 총액 27조 원을 넘어섰다. 단순 택시서비스가 어떤 미래적 의미를 갖고 있기에 이렇게 주목받고 있을까? 현재 우버 등 차량공유택시업체 투자에 가장 큰손은 소프트방크 손정의 회장이다. 소프트방크 비전펀드는 우버에 12조 원을 쏟아부었고 디디추싱에 22조, 그랩에 5조, 올라에 3조를 투자했다. 토요타와 현대차, BMW 등 완성체업체들도 투자대열에 들어있다.

차량공유택시업은 자동차기술 발전과 밀접한 연관이 있다. 구글 웨이모를 비롯한 자율주행자동차가 머잖아 자동차산업의 대세가 될 전망이다. 비전펀드는 자율주행 맞춤형인 차세대 온라인 지도 맵박스(MapBox)[121]에 1억6천4백만 달러(2천억 원)을 투자했다. GM 자율주행차에는 2조4천억 원을 투자

---

119 우버 항공 택시 부문 우버 엘리베이트는 도시의 매우 혼잡한 출·퇴근시간대에, 하늘을 통해 날아다니는 수직이착륙 드론운송체이다. 우버택시처럼 모바일앱으로 호출해 사용한다. 우버엘리베이트가 현실화되면 자동차로 2시간 걸리는 정체 도심을 15분이면 갈 수 있다.

120 우버이츠와 파트너십을 맺은 레스토랑과 일반 개인 배달자로 이루어지는 우버의 배달 서비스. 음식을 주문하는 사용자와 음식을 배달해주는 일반인을 연결해주는 플랫폼이다. 전 세계 30여 개국의 200개 이상의 도시에서 지원되는 글로벌 앱으로서 첨단 기술에 기반을 둔 음식 배달 서비스를 제공하고 있다. 한국에서는 2019년 기존 국내 배달중개 플랫폼 요기요, 배달의민족에 밀려 서비스를 종료했다.

121 2010년 설립된 차세대 온라인 지도. 자율주행자동차용 지도는 단순히 방향을 알리는 것에서 끝나지 않는다. 데이터를 끊임없이 업데이트하면서, 차선, 교통신호, 도로명 게시판, 도로의 움푹 패인 곳, 그리고 굴곡의 높이 정도까지 수집한다. 이 지도를 통해 자율주행 자동차는 정확하게 운행할 수 있으며, 차량 내 센서까지도 더욱 확장해서 사용할 수 있다. 예를 들어 눈이 덮혀 차선을 볼 수 없는 상황이나, 트럭으로 교통 신호가 안 보이는 상황에서도 자동차는 센서와 축적된 정보를 통해 주변의 장애물만을 탐지하면서 운행할 수 있게 된다.

했다. 혼다도 GM자율차에 3조 원을 투자하는 등 전 세계 완성차업체는 차량공유와 자율주행차에 대거 투자하고 있다. 자율주행차 분야에서 현재 구글 웨이모[122]가 가장 앞서 있다. 웨이모는 인공지능(AI) 기술 분야에서 다른 완성차업체의 자율주행을 압도하고 있다. 탑승객 승하차를 스스로 판단하고 자전거, 보행자 행동을 예측하는 안전주행 특히 승객의 멀미 두통 등을 최소화하는 주행기술도 확보하고 있다. 그 기술을 기반으로 로봇택시 상용화를 앞두고 있다.

우버를 대표로 하는 공유자동차서비스 수익창출의 가장 큰 걸림돌은 기사, 즉 인건비다. 우버 매출의 78%가 기사비용이다. 자율주행차가 상용화되고 우버가 자율주행차를 선택하면 어떻게 될까? 기사 인건비를 줄일 수 있고 당연히 순이익은 대폭 늘 수밖에 없다. 개인은 굳이 자동차를 구입할 필요가 없다. 관리가 필요한 개인 자동차를 유지할 필요 없이 공유차량을 사용하면 된다. 공유차량 사용비용도 크게 줄어든다. 쓰는 시간에만 비용을 지불하고 필요하지 않으면 돌려보내면 되기 때문이다. 미래 자율주행차 시대의 자동차 주요 수요자는 우버 같은 차량공유업체가 된다는 말이다.

소프트방크 손정의를
통해 본 차량공유

자율주행차는 자동차의 혁명일 뿐 아니라 자동차산업의 패러다임 자체를 바꾸게 된다. 탑승객의 손이 자유로워지면 차안에서 할 것이 많아진다. 이동 중에 영화를 볼 수 있고, 학습도 가

122 미국 애리조나, 캘리포니아 등에서 자율주행을 시험하면서 2017년 12월 누적 400만마일(지구 약 160바퀴)을 돌파하며 가장 긴 자율주행 기록을 보유했다. 완전 무인자동차 구현을 목표로 시스템 개발과 운영 데이터 축적을 진행하고 있다.

능하며 인터넷이나 통신을 활용한 사물인터넷(IoT)이 차안에서 실현된다. 자동차 자체가 스마트폰, 컴퓨터 같은 하나의 전자장비가 된다.

2016년 손정의는 영국에 본사를 둔 반도체 설계회사 ARM을 현금 36조 원에 인수했다. 일본 인수합병 역사상 최대 규모를 기록했다. 모든 사물에 반도체가 탑재되는 IoT시대에 ARM 프로세서 수요는 폭발적으로 증가할 것이라고 손정의는 전망했다. ARM 프로세서는 2015년 기준 스마트폰용 프로세서 시장의 95%, 스마트폰과 태블릿PC, 노트북을 합한 모바일 프로세서 시장에서 85%의 시장점유율을 확보하고 있다. 차량공유업체의 가장 큰 손 손정의가 바라보는 미래를 짐작할 수 있는 대목이다. 우버와 자율주행차, 자동차 외양을 가진 컴퓨터, IoT에 이르는 일관성 있는 투자 전략이다.

차량공유와 빅데이터

통신가능한 컴퓨터와 자동차가 완벽하게 결합된 자율주행차 시대에 차량공유업체는 새로운 게임체인저로 부상할 것이라는 전망이다. 탑승객이 호출하고 탑승하고 주행, 도착하는 전(全)과정이 공유업체의 서버에 빅데이터로 저장된다. 여기엔 도로상태, 날씨, 돌발 상황, 이동 중 승객의 건강 및 이용 정보 등 방대한 빅데이터가 형성된다. 우버가 자율주행자동차와 결합될 경우 단순한 차량공유가 아닌 미래의 획기적 시장으로 봐야 한다. 한마디로 자동차산업의 게임체인저가 된다는 것이다. 스마트폰이 밀레니엄시대 패러다임 변화를 가져왔다면 머지않아 자율주행차가 그 자리를 이어갈 것이다.

육상을 넘어 하늘까지

승객을 태운 벨 헬리콥터의 드론 택시 넥서스가 수직 이륙 후 도심을 가로질러 승객 목적지까지 막힘없이 날아간다. 미국 차량공유업체 우버가 드론 택시 관련 연례 컨퍼런스 '우버 엘리베이트 서밋 2019'에서 발표한 개념이다. 먼 미래의 얘기가 아니다. 차량공유업체 우버의 목표는 2023년까지 플라잉 택시를 완성하는 것이다. 우버택시처럼 모바일 앱을 통해 드론을 예약해 사용하면 된다.

벨 넥서스 플라잉카

탑승지에서 목적지까지 가는데 필요한 모든 운송 수단과 관련된 내용들을 우버가 관리해준다. 평면적 육상도로를 넘어 하늘길까지 아우르는 우버의 야심찬 공유 이동수단이다. 아마존은 이미 드론을 이용한 택배를 시행

우버의 플라잉 택시

하고 있다. 물건 운송을 넘어 승객을 실어 나르는 개념으로 보면 된다.

우버는 2023년 상용화 시점에는 '스카이 포트'라고 부르는 전용 터미널을 함께 운영할 계획이다. 이용자가 많아지면 자연스럽게 요금도 내려가게 된다. 우버의 목표는 1마일(약 1.6km)에 5.73달러(6,900원) 수준으로 시작해 44센트(530원)까지 낮추는 것을 목표로 하고 있다. 우버는 이용자 이동의 일관 체계를 책임지겠다는 계획이다. 우버 택시를 통해 '스카이 포트'로 이동하고 우버 드론 택시를 타고 목적지에 도착한다. 다시 우버택시를 타고 경우에 따라서는 우버 킥보드 서비스 '버드'를 이용해 이동을 완료한다. 우버 에어는 호주 멜버른을 해외 첫 서비스 국가로 선정했다. 서비스 상용화에 가장 중요한 포인트는 안전이다.

현대차도
개인용 비행체에 승부건다

국제가전박람회 'CES 2020'의 현대차 전시관에는 자동차가 보이지 않았다. 대신 무대 중앙에 전장 10.7m에 날개는 15m에 달하고 총 8개 프로펠러를 장착한 개인용 비행체(Personal Air Vehicle·PAV)가 선보였다. 현대차가 글로벌 차량공유 업체 우버와 함께 개발한 실물 크기의 개인비행체(PAV) 콘셉트 'S-A1'이다. 조종사 포함 5명이 탑승할 수 있고 전기충전식이며 최고 속력은 시속 290km, 최대 운행거리는 100km이다. 2023년 시제품을 출시하겠다는 목표를 잡았다. 최종 목표는 자율비행체이다. 현대차는 2028년께 도심 항공 모빌리티를 상용화한다는 밑그림을 그리고 있다.

World Report 2020 세계는 지금

초판인쇄 2020년 4월 10일 / 초판발행 2020년 4월 20일 / 저자 문호철 / 펴낸이 임용호 / 펴낸곳 도서출판 종문화사 / 편집·디자인 IRO / 인쇄·제본 천일문화사 / 출판등록 1997년 4월1일 제22-392 / 주소 서울 은평구 연서로 34 길2 3층 / 전화 (02)735-6891 / 팩스 (02)735-6892 / E-mail jongmhs@hanmail.net / 값 15,800원 / © 2020, Jong Munhwasa printed in Korea / ISBN 979-11-87141-59-4(03300)